市场营销理论发展研究

市场营销理论发展研究

蒲亨明 著

郑州大学出版社

图书在版编目(CIP)数据

市场营销理论发展研究 / 蒲亨明著. — 郑州 : 郑州大学出版社, 2022. 8(2024.6 重印)
ISBN 978-7-5645-8678-2

Ⅰ. ①市… Ⅱ. ①蒲… Ⅲ. ①市场营销学 - 研究
Ⅳ. ①F713.50

中国版本图书馆 CIP 数据核字(2022)第 066700 号

市场营销理论发展研究
SHICHANG YINGXIAO LILUN FAZHAN YANJIU

策划编辑	王卫疆	封面设计	胡晓晨
责任编辑	胥丽光　刘瑞敏	版式设计	开元智盛
责任校对	吴　静	责任监制	李瑞卿

出版发行	郑州大学出版社	地　　址	郑州市大学路 40 号(450052)
出 版 人	孙保营	网　　址	http://www.zzup.cn
经　　销	全国新华书店	发行电话	0371-66966070
印　　刷	廊坊市印艺阁数字科技有限公司		
开　　本	787 mm×1 092 mm　1 / 16		
印　　张	13.25	字　　数	291 千字
版　　次	2022 年 8 月第 1 版	印　　次	2024 年 6 月第 2 次印刷

书　　号	ISBN 978-7-5645-8678-2	定　　价	68.00 元

本书如有印装质量问题,请与本社联系调换。

前　言

经济全球化背景下，企业间的相互竞争已由国内向全球生产扩展，竞争也更加激烈。特别是大型企业对市场营销人员的需求不断增加，随着新经济格局的构建，这种势头在未来将会越来越强烈。人们对市场营销的观念也将会有更深的认识，所以对这方面人才的需求逐渐增大，其发展的前景也十分广阔。

本专著系统阐述了市场营销理论的产生、发展和新时代市场营销理论的核心知识点，其中重点介绍了在完全竞争市场模式下的营销基础理论、顾客满意理论、市场竞争理论和新时代市场营销理论。根据企业、行业对营销人才的需求，详细论述了作为一位营销职业人才必须具备的市场营销的知识技能；系统讲解了企业如何根据竞争环境以及消费与竞争来确定或选择目标市场，并进而确定产品、定价、分销、促销策略。本专著结合案例，详细论述了一个企业如何进行营销计划、组织、执行、控制等管理实践，解决企业运作过程中的营销问题，提升企业的行业竞争力，实现企业的可持续发展。最后，简要说明了新时代市场营销的创新与发展。

本专著在编写过程中吸收了国内外最新的营销理论及营销实践经验，依据企业行业营销知识及技能的需要，遵从“教、学、做一体化”理念，设计全书内容。从整体框架上，按照市场营销理论发展史和市场营销活动的主要内容，将专著分成两篇，上篇阐述市场营销理论的产生与发展，下篇介绍新时代市场营销理论。从具体内容的选择上，保证了理论知识实用、够用，在此前提下突出了拓展思维训练，旨在培养营销岗位技能和营销素质。

本专著突出了理论的应用，注重综合能力的培养，尤其是突出实际应用能力的培养。围绕各章节主题内容，引用了大量市场营销案例，在强调理论知识学习的同时，更加注重读者实际分析能力的培养和提升。篇中附有延伸阅读，可进一步扩展读者视野，将市场营销理论与实践相结合，通过实例介绍，激发读者的求知欲望，启发读者的创新意识，培养其综合素质与解决具体问题的能力。

在本书编写过程中，参考和借鉴了国内外同行的有关论著和研究成果，在此表示感谢。

限于编者水平，本专著有疏漏或不当之处，恳请读者和同行批评指正。

编　者

目录

上篇　市场营销理论产生与发展

上篇

市场营销理论产生与发展

市场营销是营销的一种手段，出发点就是要满足顾客的需求、需要。这就要求企业调查、研究顾客的需求，设计、生产出满足顾客需求的产品，使产品最终有效到达消费者手中。

传统市场营销是一种交易营销，强调将尽可能多的产品和服务提供给尽可能多的顾客。消费者在消费过程中有很强的交流性，可以看到现实的产品并体验购物的休闲乐趣，同时也更易于取得大众的信赖。

现代市场营销是一种“以消费者需求为中心，以市场为出发点”的经营指导思想。营销观念认为，实现组织者目标的关键在于正确确定目标市场的需要与欲望，比竞争对手更有效、更有力地传送目标市场所期望满足的东西。

第一章

市场营销与市场营销学

第一节　市场和市场营销

一、市场及其相关概念

市场起源于古时人类对于固定时段或地点进行交易的场所的称呼，而此交易场所是消费者为了减少搜寻成本所形成的。词中的“市”指的并非“城市”，而是古时的“买卖”“交易”之意。

（一）市场概念

市场是商品经济中生产者与消费者之间为实现产品或服务价值，满足需求的交换关系、交换条件和交换过程。

第一，市场是建立在社会分工和商品生产即商品经济基础上的交换关系。这种交换关系由一系列交易活动构成，并由商品交换规律决定。

第二，现实市场的存在需要若干条件，这些条件包括：一是存在消费者（用户）一方，他们有某种需求或欲望，并拥有可供交换的资源。二是存在生产者（供给者）一方，他们能提供满足消费者（用户）需求的产品或服务。三是有促进交换双方达成交易的各种条件，如法律保障，交易双方可接受的价格、时间、空间、信息和服务方式等。

总之，重点从以下四个方面理解市场的含义：

（1）市场是建立在社会分工和商品生产基础上的交换关系。

（2）市场的形成要素：消费者、产品或服务、交易条件。

（3）买方需求是决定性的。

（4）市场=人口+购买欲望+购买力。

（二）市场类型

1. 按市场的不同主体分类

（1）按购买者的购买目的和身份来划分，分为消费者市场、生产商市场、转卖者市场和政府市场。消费者市场指为满足个人消费而购买产品和服务的个人和家庭所构成的市场。生产商市场指工业使用者市场或工业市场。转卖者市场指中间商市场。政府市场指各级政府为了开展日常政务活动或为公众提供服务，在财政的监督下，以法定的方式、方法和程序，通过公开招标、公平竞争，以财政部门直接向供应商付款的方式，从国内市场为政府部门购买货物、工程、劳务的行为。

（2）按照企业的角色可分为购买市场和销售市场。购买市场指企业在市场上是购买者，购买需要的产品。销售市场指企业在市场上是销售者，出售自己的产品。

（3）按产品或服务供给方的状况（即市场上的竞争状况）分为完全竞争市场、完全垄断市场、垄断竞争市场和寡头垄断市场。

1）完全竞争市场又称纯粹竞争市场或自由竞争市场，是指一个行业中有非常多的生产销售企业，它们都以同样的方式向市场提供同类的、标准化的产品（如粮食、棉花等农产品）的市场。卖者和买者对于商品或劳务的价格均不能控制。在这种竞争环境中，由于买卖双方对价格都无影响力，只能是价格的接受者，企业的任何提价或降价行为都会招致对本企业产品需求的骤减或利润的不必要流失。因此，产品价格只能随供求关系而定。

完全竞争市场主要特征有：①存在大量买者和卖者；②产品同质性；③资源流动性；④信息完全性。

2）完全垄断市场，是一种与完全竞争市场相对立的极端形式的市场类型。完全垄断市场也叫作纯粹垄断市场，垄断一词出自于希腊语，意思是“一个销售者”，也就是指某一个人控制了一个产品的全部市场供给。因而，完全垄断市场，就是指只有唯一供给者的市场类型。

完全垄断市场的假设条件有三个方面：①整个市场的物品、劳务或资源都由一个供给者提供，消费者众多；②没有任何接近的替代品，消费者不可能购买到性能等方面相近的替代品；③进入限制使新的企业无法进入市场，从而完全排除了竞争。

完全垄断市场形成的原因很多，根本原因是为了建立和维护一个合法的或经济的壁垒。从而阻止其他企业进入该市场，以便巩固垄断企业的垄断地位。垄断企业作为市场唯一的供给者，很容易控制市场某一种产品的数量及其市场价格，从而可连续获得垄断利润。完全垄断市场形成的主要原因：①生产发展的趋势；②规模经济的要求；③自然垄断性行业发展的要求；④保护专利的需要；⑤对进入的自然限制；⑥对进入的法律限制。

政府通过特许经营，给予某些企业独家经营某种物品或劳务的权利。这种独家经营的权利是一种排他性的独有权利，是国家运用行政和法律的手段赋予并进行保护的权利。政府的特许经营，使独家经营企业不受潜在新进入者的竞争威胁，从而形成合法的垄断。政府对进入市场进行法律限制形成法律垄断，主要是基于三个方面的考虑：①基于某种公司福利需要的考虑，例如某些必须进行严格控制的药品的生产，必须由政府特许独家经营；

②基于保证国家安全的考虑，例如各种武器、弹药的生产必须垄断；③基于国家财政和税收收入的考虑，例如国家对某些利润丰厚商品进行垄断经营等。

完全垄断市场具有四个基本特征：①企业就是行业；②产品不能替代；③独自决定价格；④存在进入障碍。

3）垄断竞争市场是指许多厂商生产相近，但不同质量的商品是介于完全竞争和完全垄断的两个极端市场结构的中间状态。垄断竞争市场理论是20世纪30年代由美国经济学家张伯伦和英国经济学家罗宾逊提出的具有垄断竞争市场现象的这类结构模型。

垄断竞争市场特征：垄断竞争市场竞争程度较大，垄断程度较小，比较接近完全竞争。在现实中，大城市的零售业、手工业、印刷业中普遍存在。从总体上说具有厂商众多、互不依存、产品差别、进出容易、可以形成产品集团的特点。

4）寡头垄断市场是介于完全垄断和垄断竞争之间的一种市场模式，是指某种产品的绝大部分由少数几家大企业控制的市场。每个大企业在相应的市场中占有相当大的份额，对市场的影响举足轻重。如美国的钢铁、汽车，日本的家用电器等规模庞大的行业。在这种市场条件下，商品市场价格不是通过市场供求决定的，而是由几家大企业通过协议或默契形成的。这种联盟价格形成后，一般在相当长的时间内不会变动。这是因为：某一个厂商单独降低了价格，会引起竞争企业竞相降价的报复，结果只能是两败俱伤，大家都降低收入；如果提高价格，则意味着降低了市场占有率，也得不偿失。

寡头垄断市场具有四个特点，即厂商极少、相互依存、产品同质或异质和进出不易。

寡头垄断市场形成原因：①市场自然形成。厂商由于追求规模经济，不断扩大生产规模，而市场又是相对狭小的。②人为（制度）形成。厂商或国家对资源、专利、市场等的控制，也是一些寡头垄断市场形成的原因。

寡头垄断市场主要模式：①需求曲线：理解寡头的需求曲线突点的关键在于理解寡头价格变动的相互影响。因为寡头市场为若干寡头分割，一家寡头涨价，别的寡头价格不变，这家寡头的消费者都去购买别的寡头的商品，其需求量就会大幅度减少；反过来，一家寡头降价，别的寡头则要跟着降价，然后部分抵消这个寡头降价的效应，使得这个寡头的需求量增加有限。需求曲线的突点折断了边际收益曲线，这是需求曲线作为平均收益线与边际收益线的关系决定的。边际成本线与此折断处相交，既不影响价格也不影响产出。②市场份额模式：理解市场份额的关键就是遵循 MR = MC 的规则，确定市场份额的分配。在成本不同，而需求曲线和边际收益线相同的情况下，边际成本低的企业市场份额大，价格也低；而边际成本高的企业市场份额小，价格高。③价格领头模式：上述两种情况是寡头企业各自定自己的价格，实际上，在很多情况下，都是一家寡头定价，其他寡头只是价格的接受者。④博弈论模式：寡头垄断企业间的竞争实际上是种博弈，也就是竞争各方都充分考虑各方在现有条件下可能做出的选择，然后做出对自己最为有利的决策（表1-1）。

表 1–1　四种市场结构的主要区别

市场类型划分和特征					
市场类型	厂商数目	产品差异程度	对价格的控制程度	进出一个市场的难易程度	接近哪种市场
完全竞争	很多	完全无差别	没有	很容易	一些农产品
垄断竞争	很多	有差别	有一些	比较容易	一些轻工业，零售业
寡头	几个	有差别或无差别	相当程度	比较困难	钢，汽车，石油，电信
垄断	唯一	唯一产品，且无替代品	很大程度，但常常受到管制	很困难，几乎不可能	公共事业

2. 依消费客体的不同性质分类

（1）按交易对象的最终用途来分类，可分为生产资料市场和消费者市场。

1）生产资料市场是进行生产资料交换的场所。它与消费品市场的根本区别在于：这个市场的购买者主要是生产性企业，而不是个人消费者；购买商品是为了制造其他商品，而不是为了个人或家庭消费。因此，生产资料市场与消费品市场相比较，具有不同的特点。

2）消费者市场是指为满足自身需要而购买的一切个人和家庭构成的市场。组织市场是指一切为了自身生产、转售或转租或者用于组织消费而采购的一切组织构成的市场。主要包括生产者市场、中间商市场和政府市场。生产者市场指购买的目的是为了再生产而采购的组织形成的市场。中间商市场指为了转售而采购的组织形成的市场，中间商市场主要包括批发商、零售商、代理商和经销商。政府市场是指因为政府采购而形成的市场。

（2）按交易对象是否具有物质实体可分为有形产品市场和无形产品市场。

1）有形产品市场是指将具有一定形态的固定交易场所的实物商品市场。通俗地说，市场是进行商品交易的场所，而有形市场就是有交易场所的市场。

2）无形产品市场是不需要固定的地点与场所，供需双方当面议定，或通过电信手段协商完成金融交易的空间。

（3）按交易对象的具体内容不同可分为商品市场、现货市场和期货市场。

1）商品市场是商品经济发展到一定阶段的产物。包括生产资料市场、生活资料市场和服务市场等。商品市场是指有固定场所、设施、有若干经营者入场经营、分别纳税、由市场经营管理者负责经营物业管理，实行集中、公开交易有形商品的交易场所。具有三层内涵：一是商品市场是由交易主体、交易客体、交易载体等多种要素构成的商品交易场所；二是商品市场是提供服务的场所，这是一个给生产者、消费者提供一个有一定服务质量的交易场地；三是商品市场是提供感觉体验的场所。

2）现货市场是指市场上的买卖双方成交后须在若干个交易日内办理交割的金融市场。现货交易包括现金交易和固定方式交易。现金交易是指成交日和结算日在同一天发生的证券买卖；固定方式交易则是指成交日和结算日之间相隔几个交易日。

3）期货市场是按达成的协议交易并按预定日期交割的交易场所或领域。现货与期货的显著区别是，期货的交割期放在未来，而价格、交货及付款的数量、方式、地点和其他条件是在即期由买卖双方在合同中规定的，商品及证券均可在期货市场上交易。虽然合同已经签订，但双方买卖的商品可能正在运输途中，也可能正在生产中，甚至可能还没有投入生产过程，卖者手中可能有商品或证券，也可能没有商品或证券。

（三）市场特征

市场是社会分工和商品经济发展的必然产物，同时，市场在其发育和壮大过程中，也推动着社会分工和商品经济的进一步发展。市场通过信息反馈，直接影响着人们生产什么、生产多少以及上市时间、产品销售状况等。联结商品经济发展过程中产、供、销各方，为产、供、销各方提供交换场所、交换时间和其他交换条件，以此实现商品生产者、经营者和消费者各自的经济利益。

市场具有三个特征：

（1）统一。不仅使消费者在商品的价格、品种、服务上能有更多的选择，也使企业在购买生产要素和销售产品时有更好的选择。

（2）开放。一个开放的市场，能使企业之间在更大的范围内和更高的层次上展开竞争与合作，促进经济发展。

（3）竞争。竞争是指各经济主体为了维护和扩大自己的利益而采取的各种自我保护行为和扩张行为，努力在产品质量、价格、服务、品种等方面创造优势。充分的市场竞争，会使经济活动充满生机和活力。

二、市场营销的含义

市场营销是在创造、沟通、传播和交换产品中，为顾客、客户、合作伙伴以及整个社会带来经济价值的活动、过程和体系。主要是指营销人员针对市场开展经营活动、销售行为的过程。

美国市场营销协会下的定义是：市场营销是在创造、沟通、传播和交换产品中，为顾客、客户、合作伙伴以及整个社会带来价值的一系列活动、过程和体系。

菲利普·科特勒下的定义强调了营销的价值导向：市场营销是个人和集体通过创造产品和价值，并同别人自由交换产品和价值，来获得其所需所欲之物的一种社会和管理过程。

市场营销指计划和执行关于商品、服务和以创造符合个人和组织目标传递价值给客户，并进行交换、交易的社会和管理过程。

三、市场营销的核心概念

（一）需要、欲望和需求

需要（need）是指未得到某些满足的感觉状态。它是有机体自身和外部生活条件的要求在头脑中的反映，是人们与生俱来的基本要求。

欲望（want）是指对特定产品的需要。

需求（demand）是指有购买力的欲望或人们在某一特定的时期内在各种可能的价格下愿意并且能够购买某个具体商品的数量。

未满足的需要和欲望代表着市场机会。因此，企业要善于识别市场上未满足的需要和欲望，并在此基础上生产适销对路的产品。只有这样，才有可能赢得顾客，赢得市场。同时，企业必须根据对需求水平和需求时间的预测，决定产品的生产数量和供给时间。

（二）产品

产品（product）是指作为商品提供给市场，被人们使用和消费，并能满足人们某种需求的任何东西，包括有形的物品、无形的服务、组织、观念或它们的组合。

服务（service）包括两类：①纯服务；②功能性服务。

（三）交换和交易

交换（exchange）指人们相互交换活动或交换劳动产品的过程。主要包括人们在生产中发生的各种活动和能力的交换，以及一般产品和商品的交换。

交易（transactions）是指双方以货币为媒介的价值的交换。

（四）价值和满意

人们是否购买产品并不仅仅取决于产品的效用（value），同时也取决于人们获得这效用的代价。人们在获得使其需要得以满足（be satisfied）的产品效用的同时，必须支付相应的费用，这是市场交换的基本规律，也是必要的限制条件。市场交换能否顺利实现，往往取决于人们对效用和代价的比较。如果人们认为产品的效用大于其支付的代价，再贵的商品也愿意购买。

四、市场营销管理

（一）市场营销管理含义

市场营销管理是指企业为了实现经营目标对其营销活动进行的计划、执行和控制。由于企业的营销活动受目标顾客需求状况的影响，因此，市场营销管理的实质是需求管理。基于这种认识，市场营销管理的任务就是管理目标市场的需求水平、需求时间和需求构成。

（二）市场营销管理任务

八种典型的需求状况及相应的营销管理任务如下。

1. 负需求

当绝大多数人对某个产品感到厌恶，甚至愿意出钱回避它的情况下，市场营销管理的任务是改变市场营销。任务是分析原因，改变营销策略。

2. 无需求

如果目标市场对产品毫无兴趣或漠不关心，市场营销管理就需要去刺激市场营销。任务是分析原因；把产品的好处和人的需要联系起来。

3. 潜伏需求

潜伏需求是指相当一部分消费者对某物有强烈的需求，而现有产品或服务又无法使之满足的一种需求状况。任务是开发新产品。

4. 下降需求

当市场对一个或几个产品的需求呈下降趋势时，市场营销管理者就应找出原因，重振市场。任务是分析原因、更新产品、加大促销、开辟新市场。

5. 不规则需求

不规则需求是指某些物品或服务的市场需求在一年不同季节，或一周不同日子，甚至一天不同时间上下波动很大的一种需求状况。在不规则需求情况下，市场营销管理的任务是对该市场进行协调。

6. 充分需求

充分需求指产品的需求水平和时间与预期相一致的需求状况。任务是注意消费者偏好的变化和竞争状况；经常测量和顾客满意度。

7. 过量需求

在某种物品或服务的市场需求超过了企业所能供给或所愿供给的水平时，市场营销管理应及时降低市场营销。任务是对于过量需求，市场营销管理的任务是“降低市场营销”，即通过提高价格、合理分销产品、减少服务和促销手段，暂时或永久地降低市场需求水平。

8. 有害需求

有害需求指市场对某些有害物品的需求。任务是宣传危害性；提高价格；限制或杜绝生产。

五、市场营销职能

按照现代市场营销环境的要求，现代市场营销职能体系应当是包括商品销售、市场调查与研究、生产供应、创造市场需求和协调平衡公共关系五大职能。现将各项职能具体介绍如下。

（一）商品销售

研究市场营销职能，经验的做法是从商品销售入手。美国市场营销协会定义委员会1960年曾发表过这样一个定义："市场营销是引导商品或劳务从生产者流向消费者或其使用者的一种企业活动。"这个定义虽不承认市场营销就是销售，但是认为市场营销包含着销售，也包含着对商品销售过程的改进与完善。许多学者认为这个定义过于狭窄，不能充分展示市场营销的功能。然而，不论其是否恰当，这个定义清楚地揭示了市场营销与商品销售的关系。

商品销售对于企业和社会来说，具有两种基本功能：①将企业生产的商品推向消费领域；②从消费者那里获得货币，以便对商品生产中的劳动消耗予以补偿。商品销售是生产效率提高的最终完成环节，即通过这个环节把企业生产的产品转移到消费者手上，满足其生活需要。

商品销售十分重要。企业需要尽最大努力来加强这一职能。其具体的活动包括：寻找和识别潜在顾客，接触与传递商品交换意向信息，谈判，签订合同，交货和收款，提供销售服务。

（二）市场调查与研究

市场调查与研究又称市场调研，指企业在市场营销决策过程中，需要系统客观收集和分析有关营销活动的信息所做的研究。

企业销售商品的必要外部条件之一是该商品存在着市场需求。人们把具备这个条件的商品称为是适销对路的。只有存在市场需求，商品才能销售出去。某种商品的市场需求，是指一定范围的所有潜在顾客在一定时间内对于该商品有购买力的欲购数量。如果某种商品的市场需求确实存在，而且企业知道需要的顾客是谁，在哪里，就可以顺利地进行商品销售。

为了有效地实现商品销售，企业营销人员需要经常地研究市场需求，弄清楚谁是潜在顾客，他们需要什么样的商品，为什么需要，需要多少，何时何地需要，研究本企业在满足顾客需要方面的合理性，研究可能存在的销售困难和困难来源，并且对应地制定满足每一个顾客需要的市场营销策略。

（三）生产供应

如何把已经来临的市场销售与盈利机会充分有效地加以利用？如何对即将来临的市场需求变化灵活适应？关键在于内部是否进行着生产和销售、内部与外部之间两者协调的管理。企业作为生产经营者需要适应市场需求的变化，经常调整产品生产方向，借以保证生产经营的产品总是适销对路的。这就是说，要争取利用每个时期的市场需求来保持企业销售收入的稳定和增长，争取利用每个所生产经营商品的盈利机会。在市场需求经常变动的条件下，企业的这种适应性就来自于企业对市场的严密监测，对内部的严格管理，对变化的严阵以待，对机会的严实利用。

（四）创造市场需求

企业既要满足已经在市场上出现的现实性顾客需求，让每一个愿意购买企业商品的顾客确实买到商品，也要争取那些有潜在需求的顾客，提供他们所需要的商品和服务，创造某些可以让他们买得起、可放心的条件，解除他们的后顾之忧，让他们建立起购买合算、消费合理的信念，从而将其潜在需求转变成为现实需求，前来购买企业的商品。这就是“创造市场需求”。例如，通过适当降价，可以让那些过去买不起这种商品的消费者能够购买和消费这种商品，让那些过去觉得多消费不合算的消费者愿意多购买、多消费，真正满足其需要；通过广告宣传，让那些对某种商品不了解因而没有购买和消费的消费者了解这种商品，产生购买和消费的欲望；通过推出新产品，可以让那些难以从过去的那种商品获得需要满足的消费者有机会购买到适合他需要、能让他满意的商品；通过提供销售服务，让那些觉得消费某种商品不方便、不如意、不安全因而很少购买的消费者也能尽可能多地购买和消费这种商品，创造市场需求可以使市场的现实需求不断扩大，提高顾客需求的满足程度；也可以使企业开创一方属于自己的新天地，大力发展生产；同时使企业在现有市场上可进可退，大大增强对市场需求变化的适应性。

（五）协调平衡公共关系

协调平衡公共关系需要正确处理三个关系，即商品生产经营与企业“社会化”的关系，获取利润与满足顾客需要的关系以及满足个别顾客需要与增进社会福利的关系。

企业作为一个社会成员，与顾客和社会各个方面都存在着客观的联系。完善和发展这些联系既可改善企业的社会形象，也能够给企业带来市场营销上的好处，即增加市场营销的安全性、容易性。按照杰克森的观点，商品销售只是企业与顾客之间营销关系的一部分。事实上，他们之间还可以发展经济的、技术的和社会的联系和交往。通过这些非商品交换型的联系，双方之间就可以增进相互信任和了解，可以发展为相互依赖、相互帮助、同甘共苦的伙伴关系，让企业获得一个忠实的顾客群，还可以将过去交易中的烦琐谈判改变为惯例型交易，节省交易费用。这种“关系营销”的思想同样适合于发展和改善企业与分销商、供应商、运输和仓储商、金融机构、宣传媒体以及内部职工的关系，使企业在市场营销过程中，都可以找到可以依赖、可予以帮助的战略伙伴。协调平衡公共关系需要正确处理三个关系，即商品生产经营与企业“社会化”的关系，获取利润与满足顾客需要的关系和满足个别顾客需要与增进社会福利的关系。

第二节　市场营销学的产生背景和发展

一、市场营销学的形成背景

市场营销学产生于美国。20 世纪初期，欧美等主要资本主义国家相继完成工业革命；欧美的一些大型工业企业推行了美国工程师泰勒的“科学管理”制度；生产增长速度超过需求的增长速度，市场竞争出现；广告、商标、包装等市场销售技术兴起。当时研究内容仅局限于流通领域。

二、市场营销学的发展

（一）市场营销理论国外发展

20 世纪初期，市场营销学产生于美国。随着社会经济及市场经济的发展，市场营销学发生了根本性的变化，从传统市场营销学演变为现代市场营销学，其应用从赢利组织扩展到非营利组织，从国内扩展到国外。当今，市场营销学已成为同企业管理相结合，并同经济学、行为科学、人类学、数学等学科相结合的应用边缘管理学科。西方市场营销学的产生与发展同商品经济的发展、企业经营哲学的演变是密切相关的。市场营销学的发展，一般可分为初创、应用、形成与发展三个时期。

1. 初创阶段（1900—1920 年）

这一时期，各主要资本主义国家经过工业革命，生产力迅速提高，城市经济迅猛发展，商品需求量亦迅速增多，出现了供不应求的卖方市场，企业产品价值实现不成问题。与此相适应市场营销学开始创立。早在 1902 年，美国密执安大学、加州大学和伊利诺大学的经济系开设了市场学课程。以后相继在宾夕法尼亚大学、匹茨堡大学、威斯康星大学开设此课。在这一时期，出现了一些市场营销研究的先驱者，其中最著名的有阿切·W. 肖，巴特勒，约翰·B. 斯威尼及赫杰特齐。哈佛大学教授赫杰特齐走访了大企业主，了解他们如何进行市场营销活动，于 1912 年出版了第一本销售学教科书，它是市场营销学作为一门独立学科出现的里程碑。

阿切·W. 肖于 1915 年出版了《关于分销的若干问题》一书，率先把商业活动从生产活动中分离出来，并从整体上考察分销的职能。但当时他尚未能使用“市场营销”一词，而是把分销与市场营销视为一回事。

韦尔达、巴特勒和威尼斯在美国最早使用“市场营销”术语。韦尔达提出“经济学家通常把经济活动划分为三大类：生产、分配、消费……生产被认为是效用的创造”。“市场营销应当定义为生产的一个组成部分”。“生产是创造形态效用，营销则是创造时间、场所和占有效用”，并认为“市场营销开始于制造过程结束之时”。

管理界的一代宗师彼得·杜拉克在其1954年写成的《管理实践》中认为，“关于企业的目的只有一个有效定义：创造消费者。”他指出，“市场是由商人创造的，而消费者的需求只是理论上的。”杜拉克的管理思想进一步促使了市场营销理论与实践者，从以企业为核心向以消费者为核心的转变。

这一阶段的市场营销理论同企业经营哲学相适应，即同生产观念相适应。其依据是传统的经济学，是以供给为中心的。

2. 应用阶段（1921—1945年）

这一阶段以营销功能研究为其特点。此阶段最著名的代表者有：克拉克、韦尔达、亚历山大、瑟菲斯、埃尔德及奥尔德逊。1932年，克拉克和韦尔达出版了《美国农产品营销》一书，对美国农产品营销进行了全面的论述，指出市场营销目的是“使产品从种植者那儿顺利地转到使用者手中。这一过程包括3个重要又相互有关联的内容：集中（购买剩余农产品）、平衡（调节供需）、分散（把农产品化整为零）”。这一过程包括7种市场营销功能：集中、储藏、财务、承担风险、标准化、推销和运输。1942年，克拉克出版的《市场营销学原理》一书，在功能研究上有创新，把功能归结为交换功能，实体分配功能，辅助功能等，并提出了推销是创造需求的观点，实际上是市场营销的雏形。

3. 形成与发展阶段（1946年至今）

这一时期的代表人物有范利、格雷特、考克斯、梅纳德及贝克曼。1952年，范利、格雷斯和考克斯合作出版了《美国经济中的市场营销》一书，全面地阐述了市场营销如何分配资源，指导资源的使用，尤其是指导稀缺资源的使用；市场营销如何影响个人分配，而个人收入又如何制约营销；市场营销还包括为市场提供适销对路的产品。同年，梅纳德和贝克曼在出版的《市场营销学原理》一书中，提出了市场营销的定义，认为它是“影响商品交换或商品所有权转移，以及为商品实体分配服务的一切必要的企业活动”。梅纳德归纳了研究市场营销学的5种方法，即商品研究法，机构研究法，历史研究法，成本研究法及功能研究法。

由此可见，这一时期已形成市场营销的原理及研究方法，传统市场营销学已形成。随着经济的发展，市场营销学逐渐从经济学中独立出来，同管理科学、行为科学、心理学、社会心理学等理论相结合，使市场营销学理论更加成熟。

例如：乔治·道宁于1971年出版的《基础市场营销：系统研究法》一书，提出了系统研究法，认为公司就是一个市场营销系统，“企业活动的总体系统，通过订价、促销、分配活动，并通过各种渠道把产品和服务供给现实的和潜在的顾客”。他还指出，公司作为一个系统，同时又存在于一个由市场、资源和各种社会组织等组成的大系统之中，它将受到大系统的影响，同时又反作用于大系统。1981 年，莱维·辛格和菲利普·科特勒对“市场营销战”这一概念以及军事理论在市场营销战中的应用进行了研究，几年后，列斯和特罗出版了《市场营销战》一书。1981 年，瑞典经济学院的克里斯琴·格罗路斯发表了论述“内部市场营销”的论文，科特勒也提出要在企业内部创造一种市场营销文化，即使企业市场营销化的观点。1983 年，西奥多·莱维特对“全球市场营销”问题进行了研究，提出过于强调对各个当地市场的适应性，将导致生产、分销和广告方面规模经济的损失，从而使成本增加。因此，他呼吁多国公司向全世界提供一种统一的产品，并采用统一的沟通手段。1985 年，巴巴拉·本德·杰克逊提出了“关系营销”“协商推销”等新观点。1986 年，科特勒提出了“大市场营销”这一概念，提出了企业如何打进被保护市场的问题。在此期间，“直接市场营销”也是一个引人注目的新问题，其实质是以数据资料为基础的市场营销，由于事先获得大量信息和电视通信技术的发展才使直接市场营销成为可能。

进入 20 世纪 90 年代以来，关于市场营销、市场营销网络、政治市场营销、市场营销决策支持系统、市场营销专家系统等新的理论与实践问题开始引起学术界和企业界的关注。进入 21 世纪，互联网的发展应用，推动着网上虚拟发展，基于互联网的网络营销也得到迅猛发展。

（二）市场营销理论在中国的发展

新中国成立之前，我国虽曾对市场营销学有过一些研究（当时称“销售学”），但也仅限于几所设有商科或管理专业的高等院校。在 1949—1978 年，除了台湾地区和港澳地区的学术界、企业界对这门学科已有广泛的研究和应用外，在整个中国内地，市场营销学的研究一度中断。在这长达三十多年的时间里，国内学术界对国外市场营销学的发展情况知之甚少。党的十一届三中全会以后，党中央提出了“对外开放、对内搞活”的总方针，从而为我国重新引进和研究市场营销学创造了有利的环境。

1978 年，北京、上海、广州的部分学者和专家开始着手市场营销学的引进研究工作。虽然当时还局限在很小的范围内，而且在名称上还称为“外国商业概论”或“销售学原理”，但毕竟在市场营销学的引进上迈出了第一步。经过十几年的时间，我国对于市场营销学的研究、应用和发展取得了可喜的成绩。从整个发展过程来看，大致经历了以下几个阶段。

1. 引进时期（1978—1982 年）

在此期间，通过对国外市场营销学著作、杂志和国外学者讲课的内容进行翻译介绍，选派学者、专家到国外访问、考察、学习，邀请外国专家和学者来国内讲学等方式，系统介绍和引进了国外市场营销理论。但是，当时该学科的研究还局限于部分大专院校和研究机构，从事该学科引进和研究工作的人数还很有限，对于西方市场营销理论的许多基本观点的认识也比较肤浅，大多数企业对于该学科还比较陌生。然而，这一时期的努力毕竟为我国市场营销学的进一步发展打下了基础。

2. 传播时期（1983—1985 年）

经过前一时期的努力，全国各地从事市场营销学研究、教学的专家和学者开始意识到，要使市场营销学在中国得到进一步的应用和发展，必须成立各地的市场营销学研究团体，以便相互交流和切磋研究成果，并利用团体的力量扩大市场营销学的影响，推进市场营销学研究的进一步发展。1984 年 1 月，全国高等综合大学、财经院校市场学教学研究会成立。在以后的几年时间里，全国各地各种类型的市场营销学研究团体如雨后春笋般纷纷成立。各团体在做好学术研究和学术交流的同时，还做了大量的传播工作。例如，广东市场营销学会定期出版了会刊《营销管理》，全国高等综合大学、财经院校市场学教学研究会在每届年会后都向会员印发了各种类型的简报。各团体分别举办了各种类型的培训班、讲习班。有些还通过当地电视台、广播电台举办了市场营销学的电视讲座和广播讲座。通过这些活动，既推广、传播了市场营销学知识，又扩大了学术团体的影响。在此期间，市场营销学在学校教学中也开始受到重视，有关市场营销学的著作、教材、论文在数量上和质量上都有很大的提高。

3. 应用时期（1986—1988 年）

1985 年以后，我国经济体制改革的步伐进一步加快，市场环境的改善为企业应用现代市场营销原理指导经营管理实践提供了有利条件，但各地区、各行业的应用情况又不尽相同，具体表现为：

（1）以生产经营指令性计划产品为主的企业应用得较少，以生产经营指导性计划产品或以市场调节为主的产品的企业应用得较多、较成功。

（2）重工业、交通业、原材料工业等和以经营生产资料为主的行业所属的企业应用得较少，而轻工业、食品工业、纺织业、服装业等以生产经营消费品为主的行业所属的企业应用得较多、较成功。

（3）经营自主权小、经营机制僵化的企业应用得较少，而经营自主权较大、经营机制灵活的企业应用得较多、较成功。

（4）商品经济发展较快的地区（尤其是深圳、珠海等经济特区）的企业应用市场营销原理的自觉性较高，应用得也比较好。在此期间，多数企业应用市场营销原理时，偏重于分销渠道、促销、市场细分和市场营销调研部分。

4. 扩展时期（1988—1994 年）

在此期间，无论是市场营销教学研究队伍，还是市场营销教学、研究和应用的内容，都有了极大的扩展。全国各地的市场营销学学术团体，改变了过去只有学术界、教育界人士参加的状况，开始吸收企业界人士参加。其研究重点也由过去的单纯教学研究，改为结合企业的市场营销实践进行研究。全国高等综合大学、财经院校市场学教学研究会也于1987年8月更名为“中国高等院校市场学研究会”。学者们已不满足于仅仅对市场营销一般原理的教学研究，而对其各分支学科的研究日益深入，并取得了一定的研究成果。在此期间，市场营销理论的国际研讨活动进一步发展，这极大地开阔了学者们的眼界。1992年春，邓小平南方讲话以后，学者们还对市场经济体制的市场营销管理，中国市场营销的现状与未来，跨世纪中国市场营销面临的挑战、机遇与对策等重大理论课题展开了研究，这也有力地扩展了市场营销学的研究领域。

5. 国际化时期（1995—2003年）

1995年6月，由中国人民大学、加拿大麦吉尔大学和康克迪亚大学联合举办的第五届市场营销与社会发展国际会议在北京召开。中国高等院校市场学研究会等学术组织作为协办单位，为会议的召开做出了重要的贡献。来自46个国家和地区的135名外国学者和142名国内学者出席了会议。25名国内学者的论文被收入《第五届市场营销与社会发展国际会议论文集》（英文版），6名中国学者的论文荣获国际优秀论文奖。从此，中国市场营销学者开始全方位、大团队地登上国际舞台，与国际学术界、企业界的合作进一步加强。

6. 数字营销时期（2004年至今）

数字营销之前曾被看作是特殊领域的独立营销形式，但是，由于它提供了相同的受众沟通方式（只不过是以数字形式而已），2003年开始已经经常被看作是能够涉及绝大多数的传统营销领域（如直复营销）的营销形式。

在数字经济时代，传统企业实现数字化时，必须把数字营销作为一个重要的方面来关注，变革原本不能满足需要的营销思想、模式和策略，实现新的营销方式。数字营销作为一个热点，与数字管理、生产制造一道，将成为数字企业的三个重要组成部分之一。一般来说，在充分竞争的市场上企业只能得到正常利润，如果想得到超额利润，那就必须创新。创新是对生产要素进行新的组合，从经济学的意义上讲，它不仅包括技术创新，也包括了营销创新。其中，数字营销就是创新的典型事物。

三、营销观念的演变

（一）以生产者为中心的观念

1. 生产观念

生产观念是商业领域最早产生的营销观念之一。这种观念产生于20世纪20年代前。这种营销观念在经济不发达、产品供不应求的卖方市场条件下比较盛行。生产观念认为，消费者喜欢那些随处能够购买到的、价格低廉的产品。生产导向型的企业管理层总是致力于提高生产效率、实现低成本和大众分销。

（1）生产观念是指“以生产者为中心”的生产经营活动。其主要表现是“我生产什么，就卖什么”。其特点是：一是追求高效率、大批量、低成本；产品品种单一，生命周期长。二是企业对市场的关心，主要表现在关心市场上产品的有无和产品的多少，而不是市场上消费者的需求。三是企业管理中以生产部门作为主要部门。

生产观念适用情况：一是物资短缺条件下，市场商品供不应求时；二是由于产品成本过高而导致产品的市场价格高居不下时。

（2）生产观念意义。生产观念认为，消费者喜欢那些可以随处买得到而且价格低廉的产品，企业应致力于提高生产效率和分销效率，扩大生产，降低成本以扩展市场。生产观念是在卖方市场条件下产生的。在资本主义工业化初期以及第二次世界大战末期和战后一段时期内，由于物资短缺，市场产品供不应求，生产观念在企业经营管理中颇为流行。我国在计划经济旧体制下，由于市场产品短缺，企业不愁其产品没有销路，工商企业在其经营管理中也奉行生产观念，具体表现为：工业企业集中力量发展生产，轻视市场营销，实行以产定销；商业企业集中力量抓货源，工业生产什么就收购什么，工业生产多少就收购多少，也不重视市场营销。

2. 产品观念

（1）产品观念含义。产品观念是指以产品为中心的营销观念。是与生产观念同时出现、同时流行、同时消失的古老营销观念之一。也是一种“以产定销”的观念，表现为重产品生产轻产品销售、重产品质量轻顾客需求。中国的“酒香不怕巷子深”“皇帝的女儿不愁嫁”“家传秘方”等思想就是这一观念的反映。这种观念在商品经济不甚发达的时代或许有用，但在市场经济高度发达的条件下则不适用。

（2）产品观念的缺点。以生产为中心，不注重市场需求，不注重产品销售，是生产观念的后期表现。产品观念认为，消费者最喜欢高质量、多功能和具有某种特色的产品，企业应致力于生产高价值产品，并不断加以改进。它产生于市场产品供不应求的“卖方市场”形势下。最容易滋生产品观念的场合，莫过于当企业发明一项新产品时。此时，企业最容易导致“市场营销近视”，即不适当地把注意力放在产品上，而不是放在市场需要上，往往造成虽然产品质量优良，但是产品单一，款式老旧，包装和宣传缺乏，在市场营销管理中缺乏远见，只看到自己的产品质量好，看不到市场需求在变化，致使企业经营陷入困境。

3. 推销观念

推销观念是生产观念的发展和延伸。20 世纪 20 年代末开始的资本主义世界大危机，使大批产品供过于求，销售困难，竞争加剧，人们担心的也不再是生产问题，而是销路问题。

推销观念是指以推销现有产品为中心的企业经营思想。推销观念认为，消费者通常表现出一种购买惰性或抗拒心理，如果听其自然的话，消费者一般不会足量购买某一企业的产品，因此，企业必须积极推销和大力促销，以刺激消费者大量购买本企业产品。

推销观念三个特点是：

（1）企业生产与产品不变，企业所能生产的产品，是产品需要市场而不是市场需要产品。

（2）企业开始关心消费者，但并未真正关心消费者的需要及服务，仅仅是推销，促其购买。

（3）企业开始设置销售部门，但仍处于从属地位。在推销观念指导下，企业在把主要精力放在生产上的同时，开始把部分精力放在产品销售上。但这时的企业并没有真正面向市场，而仅仅是把已经生产出来的产品设法推销出去。至于消费者是否满意，企业不太关心。

（二）以消费者为中心的观念

1. 市场营销观念

市场营销观念是在 20 世纪 50 年代中期出现的，强调“以顾客为中心”，认为顾客是企业营销活动的起点和终点。这种观念导向型企业的营销特点是，不再是为自己的产品找到合适的顾客，而是为顾客设计适合的产品。

（1）市场营销观念产生。市场营销观念产生于 20 世纪初期的美国，是企业进行市场营销活动时的指导思想和行为准则的总和。企业的市场营销观念决定了企业如何看待顾客和社会利益，如何处理企业、社会和顾客三方的利益协调。企业的市场营销观念经历了从最初的生产观念、产品观念、推销观念到市场营销观念和社会市场营销观念的发展和演变过程。真正的营销观念形成于第四个阶段的市场营销观念，这是市场营销观念演变进程中的一次重大飞跃。

要求企业一切计划与策略应以消费者为中心，正确确定目标市场的需要与欲望，比竞争者更有效地提供目标市场所要求的满足。要求企业营销管理贯彻“顾客至上”的原则，使顾客满意，从而实现企业目标。

（2）市场营销观念含义。以实现企业诸目标的关键在于正确确定目标市场的需要和欲望，一切以消费者为中心，并且比竞争对手更有效、更有利地传送目标市场所期望满足的东西。

（3）市场营销观念核心内容。市场营销观念是一种新型的企业经营哲学。这种观念是以满足顾客需求为出发点的，即“顾客需要什么，就生产什么”。尽管这种思想由来已久，但其核心原则直到 20 世纪 50 年代中期才基本定型，当时社会生产力迅速发展，市场趋势表现为供过于求的买方市场，同时广大居民个人收入迅速提高，有可能对产品进行选择，企业之间为实现产品的竞争加剧，许多企业开始认识到，必须转变经营观念，才能求得生存和发展。市场营销观念认为，实现企业各项目标的关键，在于正确确定目标市场的需要和欲望，并且比竞争者更有效地传送目标市场所期望的物品或服务，进而比竞争者更有效地满足目标市场的需要和欲望。

市场营销观念的出现，使企业经营观念发生了根本性变化，也使市场营销学发生了一次革命。市场营销观念同推销观念相比具有重大的差别。

树立正确的市场营销观念：生产观念、产品观念、推销观念、市场营销观念、社会市场营销观念。

2. 社会营销观念

即以社会长远利益为中心的市场营销观念，是对市场营销观念的补充和修正。

从20世纪70年代起，随着全球环境破坏、资源短缺、通货膨胀和忽视社会服务等问题日益严重，要求企业顾及消费者整体利益与长远利益的呼声越来越高。在西方市场营销学界提出了一系列新的理论及观念，如人类观念、理智消费观念、生态准则观念等。其共同点都是认为，企业生产经营不仅要考虑消费者需要，而且要考虑消费者和整个社会的长远利益。这类观念统称为社会营销观念。

（1）社会营销观念核心内容。以实现消费者满意以及消费者和社会公众的长期福利作为企业的根本目的与责任。理想的营销决策应同时考虑到：消费者的需求与愿望的满足，消费者和社会的长远利益，企业的营销效益。

（2）基本特点：①以消费者需求为中心，实行目标市场营销。②运用市场营销组合手段，全面满足消费者的需求。③树立整体产品概念，刺激新产品开发，满足消费者整体需求。④通过满足消费者需求而实现企业获取利润的目标。⑤市场营销部门成为指挥和协调企业整个生产经营活动的中心。

3. 大市场营销观念

大市场营销观念是指一个企业和国家不应消极地顺从、适应外部环境和市场需求，而应借助于政治力量和公共关系，积极主动地改变和影响外部环境和市场需求，以便使产品打入特定的目标市场。

大市场营销是对传统市场营销组合战略的不断发展。科特勒提出，他指出，企业为了进入特定的市场，并在那里从事业务经营，在策略上应协调地运用经济的、心理的、政治的、公共关系等手段，以博得外国或地方各方面的合作与支持，从而达到预期的目的。大市场营销战略在4P的基础上加上2P即政治权力（power）和公共关系（public relations），从而把营销理论进一步扩展。

第二章

营销组合策略

第一节 营销组合策略产生与发展

一、营销组合概念

营销组合指的是企业在选定的目标市场上，综合考虑环境、能力、竞争状况对企业自身可以控制的因素，加以最佳组合和运用，以完成企业的目的与任务。

营销组合是企业市场营销战略的一个重要组成部分，是指将企业可控的基本营销措施组成一个整体性活动。市场营销的主要目的是满足消费者的需要，而消费者的需要很多，要满足消费者需要所应采取的措施也很多。因此，企业在开展市场营销活动时，就必须把握住那些基本性措施，合理组合，并充分发挥整体优势和效果。

营销组合这一概念是由美国哈佛大学教授尼尔·鲍顿于1964年最早采用的，并确定了营销组合的12个要素。随后，理查德·克莱维持教授把营销组合要素归纳为产品、定价、渠道、推广。市场营销组合是制定企业营销战略的基础，做好市场营销组合工作可以保证企业从整体上满足消费者的需求。市场营销组合是企业对付竞争者强有力的手段，是合理分配企业营销预算费用的依据。

二、营销组合策略产生与发展

1960年，麦卡锡提出了著名的4P组合。麦卡锡认为，企业从事市场营销活动，一方面要考虑企业的各种外部环境，另一方面要制订市场营销组合策略，通过策略的实施，适应环境，满足目标市场的需要，实现企业的目标。麦卡锡绘制了一幅市场营销组合模式图，图中的中心是某个消费群，即目标市场，中间一圈是四个可控要素：产品（product）、渠道（place）、价格（price）、促销（promotion），即4P组合。在这里，产品就是考虑为目标市场开发适当的产品，选择产品线、品牌和包装等；价格就是考虑制订适当的价格；

地点就是讲要通过适当的渠道安排运输储藏等把产品送到目标市场，促销就是考虑如何将适当的产品，按适当的价格，在适当的地点通知目标市场，包括销售推广、广告、培养推销员等。

图 2-1 的外圈表示企业外部环境，它包括各种不可控因素，如经济环境、社会文化环境、政治法律环境等。麦卡锡指出，4P 组合的各要素将要受到这些外部环境的影响和制约。

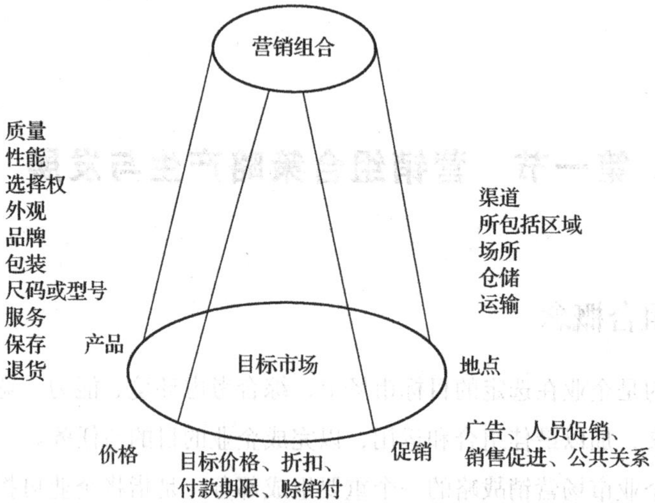

图 2-1　4P 营销组合图

以后，市场营销组合又由 4P 发展为 6P，6P 是由科特勒提出的，它是在原 4P 的基础上再加入政治（politics）和公共关系（public relations）。6P 组合主要应用于实行贸易保护主义的特定市场。随后，科特勒又进一步把 6P 发展为 10P。他把已有的 6P 称为战术性营销组合，新提出的 4P：研究（probing）、划分（partitioning）、优先（prioritizing）、定位（positioning），称为战略营销，他认为，战略营销计划过程必须先于战术性营销组合的制订，只有在搞好战略营销计划过程的基础上，战术性营销组合的制订才能顺利进行。菲利浦·科特勒在讲到战略营销与战术营销的区别时指出："从市场营销角度看，战略的定义是企业为实现某一产品市场上特定目标所采用的竞争方法，而战术则是实施战略所必须研究的课题和采取的行动。"（菲利普·科特勒等著《日本怎样占领美国市场》）。现在，战略营销与战术营销的界线已日趋明朗化，通用汽车公司等已按这两个概念分设了不同的营销部门。

到 20 世纪 90 年代，又有人认为，包括产品、价格、销售渠道、促销、政治力量和公共关系的 6P 组合是战术性组合，企业要有效地开展营销活动，首先要有为人们服务的正确的指导思想，又要有正确的战略性营销组合（市场调研 probing、市场细分 partitioning、市场择优 prioritizing、市场定位 positioning）的指导。这种战略的 4P 营销组合与正确的指导思想和战术性的 6P 组合就形成了市场营销的 11P 组合（图 2-2）。

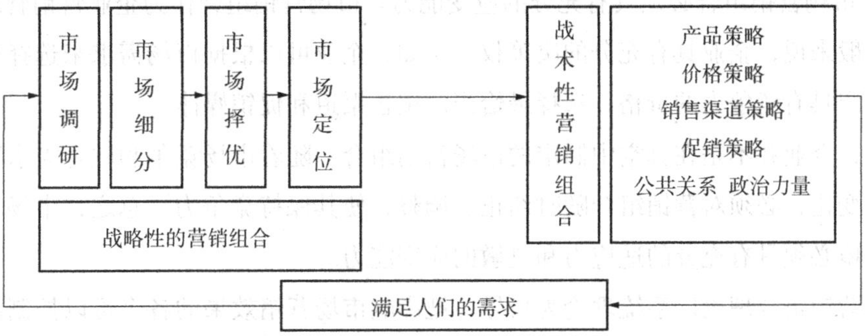

图 2-2 11P 组合图

20 世纪 90 年代，美国市场学家罗伯特·劳特伯恩提出了以“4C”为主要内容的作为企业营销策略的市场营销组合即 4C 理论，即针对产品策略，提出应更关注顾客的需求与欲望；针对价格策略，提出应重点考虑顾客为得到某项商品或服务所愿意付出的代价；并强调促销过程应用是一个与顾客保持双向沟通的过程。

三、市场营销组合特点

市场营销组合作为企业一个非常重要的营销管理方法，具有以下特点。

（1）市场营销组合是一个变量组合。构成营销组合的“4P”的各个自变量，是最终影响和决定市场营销效益的决定性要素，而营销组合的最终结果就是这些变量的函数，即因变量。从这个关系看，市场营销组合是一个动态组合。只要改变其中的一个要素，就会出现一个新的组合，产生不同的营销效果。

（2）营销组合的层次。市场营销组合由许多层次组成，就整体而言，“4P”是一个大组合，其中每一个 P 又包括若干层次的要素。这样，企业在确定营销组合时，不仅更为具体和实用，而且相当灵活；不但可以选择四个要素之间的最佳组合，而且可以恰当安排每个要素内部的组合。

（3）市场营销组合的整体协同作用。企业必须在准确地分析、判断特定的市场营销环境、企业资源及目标市场需求特点的基础上，才能制定出最佳的营销组合。所以，最佳的市场营销组合的作用，绝不是产品、价格、渠道、促销四个营销要素的简单数字相加，即 $4P \neq P+P+P+P$，而是使他们产生一种整体协同作用。就像中医开出的重要处方，四种草药各有不同的效力，治疗效果不同，所治疗的病症也相异，而且这四种中药配合在一起的治疗，其作用大于原来每一种药物的作用之和。市场营销组合也是如此，只有他们的最佳组合，才能产生一种整体协同作用。正是从这个意义上讲，市场营销组合又是一种经营的艺术和技巧。

（4）市场营销组合必须具有充分的应变能力。市场营销组合作为企业营销管理的可控要素，一般来说，企业具有充分的决策权。例如，企业可以根据市场需求来选择确定产品结构，制定具有竞争力的价格，选择最恰当的销售渠道和促销媒体。

但是，企业并不是在真空中制定的市场营销组合。随着市场竞争和顾客需求特点及外界环境的变化，必须对营销组合随时纠正、调整，使其保持竞争力。总之，市场营销组合对外界环境必须具有充分的适应力和灵敏的应变能力。

市场营销组合理论以系统理论为指导，把影响市场营销效果的各个可以控制的因素组织过来，给企业领导人提供一个科学地分析和运用各个经营手段的思路和方法，导致企业市场营销整体效果最优化。市场营销组合策略具有以下几个特点。

（1）市场营销组合是企业市场战略的核心。

（2）市场营销组合是企业进行竞争的有力手段。

（3）市场营销组合是协调企业内部各部门工作的“纽带”。

（4）市场营销组合有利于合理分配企业的销售费用预算。

第二节　营销策略

一、影响企业营销的因素

影响企业营销有两类因素：一类是宏观环境因素，包括人口环境、经济环境、自然环境、技术环境、政治和法律环境、文化环境等方面。这些因素不但作为社会环境影响企业的营销活动，还影响着企业微观环境中的各个因素，通过微观环境的作用，对企业的营销活动进行限制和制约。菲利普·科特勒指出：宏观环境是影响企业微观环境中所有行为者的大型社会力量。构成这种大型社会力量的各因素既相互独立又相互作用，对企业的市场营销活动既是威胁又是机会。同时，宏观营销环境对微观营销环境有着制约作用。科技环境除了直接对企业的营销活动有一定的威胁和提供一定的机会外，也大量地通过用户、竞争企业等对企业的营销活动发生作用；社会的规范、价值观、信念等影响着消费者的消费态度、兴趣爱好、对产品的好恶、增大或减少消费者对商品的选择机会。另一类是微观环境因素，企业本身可以通过决策加以控制的，直接影响企业营销活动。包括企业的供应商、营销中间商、顾客、竞争对手、社会公众以及企业内部参与营销决策的各部门组成。

二、市场营销策略

（一）4P 策略

20 世纪 60 年代，美国学者麦卡锡教授提出了著名的 4P 营销组合策略，即产品、价格、渠道和促销。认为一次成功和完整的市场营销活动，意味着以适当的产品、适当的价格、适当的渠道和适当的促销手段，将适当的产品和服务投放到特定市场的行为。

1. 4P 营销组合的内容

（1）产品。注重开发的功能，要求产品有独特的卖点，把产品的功能诉求放在第一位。

（2）价格。根据不同的市场定位，制定不同的价格策略，产品的定价依据是企业的品牌战略，注重品牌的含金量。

（3）分销。企业并不直接面对消费者，而是注重经销商的培育和销售网络的建立，企业与消费者的联系是通过分销商来进行的。

（4）促销。企业注重销售行为的改变来刺激消费者，以短期的行为（如让利，买一送一，营销现场气氛，等等）促成消费的增长，吸引其他品牌的消费者或导致提前消费来促进销售的增长。

2. 4P 营销理论的意义

4P 的提出奠定了管理营销的基础理论框架。该理论以单个企业作为分析单位，认为影响企业营销活动效果的因素有以下两种。

（1）企业不能够控制的，如政治、法律、经济、人文、地理等环境因素，称之为不可控因素，这也是企业所面临的外部环境。

（2）企业可以控制的，如生产、定价、分销、促销等营销因素，称之为企业可控因素。企业营销活动的实质是一个利用内部可控因素适应外部环境的过程，即通过对产品、价格、分销、促销的计划和实施，对外部不可控因素做出积极动态的反应，从而促成交易的实现和满足个人与组织的目标，用科特勒的话说就是“如果公司生产出适当的产品，定出适当的价格，利用适当的分销渠道，并辅之以适当的促销活动，那么该公司就会获得成功”（科特勒，2001）。所以市场营销活动的核心就在于制定并实施有效的市场营销组合。

它把企业营销活动这样一个错综复杂的经济现象，概括为三个圆圈，把企业营销过程中可以利用的成千上万的因素概括成四个大的因素，即 4P 理论——产品、价格、分销和促销，的确非常简明、易于把握。得益于这一优势，它不胫而走，很快成为营销界和营销实践者普遍接受的一个营销组合模型。

4P 理论主要是从供方出发来研究市场的需求及变化，如何在竞争在取胜。4P 理论重视产品导向而非消费者导向，以满足市场需求为目标。4P 理论是营销学的基本理论，它最早将复杂的市场营销活动加以简单化、抽象化和体系化，构建了营销学的基本框架，促进了市场营销理论的发展与普及。

（二）4R 策略

21 世纪伊始，《4R 营销》的作者艾略特·艾登伯格提出 4R 营销理论。4R 理论以关系营销为核心，重在建立顾客忠诚。它阐述了四个全新的营销组合要素：即关联（relativity）、反应（reaction）、关系（relation）和回报（retribution）。

4R 理论强调企业与顾客在市场变化的动态中应建立长久互动的关系，以防止顾客流失，赢得长期而稳定的市场；其次，面对迅速变化的顾客需求，企业应学会倾听顾客的意见，及时寻找、发现和挖掘顾客的渴望与不满及其可能发生的演变，同时建立快速反应机制以对市场变化快速做出反应；企业与顾客之间应建立长期而稳定的朋友关系，从实现销售转变为实现对顾客的责任与承诺，以维持顾客再次购买和顾客忠诚；企业应追求市场回报，并将市场回报当作企业进一步发展和保持与市场建立关系的动力与源泉。

1. 4R 营销的操作要点

（1）紧密联系顾客。企业必须通过某些有效的方式在业务、需求等方面与顾客建立关联，形成一种互助、互求、互需的关系，把顾客与企业联系在一起，减少顾客的流失，以此来提高顾客的忠诚度，赢得长期而稳定的市场。

（2）提高对市场的反应速度。多数公司倾向于说给顾客听，却往往忽略了倾听的重要性。在相互渗透、相互影响的市场中，对企业来说最现实的问题不在于如何制定、实施计划和控制，而在于如何及时地倾听顾客的希望、渴望和需求，并及时做出反应来满足顾客的需求。这样才利于市场的发展。

（3）重视与顾客的互动关系。4R 营销理论认为，如今抢占市场的关键已转变为与顾客建立长期而稳固的关系，把交易转变成一种责任，建立起和顾客的互动关系。而沟通是建立这种互动关系的重要手段。

（4）回报是营销的源泉。由于营销目标必须注重产出，注重企业在营销活动中的回报，所以企业要满足客户需求，为客户提供价值，不能做无用的事情。一方面，回报是维持市场关系的必要条件；另一方面，追求回报是营销发展的动力，营销的最终价值在于其是否给企业带来短期或长期的收入能力。

2. 4R 营销的特点

（1）4R 营销以竞争为导向，在新的层次上提出了营销新思路。根据市场日趋激烈的竞争形势，4R 营销着眼于企业与顾客建立互动与双赢的关系，不仅积极地满足顾客的需求，而且主动地创造需求，通过关联、关系、反应等形式建立与它独特的关系，把企业与顾客联系在一起，形成了独特竞争优势。

（2）4R 营销真正体现并落实了关系营销的思想。4R 营销提出了如何建立关系、长期拥有客户、保证长期利益的具体操作方式，这是关系营销史上的一个很大的进步。

（3）4R 营销是实现互动与双赢的保证。4R 营销的反应机制为建立企业与顾客关联、互动与双赢的关系提供了基础和保证，同时也延伸和升华了营销便利性。

（4）4R 营销的回报使企业兼顾到成本和双赢两方面的内容。为了追求利润，企业必然实施低成本战略，充分考虑顾客愿意支付的成本，实现成本的最小化，并在此基础上获得更多的顾客份额，形成规模效益。这样一来，企业为顾客提供的产品和追求回报就会最终融合，相互促进，从而达到双赢的目的。

4R 营销理论的最大特点是以竞争为导向，在新的层次上概括了营销的新框架。该理论根据市场不断成熟和竞争日趋激烈的形势，着眼于企业与顾客互动与双赢，不仅积极地适应顾客的需求，而且主动地创造需求，通过关联、关系、反应等形式与客户形成独特的关系，把企业与客户联系在一起，形成竞争优势。当然，4R 营销同任何理论一样，也有其不足和缺陷。如与顾客建立关联、关系，需要实力基础或某些特殊条件，并不是任何企业可以轻易做到的。但不管怎样，4R 营销提供了很好的思路，是经营者和营销人员应该了解和掌握的。

第三节　市场营销组合意义和作用

一、市场营销组合应用约束条件

1. 企业营销战略

在运用市场营销因素组合时，应首先通过市场分析，选择最有利的目标市场，确定目标市场和市场发展策略，在这个基础上，再对营销因素组合策略进行综合运用。

2. 企业营销环境

企业在市场营销因素组合活动中面临的困难和所处的环境是不同的。自 20 世纪 70 年代以来，世界各国政府加强了对经济的干预，宏观环境对企业的市场营销活动的影响越来越大，有时起到了直接的制约作用。企业选择市场营销组合时，应把环境看作是一个主要要素，时刻重视对宏观环境各因素的研究与分析，并对这些不可控制因素做出营销组合方面的必要反应。

3. 目标市场的特点

目标市场的需要决定了市场营销组合的性质。企业要规划合理的市场营销组合，首先要分析目标市场各个方面的条件。根据目标市场的条件，分析它们对各个基本策略的影响，从而判断哪种营销组合更切实可行、更具有吸引力和更有利可图。

4. 企业资源情况

企业资源状况包括企业公众形象、员工技能、企业管理水平、原材料储备、物质技术设施、专利、销售网、财务实力等等。这就决定了选择合适的市场营销组合必须与企业实际相符合。企业不可能超出自己的实际能力去满足所有消费者与用户的需要。

二、理论意义

（1）市场营销组合的出现，意味着市场完成了新旧观念的转变，即发展到了新观念——市场营销观念。市场营销观念的核心是以目标顾客的需要为中心，实行市场营销组合，着眼于总体市场，从而取得利润，实现企业营销目标。在这里，市场营销组合作为营销手段至关重要。

（2）市场营销组合体现了现代市场营销学的一个重要特点，那就是具有鲜明的“管理导向”，即着重从市场营销管理决策的角度，着眼于买方行为，重点研究企业市场营销管理工作中的各项战略和策略，从而使决策研究法在诸多研究方法中显示出其概括性强、适应面广的优点，并成为研究市场营销问题普遍采用的重要方法。

（3）市场营销组合的理论基础是系统理论。它以系统理论为指导，向企业决策者提供了为达到企业营销整体效果而科学地分析和应用各种营销手段的思路和方法。

1）运用系统论的观点，对系统进行结构分析。可以从系统的开放与闭合、系统的层次结构、系统的构成要素等方面深入分析。

2）运用系统论的观点，对系统与外部环境联系方式分析，根据系统具有处理和转换功能，系统与外部环境是通过物质、能量、信息输入系统转换再将物质、能量、信息输出系统的方式进行联系的。企业作为一个开放系统，一方面从外部环境输入信息、能源、原材料，这是企业开展营销活动的基础，体现了外部环境对企业营销活动的制约性，企业须对此表示出较强的适应性，并随时依据其变化，制订调整营销战略和策略。另一方面，企业通过主动性和创造性营销，向外部环境提供产品或劳务、传播信息，来影响外部环境，从而使外部环境朝着有利于企业营销目标的方向发展。

3）系统论的整体观强调整体的功能大于各要素功能之和，且具有各要素都不具备的新的属性和特点。这对于理解一个系统的性质特别重要，而研究系统内务要素的交互作用和整体功能比注意个别要素的功能更重要。根据这一原理，市场营销组合意味着将各种手段进行最佳组合，使其相互协调，综合地发挥尽可能大的作用。因此，企业营销之成败，很大程度上取决于上述策略的选择和它们的综合运用效果，市场营销组合的神奇魅力在于此。

三、市场营销组合

对于企业来说，营销因素组合在企业实际工作中的实践意义表现在以下几个方面。

1. 制定营销战略的基础

营销战略本质上就是企业经营管理的战略，而营销战略主要是由企业目标和营销因素协调组成的。由于制订市场营销战略的出发点是完成企业的任务与目标，以投资收益率、市场占有率或其他目标为比较选择的依据来进行营销组合是比较符合实际的。

作为企业营销的战略基础，营销因素组合既可以四个因素综合运用，也可以根据产品与市场的特征，分别重点使用其中某一个或某两个因素，设计成相应的销售策略，这是一个细致复杂的工作。

2. 应付竞争的有力手段

企业在运用营销因素组合时，必须分析自己的优势和劣势是什么，以便扬长避短。在使用营销因素组合作为竞争手段时，要特别注意以下两个问题：

（1）不同行业不同产品，侧重使用的营销因素应当不同。

（2）企业在重点使用某一营销因素时，要重视其他因素的配合作用，才能取得理想的效果。

3. 为企业提供系统管理思路

在实践中，人们认识到，如果以市场营销组合为核心进行企业的战略计划和工作安排，可以形成一种比较系统的、从点到面、简明扼要的经营管理思路。许多企业根据市场营销组合的各个策略方向去设置职能部门和经理岗位，明确部门之间的分工关系，划分市场调研的重点项目，确定企业内部和外部的信息流程等。企业的财务部门也会在完成财务报表的同时，按照4P数据列表，为企业分析资金运用、固定成本与变动成本支出等情况提供信息。运用营销因素组合，可以较好地协调各部门工作。

四、营销组合的重要作用

企业营销管理者正确安排营销组合对企业营销的成败有重要作用。

（1）可扬长避短，充分发挥企业的竞争优势，实现企业战略决策的要求。

（2）可加强企业的竞争能力和应变能力，使企业力于不败之地。

（3）可使企业内部各部门紧密配合，分工协作，成为协调的营销系统（整体营销），灵活地、有效地适应营销环境的变化。

第三章

市场营销环境

市场营销环境是指影响企业市场营销活动的不可控制的各种参与者和影响力，包括宏观市场营销环境和微观市场营销环境（图 3–1）。

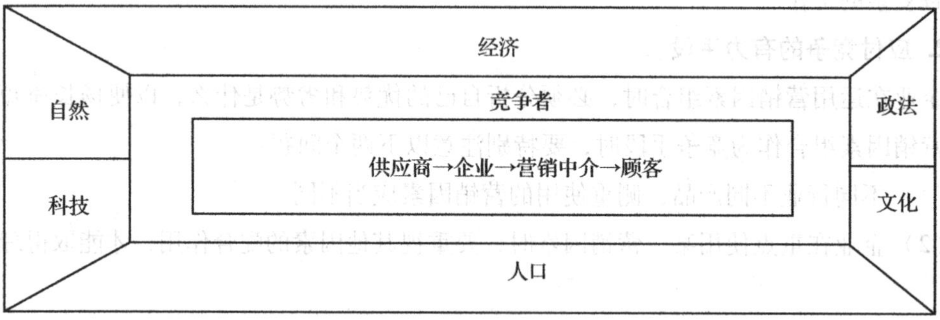

图 3–1　市场营销环境

宏观营销环境对企业的影响通常是间接的，微观环境的影响是直接的。宏观环境通过微观环境对企业的营销活动产生影响。

市场营销环境的变化既可以给企业营销带来市场机会，又可能对企业营销造成威胁。

第一节　市场营销微观环境

市场营销的微观环境包括 6 个方面：

一、企业内部

企业开展营销活动，必须设立营销部门，而营销部门能否顺利实现企业的营销目标，离不开与其他职能部门及高层管理者的支持与配合。

首先，营销部门与财务、采购、制造、研发等部门之间既存在多方面的合作，也存在争夺资源方面的矛盾，部门之间存在利益冲突，甚至会引发矛盾，这就需要在高层管理部门的统一领导下，树立全员市场营销理念，部门间通过有效沟通与协作，先做好内部营销。

其次，营销部门在制定政策时，要考虑最高管理层的意图，以最高管理层制定的企业任务、目标等为依据，制定市场营销计划，并报最高管理层批准后执行。

最后，企业文化是近年来日益受到重视的企业内部环境因素。企业的价值标准、经营理念、行为准则、典礼仪式、企业形象等，对于提高员工的凝聚力、向心力，起着非常重要的作用。

企业文化、营销部门、其他职能部门、最高管理部门共同构成了企业的内部营销环境。

二、供应商

（1）供应商是指向企业提供原材料、零配件、设备、能源、劳务等生产经营所需资源的企业或个人。所提供的资源包括原材料、设备、能源、劳务及其他用品等。例如，波音公司是世界最大的飞机制造公司，却只生产座舱和翼尖，其余零部件均来自不同国家与地区的供应商提供。

（2）供应商对企业营销的影响包括三个方面。

1）所供资源的数量和质量影响产品的数量和质量。供货的稳定性与及时性影响企业是否按期完成较好任务。供应货物的质量直接影响企业产品的质量。

2）所供资源的价格影响产品的价格。供货价格的波动直接影响产品的成本、售价和利润。

3）满足企业特殊或应急需要的能力。

因此，企业在选择供应商时，应特别注意两点：①企业必须充分考虑供应商的资信状况，要与主要供应商建立长期稳定的合作关系，保证企业生产资源供应的稳定性。②企业必须使自己的供应商多样化。

三、营销中介

营销中介是指协助企业促销、销售和经销产品的机构，包括中间商、物流公司、营销服务机构、财务中介机构等。

（1）中间商。商人中间商（取得产品所有权）和代理中间商（不拥有产品所有权）。

（2）物流公司。协助厂商储存并把货物运送到目的地的公司。物流的要素主要包括包装、运输、仓储、装卸、搬运、库存控制、订单处理等。

（3）营销服务公司。协助厂商推出并促销产品到恰当的市场的机构，如市场研究公司、营销咨询策划公司、广告公司等。

(4) 财务中介机构。协助厂商融资或保障货物购销储运风险的机构，如银行、信托公司、保险公司等。

四、顾客

顾客是企业服务的对象，包括组织和个人。因此，凡是已经来购买和可能来购买你的产品或服务的单位和个人都可以算是顾客。即：所有享受服务的人或机构，也指把自己需求带给我们的人。顾客是企业经营活动的出发点和归宿，时间证明，谁赢得顾客，谁就能在市场上立于不败之地。

企业的顾客类型一般分为以下几种类型。

1. 生产者市场

生产者市场指为赚取利润或其他目的而购买商品和服务来生产其他产品和劳务的市场，包括生产企业、建筑企业等。

2. 中间商市场

中间商市场亦称再售者市场。商品从生产者到消费者中间的买卖场所和领域。中间商市场由批发市场和零售市场所组成。

3. 消费者市场

消费者市场指为满足自身需要而购买的一切个人和家庭构成的市场。

4. 非营利组织市场

非营利组织是指不以营利为目的的组织，它的目标通常是支持或处理个人关心或者公众关注的议题或事件。非营利组织所涉及的领域非常广，包括艺术、慈善、教育、学术、环保等等。它的运作并不是为了产生利益，这一点通常被视为这类组织的主要特性，同时具有非营利性、民间性、自治性、志愿性、非政治性、非宗教性等重要特征。

5. 国际市场

国际市场指国外的买主。包括外国的消费者、生产商、中间商及政府机构等。

五、竞争者

市场经济是竞争的经济，企业在进行营销活动的过程中，不可避免地会遇到竞争对手的挑战。竞争者一般是指那些与本企业提供的产品或服务相似，并且所服务的目标顾客也相似的其他企业。从消费需求的角度划分，竞争者主要有四种类型：愿望竞争者、普通竞争者、产品形式竞争者和品牌竞争者。

(1) 愿望竞争者。愿望竞争者是指提供不同产品以满足不同需要的竞争者。比如：出售旅游产品及出售电子产品之间的竞争。例如消费者要选择一种万元消费品，他所面临的选择就可能有电脑、电视机、摄像机、出国旅游等，这时电脑、电视机、摄像机以及出国旅游之间就存在着竞争关系，成为愿望竞争者。

（2）普通竞争者。普通竞争者是指提供不同产品以满足同一需要的竞争者。属类竞争者又称为一般竞争者，指以不同的方法满足消费者同一需要的竞争者。比如航运和客运之间的竞争。

（3）产品形式竞争者。产品形式竞争者是指提供规格、性能等方面不同的同类产品以满足同一需要的竞争者。产品形式竞争者也称行业竞争者，是指生产同种产品，但提供不同规格、型号、款式的竞争者。由于这些同类型但形式不同的产品对同一种需要的具体满足上存在着差异，购买者有所偏好和选择，因此这些产品的生产经营者之间便形成了竞争关系，互为产品形式竞争者。

（4）品牌竞争者。品牌竞争者是指提供不同品牌的同类产品以满足同一需要的竞争者。品牌竞争是指满足相同需求的、规格和型号等相同的同类产品的不同品牌之间在质量、特色、服务、外观等方面所展开的竞争。因此，当其他企业以相似的价格向同一顾客群提供类似产品与服务时，营销者将其视为竞争者。品牌竞争者指生产相同规格、型号、款式的产品，但品牌不同的竞争者。品牌竞争者之间的产品相互替代性较高，因而竞争非常激烈，各企业均以培养顾客品牌忠诚度作为争夺顾客的重要手段。以电视机为例，索尼、长虹、夏普、金星等众多产品之间就互为品牌竞争者。

六、公众

公众是指与公共关系主体——社会组织发生相互联系、作用，其成员面临共同问题、共同利益和共同要求的社会群体。公众可能有助于增强一个企业实现自己目标的能力，也可能妨碍这种能力。因此得到各类公众的理解和支持，是企业搞好营销的重要事件之一。

企业的公众主要有以下类型。

1. 融资公众

融资公众是对企业的融资能力有重要影响的金融机构，主要包括银行、投资公司、证券交易所、保险公司等。

2. 媒体公众

媒介公众是指那些刊载和发布各类信息的机构，包括报纸、杂志、电台、电视台等传统媒体机构，也包括微博、微信、社交网站等新兴媒体机构。

3. 政府公众

政府公众主要指与企业营销活动有关的各级政府机构部门，如主管有关经济立法及经济政策、产品设计、定价、广告及销售方法的机构，以及国家经委及各级经委、工商行政管理局、税务局、各级物价局等。

4. 社团公众

社团公众是指保护消费者权益的组织、环保组织及其他群众团体等。企业营销活动关系到社会各方面的切身利益，必须密切注意并及时处理来自社团公众的批评和意见。

5. 社区公众

社区公众是指组织所在地的区域关系对象，包括当地的管理部门、地方团体组织、左邻右舍的居民百姓。

6. 一般公众

一般公众与企业无直接利害关系，但其言论对企业市场营销有潜在影响的公众。

7. 内部公众

内部公众指社会组织内部的所有成员，如企业职工、股东等。这类公众与组织关系更直接、更密切，他们对组织的评价有特殊的意义和作用，因而是公共关系工作最重要的环节之一，是社会组织能否实现活动目标的主要依靠力量。

第二节　市场营销宏观环境

市场营销宏观环境包括人口环境、经济环境、自然环境、技术环境、政治法律环境。

一、人口环境

（一）人口总量

人口是市场的第一要素，因而人口状况自然成为企业营销人员最为关注的首要环境因素。人口环境对市场的影响具有整体性和长远性的特点，对企业营销的影响主要体现在以下方面。

（1）全球人口持续增长。1960 年世界上有 30 亿人口。在不到 30 年的时间里，人口在 1987 年超过了 50 亿。又一个 30 年后的今天，世界上大约有 75 亿人口。自 1975 年以来，全球人口以大约每 12 年增加 10 亿的速度增长。人口数量是决定市场规模和潜量的一个基本要素。

（2）发达国家人口出生率下降，而发展中国家出生率上升。美国等发达国家人口出生率下降，而发展中国家出生率上升。在世界范围内，出生率和死亡率一直在下降，从 1965 年的 34‰和 13‰下降到 2017 年的不到 19‰和不到 8‰。

（二）人口结构

1. 年龄结构

世界各国人口年龄结构中位数从最老 45 岁，到最年轻的 15 岁，差异极其巨大。中国人口年龄结构中位数为34岁。全球人口正以惊人的速度迈向人口老龄化，到2060年，全球仅剩尼日尔人口年龄中位数为20岁以下。

（1）人口老龄化加速。人口老龄化是指人口生育率降低和人均寿命延长导致的总人口中因年轻人口数量减少、年长人口数量增加而导致的老年人口比例相应增长的动态。当一个国家或地区60岁以上老年人口占人口总数的10%，或65岁以上老年人口占人口总数的7%，即意味着这个国家或地区的人口处于老龄化社会。

2018年12月11日，中国60岁以上老人2.64亿，占比18.7%。预计到2050年，60岁以上老人占人口的比重超过三分之一，65岁以上老人占比接近30%。

（2）生育率下降。自国家全面放开二孩政策以来，我国生育率并没有如约升高反而倒是下降了不少。根据国家统计局相关显示，我国近几年新生儿出生率一直处于不断下降的趋势。

2. 性别结构

性别结构会使市场消费的需求内容、购买习惯、购买行为有显著差异。许多商品和劳务都有男性市场和女性市场之分，如日常生活用品、化妆品、服装等一般属于女性市场中的重要商品；大件商品、技术性能的商品一般属于男性市场中的重要商品。

（三）家庭规模和家庭生命周期

1. 家庭规模

家庭规模是指家庭成员数目的多少和家庭关系的复杂程度。家庭规模大小，主要受两个方面的影响。一方面受家庭生育量的影响，育龄妇女生育子女越多，家庭规模越大，反之亦然；另一方面受家庭结构的影响。

2. 家庭生命周期

家庭生命周期包括未婚期、新婚期、满巢Ⅰ期、满巢Ⅱ期、满巢Ⅲ期、空巢期、孤独期。

（四）人口分布及流动

世界人口地理分布是一定时间内人口在世界各地区间的地理分布。世界人口的地理分布状况是经过数千年长期演变的结果，是各种复杂的自然、社会、经济、政治等因素综合作用的结果。总的来看，世界人口分布具有不平衡性，表现在以下几方面。

（1）人口集中分布在自然环境条件优越地区。

（2）人口集中于城市地区。工业革命后，世界各国城镇化发展，使城市人口比重上升，20世纪50年代发展更快。目前，世界所有城镇居民总面积总计不过5.0×10^5平方千米，占地球陆地面积的0.4%，却集中了世界40%的总人口，而广阔的乡村人口分布却相对较少。

（3）向沿海集中趋势明显。世界各大洲的人口，有明显集中于沿海的倾向，如太平洋沿岸、大西洋沿岸都为世界人口集中区，这主要是受世界生产力布局指向沿海趋势的影响。

（4）地势低平地方人口分布集中。目前世界大量人口主要集中在海拔200米以下的地方，多属平原、丘陵，地势低平，土地利用率高，负载量大，人口往往集中。如中国沿海平原带、欧洲平原带、南美平原带、非洲几内亚湾沿岸平原带都是世界人口集中地区。

人口的这种地理分布表现在市场上，就是各地人口密度不同，其市场大小不同、消费习惯不同，则实训需求特性不同。不同地区的人其消费需求的内容和数量存在差异。

我国人口分布和流动的特点：我国人口分布一般东部沿海地区多，西部陆地地区少，地理上主要以黑龙江漠河与云南腾冲连线为分界线，东南多，西北少，东南国土面积占全国的43%，而人口约占全国人口的94%，西北地区面积占全国面积的57%，人口却只占全国人口的6%左右，即有由东南到西北方向随海拔高度的增加人口密度呈阶梯递减的趋势，而这种趋势正在加强。同时，农村人口在减少，城市人口在增加，这种农村人口流向城市的趋势在加剧。由于我国人口分布结构，分销结构发生重大变化。

二、经济环境

经济环境是企业营销活动的外部社会经济条件，包括消费者的收入水平、消费者支出模式和消费结构、消费者储蓄和信贷、经济发展水平、经济体制地区和行业发展状况、城市化程度等多种因素。市场规模的大小，不仅取决于人口数量，而且取决于有效的购买力。而购买力的大小要受到经济环境中各种因素的综合影响。

（一）经济发展状况

一个国家或地区所处的经济发展状况不同，呈现不同的市场需求和消费方式，从而直接或间接影响到市场营销。例如经济发展状况好的地区，消费者注重产品的款式、性能及特色；经济发展状况较差的地区，消费者则偏重于产品的功能及实用性。因此，对不同经济发展状况的地区，企业采取不同的市场营销策略。

（二）消费者收入水平的变化

消费者收入是消费者在一段时间内（通常指一年）所获得的实际货币收入。由于国家之间或区域之间名义收入水平与物价水平有较大差异，通常用购买力平价的方法来比较不同区域的实际收入水平和实际购买力。

消费者收入分为货币收入和实际收入。消费者收入主要形成消费人口的购买力，收入水平越高，购买力就越大，但消费者收入不会全部用于消费。因此，对企业营销而言，有必要区别以下几种概念：

1. 人均国内生产总值

人均国内生产总值是人们了解和把握一个国家或地区的宏观经济运行状况的有效工具，即“人均GDP”，常作为发展经济学中衡量经济发展状况的指标，是最重要的宏观经济指标之一。从总体上影响和决定消费结构与消费水平。

2. 个人可支配的收入

即个人收入中扣除各种税款（所得税等）和非税性负担（如工会费、养老保险、医疗保险等）后的余额。它是消费者个人可以用于消费或储蓄的部分，形成实际的购买力。

3. 个人可任意支配的收入

即个人可支配收入中减去用于维持个人与家庭生存所必需的费用（如水电、食物、衣服、住房等）和其他固定支出（如学费等）后剩余的部分。这部分收入是消费者可任意支配的，因而是消费需求中最活跃的因素，也是企业开展营销活动所要考虑的主要对象。

4. 家庭收入

许多产品的消费是以家庭为单位的，如冰箱、电视、空调等，因此家庭收入的高低会影响许多产品的市场需求。

（三）消费者支出结构的变化

随着消费者收入的变化，消费者支出模式和消费者支出结构就会发生相应变化。国际上常用恩格尔系数来衡量一个国家和地区人民生活水平的状况。

恩格尔系数（%）＝食品支出总额/家庭或个人消费支出总额×100%

恩格尔定律表明：随着家庭和个人收入增加，收入中用于食品方面的支出比例将逐渐减少。恩格尔系数越大，人民生活越贫困；相反，恩格尔系数越小，人民生活越富裕。

（四）消费者储蓄和信贷情况的变化

消费者储蓄率的高低影响当前的消费支出，消费者储蓄和信贷水平会影响一定时期的需求总量。当社会的经济发展水平越低，人们对未来不抱信心，因此更多的要储蓄；现代社会经济越发达，人们对未来充满信心，因此储蓄的比例越来越低，而现实消费的比例越来越高，以致出现分期付款的现象。

消费信贷是指消费者凭借信用先取得商品使用权，然后按期归还贷款。

三、自然环境

自然环境也叫自然地理环境，是指人类生存的自然地域空间，是地球气相、固相和液相三种物质的交界面，是有机界和无机界相互转化的场所，是人类赖以生存的自然界，是人类社会存在和发展的自然基础。自然地理环境的变化会给企业造成环境威胁和市场机会。目前在自然地理环境方面的主要动向表现在以下几个方面。

1. 自然资源短缺

按资源的可更新性来划分，自然资源有三类：

（1）可更新资源，如农田、森林、草地、水、空气。

（2）不可更新资源，如铁、煤、石油等金属和非金属矿物质。

（3）恒定性资源，如太阳能、风力等。由于人类不合理的利用，不适当的管理，人口增长过快等原因，导致矿产、森林、能源、耕地等资源日益枯竭。因此，企业必须寻找替代品，降低材料消耗，避免威胁加剧。

2. 环境污染日益严重

环境污染指人为的或自然的破坏，向环境中添加某种物质而超过环境的自净能力而产生危害的行为。或由于人为的因素，环境受到有害物质的污染，使生物的生长繁殖和人类的正常生活受到有害影响。由于人为因素使环境的构成或状态发生变化，环境素质下降，从而扰乱和破坏了生态系统和人类的正常生产和生活条件的现象。这种情况对造成污染的企业就是一种威胁，在社会舆论和政府干预下，不得不采取措施控制，而这种情况却给控制污染环境的企业带来了新的市场机会。

3. 可持续发展日益受到重视

可持续发展指满足目前需要而又不削弱子孙后代满足其需要之能力的发展。可持续的发展还意味着在发展计划和政策中纳入对环境的关注与考虑，而不代表在援助或发展资助方面一种新形式的附加条件。因此，可持续发展为企业带来了新的市场机会。

四、技术环境

科学技术是人类文明进步的标志。科学技术的进步和普及，为人类提供了广播、电视、电影、录像、网络等传播思想文化的新手段，使精神文明建设有了新的载体。科学技术的发展已经为人类创造了巨大的物质财富和精神财富。科技是影响企业营销活动诸多因素中，作用最直接、变化最快的因素。科技因素的影响主要表现在以下几个方面：①新技术是一种“创造性的毁灭力量”；②新技术革命有利于企业改善经营管理；③新技术影响消费者的购物习惯；④人类进入知识经济社会。

五、政治法律环境

（一）政治环境

政治环境是指企业市场营销活动的外部政治形势、国家方针政策及其变化。安定团结的政治局面不仅有利于经济的发展和人们收入的增加，而且影响到人们的心理状况，导致市场需求发生变化。

（二）法律环境

法律环境是指国家或地方政府颁布的各项法规、法令、条例等。法律环境对企业的营销活动具有一定的调节作用，同时对市场消费需求的形成和实现也具有一定的调节作用。企业研究并熟悉法律环境，不仅可以保证自身严格依法经营和运用法律手段保障自身权益，还可通过法律条文的变化对市场需求及其走势进行预测。

第四章

STP 战略

第一节　市场细分战略

一、市场细分的含义和理论基础

（一）市场细分的含义

市场细分是指根据消费者需求的差异性，把某类产品的整体市场划分成若干消费者群体，使每个具有类似需求的群体形成一个子市场。其中，属于同一市场或子市场中的消费者，有着相似欲望和需求。相反，属于不同市场或子市场中的消费者对同一产品的消费者欲望和需求则存在明显的差异。

市场营销细分是以消费者为中心的现代市场营销观念的必然产物。由美国市场学家温德尔·史密斯在总结一些企业市场营销实战经验的基础上，于1956年提出来的，得到理论界的高度重视和企业界的广泛应用。

（二）市场细分的理论基础

市场细分的理论基础是消费者需求偏好的差异性，即市场“多元异质性”理论。在市场上，消费者总是希望根据自己的独特需求去购买产品，我们根据消费者需求的差异性可以把市场分为“异质性需求”和“同质性需求”两大类。任何产品都表现为一组属性的集合。但不同的消费者对同类产品的不同属性赋予不同的重视程度。根据对同类产品不同属性的重视程度，可以把消费者的需求偏好分成三种类型：同质偏好、分散偏好和集群偏好。

二、市场细分战略的产生

（一）市场细分战略含义

市场细分战略指将整个市场划分为若干个子市场。在这里市场既可以按空间细分，也可以按顾客或经营客体进行细分。采用这一战略的企业需要成立多个部门，每个部门的经营客体、集散、广义价格和信息交流等策略都尽可能按照各自所服务的子市场特点来制定。

（二）市场细分战略的发展阶段

1. 大量营销阶段

在19世纪末20世纪初，即资本主义工业革命阶段，整个社会经济发展的重心和特点是强调速度和规模，市场是以卖方为主导的。在卖方市场条件下，企业市场营销的基本方式是大量营销，即大批量生产品种规格单一的产品，并且通过广泛、普遍的分销渠道销售产品。

2. 产品差异化营销阶段

在20世纪30年代，发生了世界性的资本主义经济危机，西方企业面临产品严重过剩的情况，市场迫使企业转变经营观念，营销方式开始从大量营销向产品差异化营销转变，即向市场推出许多与竞争者产品不同的，具有不同质量、外观、性能的品种各异的产品。

3. 目标营销阶段

20世纪50年代以后，在科学技术革命的推动下，生产力水平大幅度提高，产品日新月异，生产与消费的矛盾日益尖锐，以产品差异化为中心的营销方式远远不能解决企业所面临的市场问题。于是，市场迫使企业再次转变经营观念和经营方式，由产品差异化营销转向以市场需求为导向的目标营销，即企业在研究市场和细分市场的基础上，结合自身的资源与优势，选择其中最有吸引力和能最有效地为之提供产品和服务的细分市场作为目标市场，设计与目标市场需求特点相互匹配的营销组合。于是，市场细分战略应运而生。市场细分理论的产生使传统营销观念发生了根本的变革，在理论和实践中都产生了极大影响，被西方理论家称为“市场营销革命”（图4-1）。

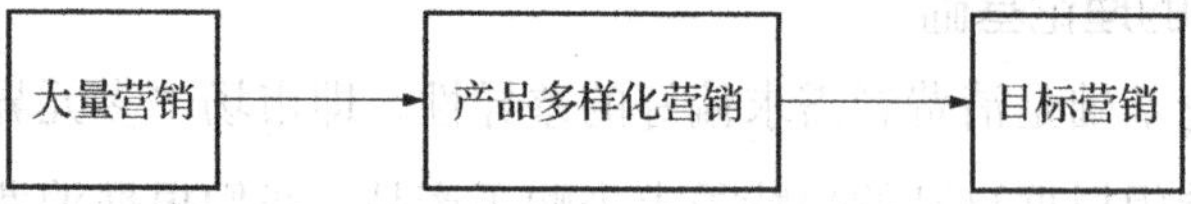

图4-1 市场营销革命

三、市场细分的意义

1. 有利于目标市场选择和制定市场营销策略

市场细分后的子市场比较具体，比较容易了解消费者的需求，企业可以根据自己经营思想、方针及生产技术和营销力量，确定自己的服务对象，即目标市场。针对着较小的目标市场，便于制定特殊的营销策略，以适应市场需求的变化，提高企业的应变能力和竞争力。

2. 有利于市场机会的发掘，开拓新市场

通过市场细分，企业可以对每一个细分市场的购买潜力、满足程度、竞争情况等进行分析对比，探索出有利于本企业的市场机会，使企业及时做出投产、移地销售决策或根据本企业的生产技术条件编制新产品开拓计划，进行必要的产品技术储备，掌握产品更新换代的主动权，开拓新市场，以更好适应市场的需要。

3. 有利于集中人力、物力投入目标市场

任何一个企业的资源、人力、物力、资金都是有限的。通过细分市场，选择了适合自己的目标市场，企业可以集中人、财、物及资源，去争取局部市场上的优势，然后再占领自己的目标市场。

4. 有利于企业提高经济效益

通过市场细分后，企业直接面对自己的目标市场，生产出适销对路的产品，既能满足市场需要，又可增加企业的收入；产品适销对路可以加速商品流转，加大生产批量，降低企业的生产销售成本，提高生产工人的劳动熟练程度，以及产品质量，全面提升企业的经济效益。

四、市场细分的标准

（一）消费者市场细分的标准

通常，企业是组合运用有关变量来细分市场，而不是单一采用某一变量。概括起来，细分消费者市场的变量主要有地理变量、人口变量、心理变量、行为变量这四大类。以这些变量为依据来细分市场就产生了地理细分、人口细分（表4-1）、心理细分和行为细分四种市场细分的基本形式。

1. 地理细分

指按照消费者所处的地理位置、自然环境等进行市场细分。具体变量包括国家、地区、人口密度、气候条件、交通条件、资源条件等。

2. 人口细分

指按照消费者的年龄、性别、家庭规模、家庭生命周期、收入、职业、教育程度、种族、宗教信仰等变量对市场进行细分。

表 4-1 消费者市场细分的标准——人口细分

人口细分	变量	要点
年龄	儿童、青年、壮年、老年等	了解不同年龄的消费者消费需求
性别	男女比例	掌握生理构成以及产品需求与偏好特点
收入	白领、蓝领、金领等	不同层次收入的消费特征及购买行为
职业与教育	幼儿园、中小学、本科等	消费者职业的不同需求差异
家庭生命周期	单身、新婚、满巢、孤独等	家庭所处阶段、不同阶段消费需求结构和数量

3. 心理细分

指按照消费者所处的社会阶层和他的个性、生活方式等心理特征对市场进行细分。

（1）社会阶层。指在某一社会中具有相对同质性和持久性的群体。处于同一阶层的成员具有类似的价值观、兴趣爱好和行为方式，而不同阶层的成员对所需的产品也各不相同。识别不同社会阶层消费者所具有的不同特点，对于很多产品的市场细分将提供重要依据。

（2）生活方式。人们追求生活方式的不同也会影响他们对产品的选择。例如有的追求新潮时髦，有的追求恬静、简朴，有的追求刺激、冒险，有的追求稳定、安逸。

（3）个性。指一个人比较稳定的心理倾向与心理特征，它会导致一个人对其所处环境做出相对一致和持续不断的反应。一般地，个性会通过自信、自主、支配、顺从、保守、适应等性格特征表现出来。因此，个性可以按这些性格特征进行分类，从而为企业细分市场提供依据。在西方国家，对诸如化妆品、香烟、啤酒、保险之类的产品，一些企业以个性特征为基础进行市场细分并取得了成功。

4. 行为细分

行为细分是指按照消费者的购买行为对市场进行细分，即根据购买者对产品的了解程度、态度、使用情况及反应等将他们划分成不同的群体。很多人认为，行为变数能更直接地反映消费者的需求差异，因而成为市场细分的最佳起点。

（1）时机。根据消费者提出需要、购买和使用产品的不同时机，如经常购买、季节购买等时机进行细分。

（2）追求的利益。消费者购买某种产品总是为了解决某类问题，满足某种需要。消费者对这些利益的追求时有侧重，如追求价廉、质优、功能、品牌、服务等。

（3）使用者情况。根据顾客是否使用和使用程度细分市场。通常可分为：未使用者、曾经使用者、潜在使用者、首次使用者、经常使用者。大公司往往注重将潜在使用者变为实际使用者，较小的公司则注重于保持现有使用者，并设法吸引使用竞争产品的顾客转而使用本公司产品。

(4) 使用量。根据消费者使用某一产品的数量大小细分市场。通常可分为少量使用者、中量使用者、大量使用者。大量使用者人数可能并不很多，但他们的消费量在全部消费量中占很大的比重。

(5) 忠诚程度。企业还可根据消费者对产品的忠诚程度细分市场，可以分为坚定的品牌忠诚者、多品牌忠诚者、转换型品牌忠诚者、非忠诚者等市场。有些消费者经常变换品牌，另外一些消费者则在较长时期内专注于某一或少数几个品牌。通过了解消费者品牌忠诚情况和品牌忠诚者与品牌转换者的各种行为与心理特征，不仅可为企业细分市场提供一个基础，同时也有助于企业了解为什么有些消费者忠诚本企业产品，而另外一些消费者则忠诚于竞争企业的产品，从而为企业选择目标市场提供启示。

（二）生产者市场细分的标准

很多用来细分消费者市场的标准同样也可用于细分生产者市场。例如根据地理、追求的利益和使用率等变量加以细分。不过，由于生产者与消费者在购买动机与行为上存在差别，生产者市场最重要的细分变量是用户变量。

1. 行业细分

行业细分是按照一定的方法划分经营领域的过程，并在细分的基础上，把行业分析的方法进一步运用于经营领域，从而为企业经营战略的制定提供依据。

行业细分是行业内部结构分析的一种方法，可以帮助企业选择特定的经营领域。行业细分的实质是企业根据自身战略制定的需要，将整个行业的生产领域（产品或服务）和市场领域（顾客或用户）分别按照若干特定的变量划分后再组合。

2. 规模细分

用户的购买规模由每次购买的数量和购买次数两个因素组成。根据用户购买量的大小，将市场细分为大批量购买者、中量购买者和少量购买者。根据用户在一定时间内购买频率，可分为集中性重复购买、按计划分配购买和不定时购买。

3. 地理细分

地理细分要求把市场细分为不同的地理单位，例如国家、地区、州、县、城市或地段。企业可选择在一个或几个地区经营，也可在整个地区经营，需要注意需要和欲望的地区差异。

五、有效市场细分的条件

1. 可衡量性

可衡量性指用来细分市场的标准和变数及细分后的市场是可识别和衡量的，即有明显的区别，有合理的范围。

2. 足量性

足量性指细分市场的规模要大到能够使企业足够获利的程度，使企业值得为它设计一套营销规划方案，以便顺利地实现其营销目标，并且有可拓展的潜力，以保证按计划能获得理想的经济效益和社会服务效益。

3. 相对稳定性

相对稳定性指细分后的市场有相对应的时间稳定。细分后的市场能否在一定时间内保持相对稳定，直接关系到企业生产营销的稳定性。

4. 反应差异性

反应差异性指细分市场在观念上能被区别并对不同的营销组合因素和方案有不同的反应。

5. 可行性

指企业能够进入所选定的市场部分，能进行有效的促销和分销，实际上就是考虑营销活动的可行性。一是企业能够通过一定的广告媒体把产品的信息传递到该市场众多的消费者中去；二是产品能通过一定的销售渠道抵达该市场。

六、市场细分的一般方法与步骤

（一）市场细分的一般方法

根据影响需求因素的多少不同，市场细分有以下几种方法，即完全细分法、单一因素细分法和多变量细分法。

1. 完全细分法

完全细分法是根据消费者个体需求的综合特征，对市场进行彻底细分。假如有六个购买者的需求完全不同，那么每个购买者都可能成为一个潜在的独立市场，完全可以按照这个市场包括的购买者数目，最大限度地细分为六个市场，这个细分后的小市场数目也就是其购买数目。

2. 单一因素细分法

单一因素细分法是指根据市场营销调研结果，把选择影响消费者或用户需求最主要的因素作为细分变量，从而达到市场细分的目的。这种细分法以企业的经营实践、行业经验和对组织客户的了解为基础，在宏观变量或微观变量间，找到一种能有效区分客户并使公司的营销组合产生有效对应的变量而进行的细分。这种方法的适用条件：①市场竞争不太激烈，市场细分程度不太高，用单一变量就能够细分出有效市场；②影响消费者购买的各个因素中有一项主导因素，其影响最为强烈。

单一因素细分法的优点是细分过程比较简单，易于操作。

该方法有两个缺点：①形成的细分市场描述不够明确，在激烈的竞争环境中针对性不足。②影响消费者或用户需求的因素是多种多样的，一些因素又互相交错在一起，会共同对某些需求产生影响。

3. 多变量细分法

多变量细分法是指以两种或两种以上影响需求较大的因素为细分变数，以达到更为准确地细分市场的目的。这是一种弥补单一变量法的不足而采用的市场细分方法。以某食品进出口公司对日本冻鸡市场细分过程为例：

以消费者习惯和购买者类型两个因素为细分变量。以消费者习惯为变量可将日本冻鸡市场分为：净膛全鸡、分割鸡、鸡肉串等三类需求子市场。按购买者类型不同可将日本市场分为饮食业用户、团体（企业集团）用户和家庭用户三个需求子市场。

企业可对各细分市场的情况进行调研，最终确定自己的目标市场。

（二）市场细分的步骤

市场细分作为一个比较、分类、选择的过程，应该按照一定的程序来进行，通常有这样七步：

第一步，正确选择市场范围。企业根据自身的经营条件和经营能力确定进入市场的范围，如进入什么行业，生产什么产品，提供什么服务。

第二步，列出市场范围内所有潜在顾客的需求情况。根据细分标准，比较全面地列出潜在顾客的基本需求，作为以后深入研究的基本资料和依据。

第三步，分析潜在顾客的不同需求，初步划分市场。企业将所列出的各种需求通过抽样调查进一步搜集有关市场信息与顾客背景资料，然后初步划分出一些差异最大的细分市场，至少从中选出三个分市场。

第四步，筛选。根据有效市场细分的条件，对所有细分市场进行分析研究，剔除不合要求、无用的细分市场。

第五步，为细分市场定名。为便于操作，可结合各细分市场上顾客的特点，用形象化、直观化的方法为细分市场定型，如某旅游市场分为商人型、舒适型、好奇型、冒险型、享受型、经常外出型等。

第六步，复核。进一步对细分后选择的市场进行调查研究，充分认识各细分市场的特点，如本企业所开发的细分市场的规模、潜在需求，还需要对哪些特点进一步分析研究等。

第七步，决定细分市场规模，选定目标市场。企业在各子市场中选择与本企业经营优势和特色相一致的子市场，作为目标市场。没有这一步，就没有达到细分市场的目的。

经过以上七个步骤，企业便完成了市场细分的工作，就可以根据自身的实际情况确定目标市场并采取相应的目标市场策略。

第二节　目标市场选择战略

目标市场是指企业在市场细分之后的若干“子市场”。公司通过评估子市场，决定选择哪些子市场，即公司对目标市场选择。

目标市场选择指估计每个细分市场的吸引力程度，并选择进入一个或多个细分市场。企业选择的目标市场应是那些企业能在其中创造最大顾客价值并能保持一段时间的细分市场。资源有限的企业或许决定只服务于一个或几个特殊的细分市场。包括评估每个子市场的发展潜力；然后选择其中的一个或多个进入。公司应选择那些可以产生最大价值并可持续一段时间的子市场。

一、分析评价细分市场

（一）细分市场的规模和增长潜力

企业进入某一市场是期望能够有利可图，如果市场规模狭小或者趋于萎缩状态，企业进入后难以获得发展，此时，应审慎考虑，不宜轻易进入。

（二）细分市场的结构吸引力

细分市场可能具备理想的规模和发展特征，然而从赢利的观点来看，它未必有吸引力。波特认为有五种力量决定整个市场或其中任何一个细分市场的长期内在吸引力。这五个群体是：同行业竞争者、潜在的新参加的竞争者、替代产品、购买者和供应商。他们具有如下五种威胁性：①细分市场内激烈竞争的威胁；②新竞争者的威胁；③替代产品的威胁；④购买者讨价还价能力加强的威胁；⑤供应商讨价还价能力加强的威胁。

（三）企业的目标和资源

一方面，某些细分市场虽然有较大吸引力，但不能推动企业实现发展目标，甚至分散企业的精力，使之无法完成其主要目标，这样的市场应考虑放弃。另一方面，还应考虑企业的资源条件是否适合在某一细分市场经营。只有选择那些企业有条件进入、能充分发挥其资源优势的市场作为目标市场，企业才会立于不败之地。

二、目标市场选择模式

1. 市场集中化

企业选择一个细分市场，集中力量为之服务。较小的企业一般这样专门填补市场的某一部分。集中营销使企业深刻了解该细分市场的需求特点，采用有针对性的产品、价格、渠道和促销策略，从而获得强有力的市场地位和良好的声誉。但同时隐含较大的经营风险。

2. 产品专业化

企业集中生产一种产品，并向所有顾客销售这种产品。例如服装厂商向青年、中年和老年消费者销售高档服装，企业为不同的顾客提供不同种类的高档服装产品和服务，而不生产消费者需要的其他档次的服装。这样，企业在高档服装产品方面树立很高的声誉，一旦出现其他品牌的替代品或消费者流行的偏好转移，企业将面临巨大的威胁。

3. 市场专业化

企业专门服务于某一特定顾客群，尽力满足他们的各种需求。例如企业专门为老年消费者提供各种档次的服装。企业专门为这个顾客群服务，能建立良好的声誉。但一旦这个顾客群的需求潜量和特点发生突然变化，企业就要承担较大风险。

4. 有选择的专业化

企业选择几个细分市场，每一个对企业的目标和资源利用都有一定的吸引力。但各细分市场彼此之间很少或根本没有任何联系。这种策略能分散企业经营风险，即使其中某个细分市场失去了吸引力，企业也能在其他细分市场盈利。

5. 市场全面化

企业力图用各种产品满足各种顾客群体的需求，即以所有的细分市场作为目标市场。例如 IBM 公司在计算机市场、可口可乐公司在饮料市场开发众多的产品，满足各种消费需求（图 4–2）。

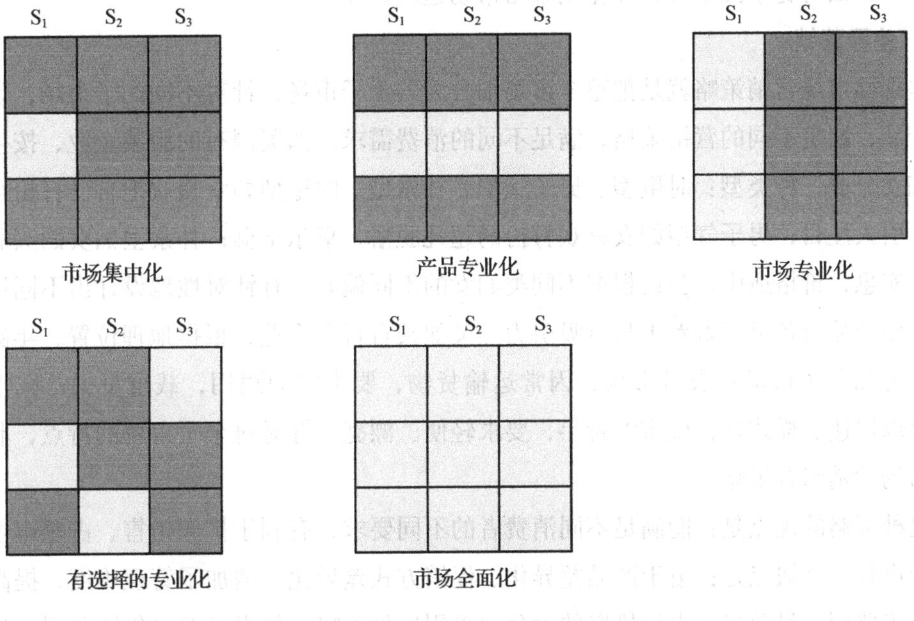

图 4–2 目标市场细分

三、目标市场营销战略

1. 无差异营销

无差别市场营销策略，就是企业把整个市场作为自己的目标市场，只考虑市场需求的共性，而不考虑其差异，运用一种产品、一种价格、一种推销方法，吸引可能多的消费者。美国可口可乐公司从1886年问世以来，一直采用无差别市场策略，生产一种口味、一种配方、一种包装的产品满足世界156个国家和地区的需要，称作“世界性的清凉饮料”，资产达74亿美元。由于百事可乐等饮料的竞争，1985年4月，可口可乐公司宣布要改变配方的决定，不料在美国市场掀起轩然大波，许多电话打到公司，对公司改变可口可乐的配方表示不满和反对，可口可乐公司不得不继续大批量生产传统配方的可口可乐。可见，采用无差别市场策略，产品在内在质量和外在形体上必须有独特风格，才能得到多数消费者的认可，从而保持相对的稳定性。

这种策略的优点是：产品单一，容易保证质量，能大批量生产，降低生产和销售成本。但如果同类企业也采用这种策略，必然要形成激烈竞争。闻名世界的肯德基，在全世界有800多个分公司，都是同样的烹饪方法、同样的制作程序、同样的质量指标、同样的服务水平，采取无差别策略，生产很红火。1992年，肯德基在上海开业不久，上海荣华鸡快餐店开业，且把分店开到肯德基对面，形成“斗鸡”场面。因荣华鸡快餐把原来洋人用面包作主食改为蛋炒饭为主食，西式沙拉土豆改成酸辣菜、西葫芦条，更取悦于中国消费者。所以，面对竞争强手时，无差别策略市场适应性差。

2. 差异营销

差别性市场营销策略就是把整个市场细分为若干子市场，针对不同的子市场，设计不同的产品，制定不同的营销策略，满足不同的消费需求。如美国有的服装企业，按生活方式把妇女分成三种类型：时髦型、男子气型、朴素型。时髦型妇女喜欢把自己打扮得华贵艳丽，引人注目；男子气型妇女喜欢打扮的超凡脱俗，卓尔不群；朴素型妇女购买服装讲求经济实惠，价格适中。公司根据不同类妇女的不同偏好，有针对性地设计出不同风格的服装，使产品对各类消费者更具有吸引力。又如某自行车企业，根据地理位置、年龄、性别细分为几个子市场：农村市场，因常运输货物，要求牢固耐用，载重量大；城市男青年，要求快速、样式好；城市女青年，要求轻便、漂亮。针对每个子市场的特点，制定不同的市场营销组合策略。

这种策略的优点是：能满足不同消费者的不同要求，有利于扩大销售、占领市场、提高企业声誉。其缺点是：由于产品差异化、促销方式差异化，增加了管理难度，提高了生产和销售费用。目前只有力量雄厚的大公司采用这种策略。如青岛双星集团公司，生产多品种、多款式、多型号的鞋，满足国内外市场的多种需求。

3. 集中营销

集中性市场营销策略就是在细分后的市场上，选择二个或少数几个细分市场作为目标市场，实行专业化生产和销售。在个别少数市场上发挥优势，提高市场占有率。采用这种策略的企业对目标市场有较深的了解，这是大部分中小型企业应当采用的策略。日本尼西奇起初是一个生产雨衣、尿布、游泳帽、卫生带等多种橡胶制品的小厂，由于订货不足，面临破产。总经理多川博在一个偶然的机会，从一份人口普查表中发现，日本每年约出生250 万个婴儿，如果每个婴儿用两条尿布，一年需要 500 万条。于是，他们决定放弃尿布以外的产品，实行尿布专业化生产。一炮打响后，又不断研制新材料、开发新品种，不仅垄断了日本尿布市场，还远销世界 70 多个国家和地区，成为闻名于世的“尿布大王”。

采用集中性市场营销策略，能集中优势力量，有利于产品适销对路，降低成本，提高企业和产品的知名度。但有较大的经营风险，因为它的目标市场范围小，品种单一。如果目标市场的消费者需求和爱好发生变化，企业就可能因应变不及时而陷入困境。同时，当强有力的竞争者打入目标市场时，企业就要受到严重影响。因此，许多中小企业为了分散风险，仍应选择一定数量的细分市场为自己的目标市场（图 4–3）。

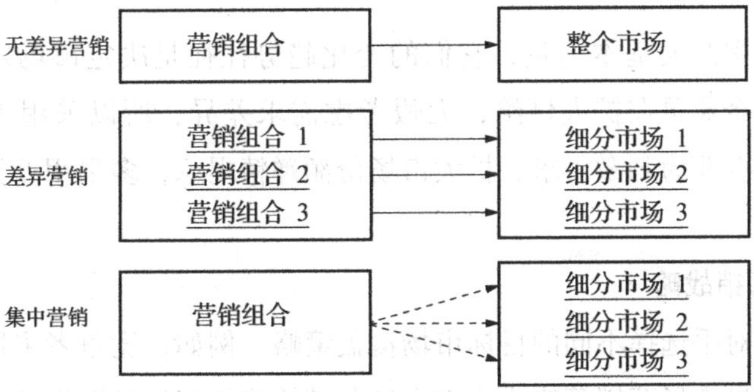

图 4–3　可供选择的目标市场营销战略

四、目标市场营销战略选择的影响因素

1. 企业实力

资源雄厚的企业，如拥有大规模的生产能力、广泛的分销渠道、产品标准化、好的内在质量和品牌信誉等，可以考虑实行无差异市场营销策略；如果企业拥有雄厚的设计能力和优秀的管理素质，则可以考虑施行差异市场营销策略；而对实力较弱的中小企业来说，适于集中力量进行集中营销策略。企业初次进入市场时，往往采用集中市场营销策略，在积累了一定的成功经验后再采用差异市场营销策略或无差异市场营销策略，扩大市场份额。

2. 产品差异性

产品的同质性表明了产品在性能、特点等方面的差异性的大小，是企业选择目标市场时不可不考虑的因素之一。一般对于同质性高的产品如食盐等，宜施行无差异市场营销；对于同质性低或异质性产品，差异市场营销或集中市场营销是恰当选择。

3. 产品所处的生命周期阶段

产品生命周期观念是把一个产品的销售历史比作像人的生命周期一样，要经历出生、成长、成熟、老化、死亡等阶段。一般产品，处于产品开发期，企业产品销售额为零，公司投资不断增加。当产品进入引进期，新产品刚上市，销售缓慢。由于引进产品的费用太高，初期通常利润偏低或为负数，但此时没有或只有极少的竞争者。当产品进入成长期，产品经过一段时间已有相当知名度，销售快速增长，利润也显著增加。但由于市场及利润增长较快，容易吸引更多的竞争者。当产品进入成熟期，此时市场成长趋势减缓或饱和，产品已被大多数潜在购买者所接受，利润在达到顶点后逐渐走下坡路。此时市场竞争激烈，公司为保持产品地位需投入大量的营销费用。当产品进入衰退期，这期间产品销售量显著衰退，利润也大幅度滑落。优胜劣汰，市场竞争者也越来越多。

4. 市场差异性

供与求是市场中两大基本力量，它们的变化趋势往往是决定市场发展方向的根本原因。供不应求时，企业重在扩大供给，无暇考虑需求差异，所以采用无差异市场营销策略；供过于求时，企业为刺激需求、扩大市场份额殚精竭虑，多采用差异市场营销或集中市场营销策略。

5. 竞争者的营销战略

企业可与竞争对手选择不同的目标市场覆盖策略。例如，竞争者采用无差异市场营销策略时，你选用差异市场营销策略或集中市场营销策略更容易发挥优势。

企业的目标市场策略应慎重选择，一旦确定，应该有相对的稳定性，不能朝令夕改。但灵活性也不容忽视，没有永恒正确的策略，一定要密切注意市场需求的变化和竞争动态。

第三节　市场定位战略

一、市场定位的含义

市场定位是指企业对其产品或服务以及企业形象进行设计，以便在目标顾客的心目中占有独特的地位。市场定位是企业及产品确定在目标市场上所处的位置。

市场定位是由美国营销学家艾·里斯和杰克特劳特在 1972 年提出的，其含义是指企业根据竞争者现有产品在市场上所处的位置，针对顾客对该类产品某些特征或属性的重视程度，为此企业产品塑造与众不同的，给人印象鲜明的形象，并将这种形象生动地传递给顾客，从而使该产品在市场上确定适当的位置。市场定位是市场营销学中一个非常重要的概念，市场上常见主流商业管理课程如 MBA、EMBA 等均对“市场定位”有详细介绍。

市场定位的目的是为本企业产品创造独特的卖点，或为企业塑造一种独特的形象，从而在目标市场建立竞争优势。市场定位的手段是差异化。

二、市场定位的方法

1. 属性定位

即根据产品的某项特色来定位，如不锈钢锅宣传它“永不生锈”的品质特色。能带给消费者的特定的品质特征，是具有差异化的特征。

2. 利益定位

即根据产品具有的满足顾客某种需求的功能或所提供的利益来对产品进行定位。

3. 使用场合定位

是通过将自己的产品使用地点或使用时间作特别传播而定位。有时可用消费者如何及何时使用产品，将产品予以定位。

4. 使用者定位

是指企业通过明确指出其产品适用者并借助使用者代表进行劝说，达到吸引目标消费者从而实现定位的方法。例如一家网络化妆品专卖店，可以将目标市场集中在某一女性群体，并明确她们的年龄、职业、兴趣爱好、社会地位、地理区域等。

5. 竞争定位

是指突出本企业产品与竞争者同档产品的不同特点，通过评估选择，确定对本企业最有利的竞争优势并加以开发。在消费者脑海中，为某个品牌建立有别于竞争者的形象的过程，而这程序的结果，即消费者所感受到相对于竞争者的形象，在中文也称为定位。除了用来塑造品牌如“茶里王”的形象，定位也可以针对企业如统一企业或产品群如统一的茶饮料。定位最重要的前提为差异化，定位的结果是以消费者的主观认知来判断，且定位并非一成不变，当环境改变时，品牌可能需要重新定位。例如：麦当劳代表“年轻、欢乐、干净、效率”。

6. 质量—价格定位

所谓价格定位，就是营销者把产品、服务的价格定在一个什么样的水平上，这个水平是与竞争者相比较而言的。价格定位一般有三种情况。

（1）高价定位。高价定位即把不低于竞争者产品质量水平的产品价格定在竞争者产品价格之上。这种定位一般都是借助良好的品牌优势、质量优势和售后服务优势。

（2）低价定位。低价定位即把产品价格定得远远低于竞争者价格。这种定位的产品质量和售后服务并非都不如竞争者，有的可能比竞争者更好。之所以能采用低价，是由于该企业要么具有绝对的低成本优势，要么是企业形象好、产品销量大，要么是出于抑制竞争对手、树立品牌形象等战略性考虑。

（3）市场平均价格定位。市场平均价格定位即把价格定在市场同类产品的平均水平上。企业要避免三种定位错误：定位混乱、定位不足和定位过头。

三、市场定位的步骤

市场定位的关键是企业要设法在自己的产品上找出比竞争者更具有竞争优势的特性。竞争优势一般有两种基本类型。

（1）价格竞争优势，就是在同样的条件下比竞争者定出更低的价格。这就要求企业采取一切努力来降低单位成本。

（2）偏好竞争优势，即能提供确定的特色来满足顾客的特定偏好。这就要求企业采取一切努力在产品特色上下功夫。因此，企业市场定位的全过程可以通过以下三大步骤来完成。

1. 识别潜在竞争优势

需要回答三个问题：①竞争对手产品定位如何？②目标市场上顾客欲望满足程度如何以及确实还需要什么？③针对竞争者的市场定位和潜在顾客真正需要的利益要求企业应该及能够做什么？

要回答这三个问题，企业市场营销人员必须通过一切调研手段，系统地设计、搜索、分析并报告有关上述问题的资料和研究结果。通过回答这三个问题，企业就可以从中把握和确定自己的潜在竞争优势在哪里。

2. 核心竞争优势定位

竞争优势表明企业能够胜过竞争对手的能力。这种能力既可以是现有的，也可以是潜在的。通常的方法是分析、比较企业与竞争者在经营管理、技术开发、采购、生产、市场营销、财务和产品等七个方面究竟哪些是强项，哪些是弱项。借此选出最适合此企业的优势项目，以初步确定企业在目标市场上所处的位置。

3. 宣传竞争优势

主要任务是企业要通过一系列的宣传促销活动，将其独特的竞争优势准确传播给潜在顾客，并在顾客心目中留下深刻印象。

首先，应使目标顾客了解、知道、熟悉、认同、喜欢和偏爱此企业的市场定位，在顾客心目中建立与该定位相一致的形象。

其次，企业通过各种努力强化目标顾客形象，促进目标顾客的了解，稳定目标顾客的态度和加深目标顾客的感情来巩固与市场相一致的形象。

最后，企业应注意目标顾客对其市场定位理解出现的偏差或由于企业市场定位宣传上的失误而造成的目标顾客模糊、混乱和误会，及时纠正与市场定位不一致的形象。企业的产品在市场上定位即使很恰当，但在下列情况下，还应考虑重新定位（表4–2）。

（1）竞争者推出的新产品定位于此企业产品附近，侵占了此企业产品的部分市场，使此企业产品的市场占有率下降。

（2）消费者的需求或偏好发生了变化，使此企业产品销售量骤减。重新定位是指企业为已在某市场销售的产品重新确定某种形象，以改变消费者原有的认识，争取有利的市场地位的活动。如某日化厂生产婴儿洗发剂，以强调该洗发剂不刺激眼睛来吸引有婴儿的家庭。但随着出生率的下降，销售量减少。为了增加销售，该企业将产品重新定位，强调使用该洗发剂能使幼儿头发松软有光泽，以吸引更多、更广泛的购买者。

表4–2　竞争优势分析

定位依据	该企业现状（1～10 分）	竞争者现状（1～10 分）	该企业改进现状的潜力（大、中、小）	该企业改进现状的潜力（大、中、小）
技术	8	8	小	中
成本	6	8	中	中
质量	8	6	小	大
服务	4	3	大	小

四、市场定位战略

1. 产品差异化

所谓产品差异化，是指企业在其提供给顾客的产品上，通过各种方法造成足以引发顾客偏好的特殊性，使顾客能够把它同其他竞争性企业提供的同类产品有效地区别开来，从而达到使企业在市场竞争中占据有利地位的目的。

产品差异化变量包括产品特色、性能、耐用性、可靠性、可维修性、风格等。

2. 服务差异化

服务可以被看作是产品的延伸部分，但是近年来，随着技术进步和激烈竞争的优胜劣汰，企业核心产品的差异化空间不断缩小，人们普遍对服务这个能为产品提供加值的要素产生了高度的重视。尤其是对于与有形商品相对的服务产品而言，服务差异化通常是一种更为重要的差异化手段。

服务差异化变量包括订货的方便性、送货、安装、培训、咨询、修理等。

3. 人员差异化

通过聘用和培养比其竞争者更优秀的人员获得人员差异化优势。公司为员工定期开展专业的知识培训，满足员工对知识的需要。一位受过良好训练的人员在经过长期的培训后，再结合自身的经验储备，其具有几种明显的特征：称职、可靠、负责、沟通、谦恭和友好。

人员差异化变量包括业务水平、可靠性、服务态度、责任心、应变能力、沟通能力等。

4. 形象差异化

在实施形象差异化时，企业需要有创造性的思维，需要持续不断的利用企业所有的传播工具，针对竞争对手的形象策略，以及消费者的心智而采取不同的策略。比如特步公司别出心裁的“X”标志，与耐克的“√”形成鲜明对比，传达出坚持在否定中超越自我、超越对手的开拓精神。同时利用明星代言提高“X”概念的知名度，迅速建立“X”的核心价值观和品牌归属感，建立起特立独行的品牌形象。由此可见企业巧妙地实施形象差异化策略就会收到意想不到的效果。

形象差异化的实现手段包括标志、媒体、气氛、事件等。

第五章

产品策略

第一节　产品概念和产品分类

一、产品概念

（一）产品定义

产品是指提供给市场的能够满足人们需要和欲望的任何有形和无形物品。

消费者购买的不只是产品的实体，还包括产品的核心利益（即向消费者提供的基本效用和利益）。产品的实体称为一般产品，即产品的基本形式，只有依附于产品实体，产品的核心利益才能实现。

（二）概念从四个方面进行理解

“产品概念”是企业想要注入顾客脑中关于产品的一种主观意念，它是用消费者的语言来表达的产品构想。

一般用文字来表达或用图片来描述产品概念，通常一个完整的产品概念由四部分组成：①消费者洞察，从消费者的角度提出其内心所关注的有关问题；②利益承诺，说明产品能为消费者提供哪些好处；③支持点，解释产品的哪些特点是怎样解决消费者洞察中所提出的问题的；④总结，用概括的语言（最好是一句话）将上述三点的精髓表达出来。

（三）产品整体概念

20 世纪 90 年代以来，菲利普-科特勒等学者倾向于使用五个层次来表述产品整体概念，认为五个层次的表述方式能够更深刻、更准确地表述产品整体概念的含义。产品整体概念要求营销人员在规划市场供应物时，要考虑到能提供顾客价值的五个层次。

（1）核心产品。核心产品是指向顾客提供的产品的基本效用或利益。从根本上说，每一种产品实质上都是为解决问题而提供的服务。因此，营销人员向顾客销售任何产品，都必须具有反映顾客核心需求的基本效用或利益。

（2）形式产品。形式产品是指核心产品借以实现的形式。有五个特征构成，即品质、式样、特征、商标及包装。即使是纯粹的服务，也具有相类似的形式上的特点。

（3）期望产品。期望产品是指购买者在购买产品时期望得到的与产品密切相关的一整套属性和条件。

（4）延伸产品。延伸产品是指顾客购买形式产品和期望产品时附带获得的各种利益的总和，包括产品说明书、保证、安装、维修、送货、技术培训等。国内外很多企业的成功，在一定程度上应归功于他们更好地认识到服务在产品整体概念中所占的重要地位。

（5）潜在产品。潜在产品是指现有产品包括所有附加产品在内的，可能发展成为未来最终产品的潜在状态的产品。潜在产品指出了现有产品可能的演变趋势和前景。

二、产品分类

（一）按产品是否耐用和有形划分

1. 耐用品

耐用品指能多次使用、寿命较长的商品，如电视机、电冰箱、音响、电脑等。消费者购买这类商品时，决策较为慎重。生产这类商品的企业，要注重技术创新，提高产品质量，同时要做好售后服务，满足消费者的购后需求。

2. 非耐用品

非耐用品是指使用次数较少、消费者需经常购买的商品，如食品、文化娱乐品等。生产这类产品的企业，除应保证产品质量外，要特别注意销售点的设置，以方便消费者的购买。

3. 劳务

劳务以活劳动形式为他人提供某种特殊使用价值的劳动。这种劳动不是以实物形式，而是以活劳动形式提供某种服务。这种服务可以是满足人们精神上的需要，也可以是满足人们物质生产的需要。

（二）按产品的用途划分

1. 消费品

（1）便利品。又称日用品，是指消费者日常生活所需、需重复购买的商品，诸如粮食、饮料、肥皂、洗衣粉等。消费者在购买这类商品时，一般不愿花很多的时间比较价格和质量，愿意接受其他任何代用品。

（2）选购品。选购品是指消费者会仔细比较其适用性、质量、价格、式样、色彩、特色、品牌，购买频率较低的消费品。当购买选购品时，消费者会花许多时间，努力寻找信息，以便做出比较。如家具、服装、二手车和大件家用电器等。

（3）特殊品。特殊品是指消费者对其有特殊偏好并愿意花较多时间去购买的商品，如电视机、电冰箱、化妆品等。消费者在购买前对这些商品有了一定的认识，偏爱特定的厂牌和商标，不愿接受代用品。

（4）非渴求物品。非渴求物品又称未觅求品，是指消费者不了解或即使了解也没有兴趣购买的产品或服务。如一些刚开发的应用软件、刚面世的新产品、保险、百科全书等。

2. 产业用品

（1）原材料。原材料是指生产某种产品的基本原料。它是用于生产过程起点的产品。原材料分为两大类：一类是在自然形态下的森林产品、矿产品与海洋产品，如铁矿石原油等。一类是农产品，如粮、棉、油、烟草等。这类产品供货方较多，且质量上没有什么差别。

（2）资本项目。资本项目是指国际收支中因资本的输入和输出而产生的外汇资产与负债的增减项目，包括直接投资、各类贷款、证券投资等。

（3）供应品。供应品是指不直接参与生产过程，而是为生产过程的顺利进行提供帮助，相当于消费品中的方便品。

第二节　产品组合

产品组合包括四个因素：产品系列的宽度、长度、产品系列的深度和产品系列的关联性。这四个因素的不同，构成了不同的产品组合。

一、产品组合的有关概念

1. 产品线、产品项目、产品组合

产品线是指企业提供给市场的所有产品中，那些在技术上密切相关、具有相同的使用功能、满足同类需要的一组产品。产品项目是指同一产品线中具有不同品种、规格、质量和价格等属性的特定产品。

产品组合是指一个企业提供给市场的全部产品线的组合，即企业的业务经营范围。

2. 产品组合的宽度、长度、深度、关联性

产品组合的宽度是指企业的产品组合中产品线的数目。产品线也称产品大类、产品系列，是指一组密切相关的产品项目。产品组合的长度是指企业的产品组合中产品项目的总数。产品项目指列入企业产品线中具有不同规格、型号、式样或价格的最基本产品单位。产品组合的深度是构成企业产品组合的产品线中每一产品项目所包含的产品品种数。如企业的产品线有三种，N 牙膏产品线是其中一种，而 N 牙膏产品线下的产品项目有四种，a 牙膏是其中一种，而 a 牙膏有四种规格和三种配方，a 牙膏的深度是 12。

产品组合的关联性是指企业的各条产品线在最终用途、生产条件、销售渠道或其他方面相互关联的程度。企业增加产品组合的宽度，可以扩大经营范围，实现多元化经营；增加产品组合的长度和深度可以提高核心竞争力；增强产品组合的关联性可以提高产品在某一地区、行业的声誉。

二、产品组合的分析评价

1. 对不同产品线进行分析评价

如果把每条产品线看作企业的一个 SBU，那么可以采用波士顿咨询集团的“市场增长率—相对市场占有率”矩阵或通用电气公司的“行业吸引力—企业竞争力”矩阵，对各条产品线进行评价，以确定哪些产品线应该发展、维持、收割或放弃。

2. 对同一产品线的不同产品项目进行分析评价

产品线上的不同产品项目对总销售额和利润所做的贡献可能不同。通过分析不同产品项目的贡献率，可以确定产品线中哪些产品项目应该发展、维持、收割或放弃。

在一条产品线上，如果销售额和利润来源高度集中在少数产品项目上，则意味着该产品线比较脆弱（图 5–1）。

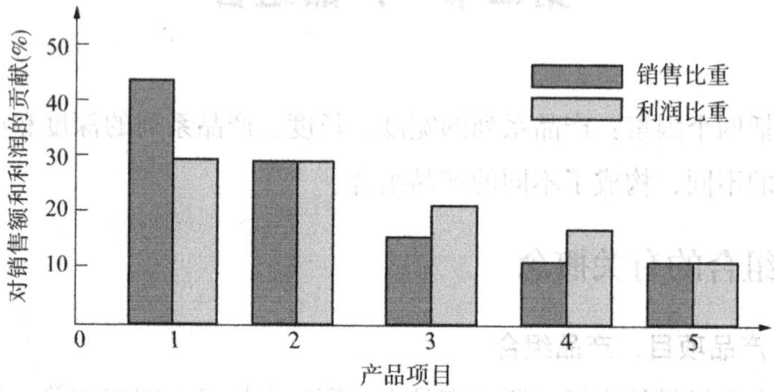

图 5–1　产品项目对产品线总销售额和利润的贡献

三、产品组合决策

产品组合决策是企业根据市场需求、竞争形势和企业自身能力对产品组合的宽度、长度、深度和相关性方面做出的决策。产品组合可以用广度、长度来说明。

1. 拓展产品组合的宽度

产品组合的广度是指该公司具有多少不同的产品线。例如宝洁公司有 5 个产品线，即洗衣粉、牙膏、肥皂、纸尿布、纸巾。

2. 缩减产品组合的宽度

所谓产品组合缩减，是指通过缩减产品组合的宽度、深度等，实行相对集中经营。

3. 延伸产品线

（1）向下延伸。向下延伸是指在原来产品组合的高档产品线中增加廉价的产品项目，即在高档产品线中增加中、低档产品项目。

（2）向上延伸。向上延伸是指企业原来生产低档产品，后来决定增加高档产品。就是在产品组合的某一条产品线中增加新的高档高价的产品项目，以提高企业现有产品的市场声望。这样既可提高企业原有产品的销售量，又可以使企业的产品逐步转入高档产品市场，从而谋求企业的长远利益，即在现有产品线中增加高档产品项目。

（3）双向延伸。双向延伸是指企业原来定位于中档市场的产品线掌握了一定的市场优势后，决定向产品线的上下两个方向延伸，一方面增加高档产品，另一方面增加低档产品，力求全方位占领某一市场。即将原定位于中档市场的产品线向上下两个方向延伸。例如马瑞特公司在旅馆业务中就采取了这种方法。

4. 缩短产品线

也称为撤退型战略，是指企业因经营状况恶化而采取的缩小生产规模或取消某些业务的战略。

5. 提高或降低产品组合的深度

产品组合的深度是指产品线中每一产品有多少的品种。例如佳洁士牌牙膏有 3 种规格和 2 种配方（普通味和薄荷味），佳洁士牌牙膏的深度就是 6。通过计算每一品牌的产品品种数目，我们就可以计算出宝洁公司的产品组合的平均深度。

第三节 产品生命周期

一、产品生命周期概述

（一）产品生命周期的含义

产品生命周期是指产品从投放市场到被淘汰退出市场的整个生命历程，是产品或商品在市场运动中的经济寿命，即在市场流通过程中，由于消费者的需求变化以及影响市场的其他因素所造成的商品由盛转衰的周期。主要是由消费者的消费方式、消费水平、消费结构和消费心理的变化所决定的。典型的产品生命周期包括以下四个阶段。

1. 导入期

新产品投入市场，便进入投入期。此时，顾客对产品还不了解，只有少数追求新奇的顾客可能购买，销售量很低。为了扩展销路，需要大量的促销费用，对产品进行宣传。在这一阶段，由于技术方面的原因，产品不能大批量生产，因而成本高，销售额增长缓慢，企业不但得不到利润，反而可能亏损。产品也有待进一步完善。

2. 成长期

这时顾客对产品已经熟悉，大量的新顾客开始购买，市场逐步扩大。产品大批量生产，生产成本相对降低，企业的销售额迅速上升，利润也迅速增长。竞争者看到有利可图，将纷纷进入市场参与竞争，使同类产品供给量增加，价格随之下降，企业利润增长速度逐步减慢，最后达到生命周期利润的最高点。

3. 成熟期

市场需求趋向饱和，潜在的顾客已经很少，销售额增长缓慢直至转而下降，标志着产品进入了成熟期。在这一阶段，竞争逐渐加剧，产品售价降低，促销费用增加，企业利润下降。

4. 衰退期

随着科学技术的发展，新产品或新的代用品出现，将使顾客的消费习惯发生改变，转向其他产品，从而使原来产品的销售额和利润额迅速下降。于是，产品又进入了衰退期（图 5–2）。

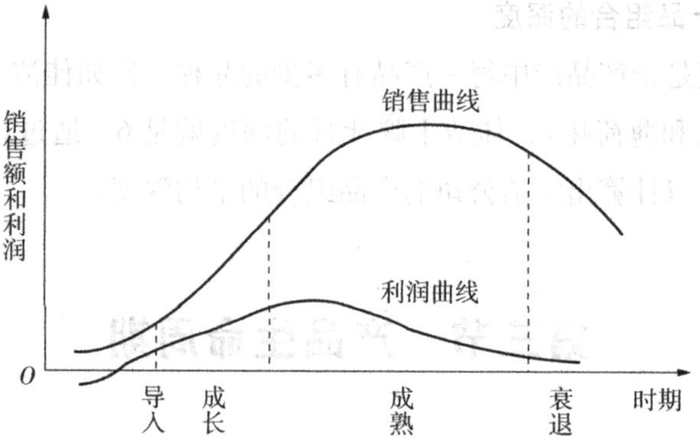

图 5–2　产品衰退期

（二）研究产品生命周期时必须注意的问题

（1）产品生命周期是由需求和技术的生命周期决定的。

（2）不仅产品属类有生命周期，产品形式、品牌也有生命周期。

（3）产品生命周期有多种形态，并不是每一种产品的生命周期曲线都呈正态分布。

（4）产品生命周期有缩短的趋势。

（5）在不同国家、不同地区，同一产品可能处于生命周期的不同阶段（图 5–3）。

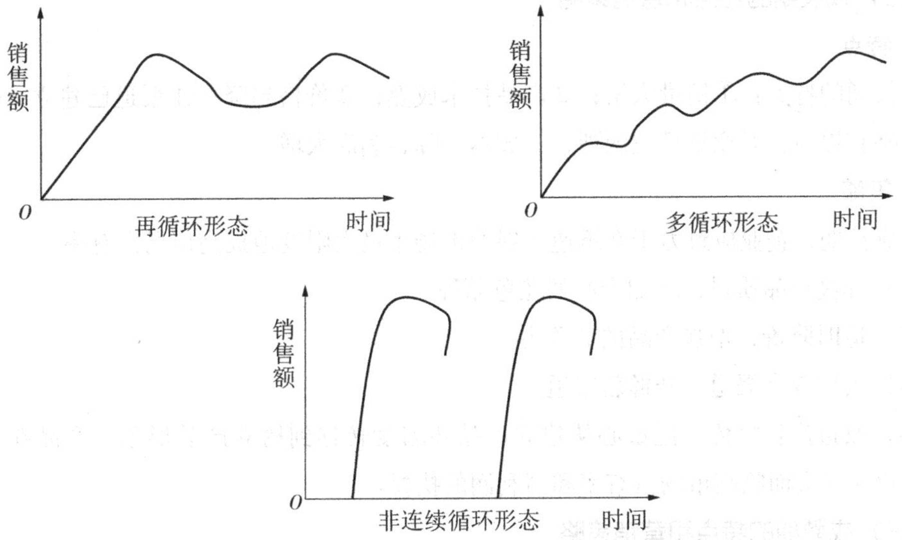

图 5-3　三种常见的不规则产品生命周期形态

二、产品生命周期各阶段的特点和营销策略

一般可以用以下方法来划分一件产品的生命周期阶段。

（1）用类比的方法。通过相类似产品的生命周期曲线来分析推断另一产品的生命曲线走向。如：参照彩色电视机的资料来划断液晶电视机的发展趋势。

（2）以各年实际销售变化率为变量的动态分布曲线来进行衡量。即计算 Dy/x 的值，根据计算值进行各个阶段的划分。

（一）导入期（介绍阶段）的特点和营销策略

1. 特点

销售增长缓慢；产品技术、性能不完善；价格偏高；分销渠道未建立、健全；促销费用高；竞争未出现；利润少、甚至亏损。

2. 策略

在导入期，企业应致力于扩大产品的知名度，使产品尽快为顾客接受而进入成长期。可采取的策略有：

（1）快速掠取策略。即以高价格、高促销费用推出新产品。

（2）缓慢掠取策略。以高价格、低促销费用推出新产品。

（3）快速渗透策略。以低价格、高促销费用推出新产品。

（4）缓慢渗透策略。以低价格、低促销费用推出新产品。

（二）成长期的特点和营销策略

1. 特点

成长期的特点：①销量大增；②产品技术成熟；③价格趋降；④渠道已建立；⑤促销稳定或略有提高；⑥竞争日益激烈；⑦成本下降，利润大增。

2. 策略

在成长期，企业应致力于在迅速扩展的市场中最大限度地提高市场占有率。

（1）提高产品质量，增加产品的花色品种。

（2）适时降价，增强产品的竞争力。

（3）巩固现有渠道，开辟新渠道。

（4）改进广告宣传，把重心从建立产品知名度转移到树立产品形象。产品在这一阶段，企业往往会面临高市场占有率和高利润的抉择。

（三）成熟期的特点和营销策略

1. 特点

销售增长率下降；部分顾客转而寻求其他产品或替代品；行业生产能力过剩，竞争达到白热化；利润在缓慢增长达到最大后将有所下降。

2. 策略

在成熟期，企业要致力于维持市场占有率，获取最大限度的利润。可采取的策略有：

（1）市场调整。这种策略不是要调整产品本身，而是发现产品的新用途、寻求新的用户或改变推销方式等，以使产品销售量得以扩大。

（2）产品调整。这种策略是通过产品自身的调整来满足顾客的不同需要，吸引有不同需求的顾客。

（3）市场营销组合调整。即通过对产品、定价、渠道、促销四个市场营销组合因素加以综合调整，刺激销售量的回升。常用的方法包括降价、提高促销水平、扩展分销渠道和提高服务质量等。

（四）衰退期的特点和营销策略

1. 特点

衰退期的特点：①销量迅速下降；②价格降到最低水平；③多数企业因无利可图被迫退出市场。

2. 策略

企业在确定对衰退产品应采取的策略之前，要正确判断该产品是否确实进入衰退期。不能因为产品的销售和利润开始下降，就认定该产品已经进入衰退期。只有那些被确认不管采取什么刺激措施都无法扭转其销售和利润下降趋势的产品，才能确定为衰退产品。可采取的策略有：

（1）继续策略。继续沿用过去的策略。

（2）集中策略。把企业能力和资源集中在最有利的细分市场和分销渠道上，从中获取利润。

（3）收缩策略。抛弃无希望的顾客群体，大幅度降低促销水平，尽量减少促销费用，以增加目前的利润。

（4）放弃策略。对于衰退比较迅速的产品，应该当机立断，放弃经营。

第四节 新产品开发

一、新产品的概念和种类

市场营销学中的新产品是从市场和企业两个角度界定的，指某个市场上第一次出现的产品或某个企业第一次生产销售的产品。新产品与旧产品相比，在结构、功能、用途或形态上发生了改变，推向了市场，能满足新的顾客需求的产品。

新产品大体上包括以下四类产品：即全新产品、换代产品、仿制产品和改良产品。全新产品指应用新的技术、新的材料研制出具有全新功能的产品。这种产品无论对企业或市场来讲都属新产品。如汽车、飞机等第一次出现时都属于全新产品。换代产品指在原有产品的基础上，采用或部分采用新技术、新材料、新工艺研制出来的新产品。如计算机由第一代的电子管主要元件到现在的第四代大规模集成电路元件及正在研制的具有人工智能的第五代。仿制产品指对市场上已经出现的产品进行引进或模仿、研制生产出的产品。开发这种产品不需要太多的资金和尖端的技术，因此比研制全新产品要容易得多。改良产品指对老产品加以改进，使其性能、结构、功能用途有所变化。如电熨斗加上蒸汽喷雾，电风扇改成遥控开关。

二、新产品开发的程序

新产品开发工作要按照一定的科学程序来进行，对于独立研制方式来说，企业开发新产品的过程一般由八个程序构成，即寻求创意、甄别创意、形成产品概念、制定市场营销策略、商业分析、产品研制、市场试销、批量上市。

（一）寻求创意

新产品开发过程是从寻求创意开始的。

所谓创意，就是开发新产品的设想，指开发新产品的创意与设想，是新产品开发的源泉。虽然并不是所有的设想或创意都可变成产品，但寻求尽可能多的创意却可为开发新产品提供较多的机会。新产品构思的来源主要有以下途径。

1. 企业内部

包括设计人员、销售人员、生产人员及其他部门的职工。来自内部渠道的构思比较符合企业实际情况，可行性较强。

2. 顾客

顾客是新产品开发的源泉和动力，也是征集新产品开发构思的主要来源。市场专家调查，新产品有60% ~80%来自用户的建议。

3. 竞争者

企业在开发新产品时，应密切注视竞争者动向。据统计，企业有27%的产品开发构思是在竞争对手的产品加以分析后萌发的。如美国的七喜公司就是针对“可口可乐”和“百事可乐”等强大对手，反其道行之，开发出非可乐的“七喜”汽水，从而成为美国饮料业的三巨头之一。

4. 经销商

经销商处于市场前沿，最了解市场需求及其变化和顾客的反应，征询他们的意见对开发新产品构思具有指导意义。

（二）甄别创意

取得足够创意之后，要对这些创意加以评估，研究其可行性，并挑选出可行性较强的创意，这就是创意甄别。

甄别创意的目的就是淘汰那些不可行或可行性较低的创意，使公司有限的资源集中于成功机会较大的创意上。

甄别创意时，一般要考虑两个因素：①该创意是否与企业的策略目标相适应，表现为利润目标、销售目标、销售增长目标、形象目标等几个方面；②企业有无足够的能力开发这种创意，这些能力表现为资金能力、技术能力、人力资源、销售能力等。

（三）形成产品概念

经过甄别后保留下来的产品创意还要进一步发展成为产品概念。

产品创意是指企业从自己的角度考虑能够向市场提供的可能产品的构想。

产品概念是指企业从消费者的角度对这种创意所作的详尽的描述。

产品形象是消费者对某种现实产品或潜在产品所形成的特定形象。企业必须根据消费者的要求把产品创意发展为产品概念。

产品概念试验，就是用文字、图画描述或者用实物将产品概念展示于一群目标顾客面前，观察他们的反应，了解他们的愿望。

（四）制定市场营销策略

形成产品概念之后，需要制定市场营销策略，企业的有关人员要拟订一个将新产品投放市场的初步的市场营销策略报告书。报告书由以下三个部分组成。

(1) 描述目标市场的规模、结构、行为；新产品在目标市场上的定位；头几年的销售额、市场占有率、利润目标等。

(2) 简述新产品的计划价格、分销策略以及第一年的市场营销预算。

(3) 阐述计划长期（一般3~5年）销售额和目标利润以及不同时间的市场营销组合等。

（五）商业分析

在这一阶段，企业市场营销管理者要复查新产品将来的销售额、成本和利润的估计，看看它们是否符合企业的目标。如果符合，就可以进行新产品开发。估计销售额是要特别注意三个购买量：首次购买量、更新购买量、重购购买量。

（六）产品研制

这一阶段应当搞清楚的问题是，产品概念能否变为技术上和商业上可行的产品。如果不能，除在全过程中取得一些有用副产品即信息情报外，所耗费的资金则全部付诸东流。产品原型准备好以后，还必须通过一系列严格的功能测试和消费者测试。

（七）市场试销

如果企业的高层管理者对某种新产品开发试验结果感到满意，就着手用品牌名称、包装和初步市场营销方案把这种新产品装扮起来，把产品推上真正的消费者舞台进行实验。其目的在于了解消费者和经销商对于经营、使用和再购买这种新产品的实际情况以及市场大小，然后再酌情采取适当对策。

市场试验的规模决定于两个方面：一方面投资费用和风险大小；另一方面市场试验费用和时间。投资费用和风险越高的新产品，试验的规模应越大一些；反之，投资费用和风险较低的新产品，试验规模就可小一些。

（八）批量上市

在这一阶段，企业高层管理者应当做以下决策：何时推出新产品；何地推出新产品；向谁推出新产品；如何推出新产品。只有这几方面的问题得到解决，企业才能真正实现批量上市的目的（图5-4）。

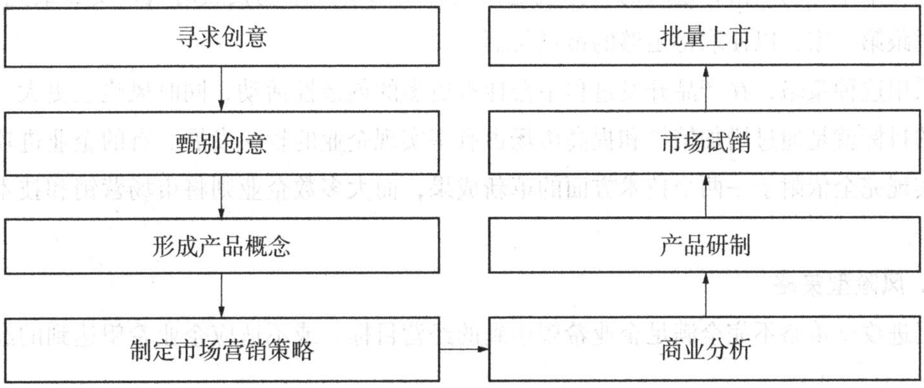

图5-4　新产品开发管理程序

三、新产品开发策略

新产品开发策略是指企业根据市场需求和自身资源条件，试制、投入新产品的策略。新产品开发需要耗费大量的资金和时间，对企业的前途有着深远的影响，因此必须审时度势、深谋远虑，制定出新产品的开发策略。企业常用的新产品开发策略有以下几种。

1. 防卫型策略

防卫型策略就是在企业对其经营状况基本上感到满意的情况下，维持和强化企业现有产品的策略。这种策略的着眼点是控制风险的出现，确定有限的最高目标，尽可能减少因开发失败而造成的损失。

在防卫型策略指导下制订的任何新产品计划都表现为保住市场份额，防止利润下降，维持原有经营状况。所谓维持是在环境动态变化中的相对维持，因为社会经济发展的总趋势是在向前发展的。这种策略所利用的革新手段主要是在市场营销方面、降低产品成本、提高质量等等。其革新的程度通常是很有限的，多开发市场型新产品。技术上以应用适用技术或仿制为主。与这种策略相适应的投放产品的时机，一般不采取领先或抢先进入市场，但也不愿成为落伍者。

例如20世纪60年代，每当通用汽车公司的新型汽车上市，福特汽车公司便立即采购，并在10天内把新车解体，对其零部件逐个清洗称重，按功能分别排列在固定的展板上，然后与自己的产品对照，分别进行工艺成分分析，找出应变对策。

2. 进攻型策略

进攻型策略指在一个竞争性的市场上，主动挑战市场竞争对手的策略。采取进攻型策略的既可以是行业的新进入者，也可以是那些寻求改善现有地位的既有公司。

产品进攻型策略就是企业以产品为中心展开的竞争行动，侧重于产品结构、技术开发、工艺装备配备和生产体系建设，表现为扩大投资和向新领域扩展的竞争活动。该策略包括改进老产品、发展成套产品、发展系列产品、发展功能相近产品、发展技术相近产品、发展新用途新产品。

这种策略主动出击，进攻的目标就是市场，要求掌握市场投放时机，要么最先投放，要么紧跟第一家，以便取得足够的市场份额。

采用这种策略，在产品开发过程中会伴有更多的创造性活动，同时风险也更大。这种策略的目标就是通过增加销量和提高市场占有率实现企业的较快发展。有的企业进攻型策略的实现完全依附于一两个技术方面的革新成果，而大多数企业则将市场营销和技术改革相结合。

3. 风险型策略

当进攻型策略不完全满足企业希望达到的经营目标，或不适应企业希望达到的经营目标，或企业确认不采取更冒险的策略就无法提高市场占有率时，可以选择风险型开发策略。采取这种策略需要有雄厚的资金，投放市场时机往往是抢先占领市场或者紧跟第一家投放者。

风险型策略以迅速成长为目标，通常不仅强调产品的最终用途的新颖性，而且强调技术的进步作用，并常常以技术的重大突破作为开发工作的中心。以这种策略为指导所开发的新产品，在技术性能、结构特征、品牌与包装等方面的异样化程度应当具有相当的独特性，否则不可能实现企业所确定的大步向前的目标。这样的新产品一旦开发成功，风险即转变为巨大的盈利机会。这正是采取这种冒险策略的企业家所追逐的目标。

4. 系列延伸策略

系列延伸策略又称系列化开发策略。企业围绕产品上下左右前后进行全方位的延伸，开发出一系列类似的，但又各不相同的产品，形成不同类型、不同规格、不同档次的系列产品。如电冰箱的使用能够延伸出对电冰箱断电保护器、冰箱去臭剂、保鲜膜、冰糕盒的需求等。企业针对消费者在使用某一产品时所产生的新的需求，推出特定的系列配套新产品，可以加深企业产品组合的深度，为企业新产品开发提供广阔的天地。具体设计、开发系列产品资源，具有加深产品深度组合的企业可采取这种开发策略。

第五节 品牌策略

一、品牌的含义

美国市场营销协会（AMA）的定义：品牌是一种名称、术语、标记、符号或设计，或是它们的组合运用，其目的是借以辨认某个销售者或某群销售者的产品或服务，并使之同竞争对手的产品和服务区别开来。

品牌指公司的名称、产品或服务的商标，和其他可以有别于竞争对手的标示、广告等构成公司独特市场形象的无形资产。品牌包括品牌名称和品牌标志。品牌名称和品牌标志在政府有关主管部门登记注册以后就成为商标。商标是专用权的标志，受到法律保护。因此，品牌属于市场概念，而商标属于法律范畴。

商标必须是经过正式登记注册的，受到法律保护的品牌要素，包括特定的名称、图案、文字、标识等。

品牌就其本质而言，代表着卖方对交付给买方的产品特征、利益和服务的一贯性承诺。品牌的整体含义包括以下六个方面。

（1）属性。品牌属性指具有经济价值的无形资产，用抽象化的、特有的、能识别的心智概念来表现其差异性，从而在人们的意识当中占据一定位置的综合反映。

（2）利益。品牌利益指品牌为消费者提供的之所以购买该品牌产品而非其他产品或品牌的利益或理由。品牌利益主要有两个方面：功能性利益和精神性利益。

（3）价值。指品牌在某一个时点的、用类似有形资产评估方法计算出来金额等于市场价格。如果它是适当的，或者是可以确认的，则可出现于资产负债表。

（4）文化。指某一品牌的拥有者、购买者、使用者或向往者之间共同拥有的、与此品牌相关的独特信念、价值观、仪式、规范和传统的综合。

（5）个性。指消费者认知中品牌所具有的人类人格特质。可以从真诚、能力、刺激、经典和粗犷五个维度构建。塑造品牌个性之所以有效，其原因在于消费者与品牌建立关系时往往会把品牌视作一个形象、一个伙伴或一个人，甚至会把自我的形象投射到品牌上。一个品牌个性与消费者个性或期望个性越吻合，消费者就越会对该品牌产生偏好。

（6）使用者。即决定使用制造商的，或是销售商的，或是部分使用经销商，其余使用制造商的品牌，一般来说，品牌在消费者心中代表一种信用，只有在企业方面它才是涉及工业产权，品牌设置费用等的符号；对于企业来说，选择什么品牌完成取决于市场中消费者的倾向，达到最有利的促销目的。

二、品牌的构成要素

品牌应该包括三个部分的构成要素：主体要素、客体要素和内容要素。

（一）主体要素

主体要素指的是消费者。消费者可能是个人、家庭、团体、组织或机构，甚至一个政府，但是具体到认知关系的，肯定都是“人”来完成的，甚至这个人从来不可能转化为现实的购买者。

（二）客体要素

客体要素指的是被品牌化的东西，即企业、产品或服务。如果从更广泛的意义上讲，还可以包括公益组织、个人或某个城市。没有客体要素，品牌就失去了载体和依托。

（三）内容要素

有了主体要素和客体要素还不够，就像有了读者和报纸并不代表就获取了信息一样。消费者还必须对客体要素的物质形态和意识形态进行认知，即具象的和抽象的两类。

对品牌而言，三种要素缺一不可，都是品牌的有机组成部分。如“大宝是一个品牌”其实意味着消费者（主体要素）对化妆品产品（客体要素）的商标（“大宝”）、包装设计、使用体验、口碑效应等（内容要素）的独特的综合认知关系。

三、品牌与名牌

品牌与名牌有其天然的联系性。名牌是品牌的一部分，但不是任何品牌都能成为名牌的。

名牌与普通品牌有着明显的差异性。二者的区别如下。

（1）知名度。名牌是著名品牌，因此知名度高；普通品牌一般知名度不高，且容易被人忘记。

（2）信誉度和美誉度。名牌不仅知名度高，而且信誉好，美誉度高，在消费者心目中有美好的形象；普通品牌的信誉度和美誉度一般都比名牌要低。

（3）创新度。名牌要能适应时代的变化和科技的进步，不断地进行创新，包括技术创新、设备创新、材料创新、产品创新以及组织创新、管理创新、市场创新等等；普通品牌一般来说不如名牌的创新度高。

（4）市场占有率。名牌必须具有很高的市场占有率，在同类产品市场上占据很大的市场份额，甚至举足轻重；普通品牌一般来说，其规模较小，市场占有率低，在同类产品中影响也不大。

四、品牌的意义

1. 便于顾客识别和选购商品

品牌具有识别功能，品牌可以帮助消费者辨认出品牌的制造商、产地等基本要素，从而区别于同类产品。帮助消费者迅速找到所需要的产品，从而减少消费者在搜寻过程中花费的时间和精力。

2. 有利于树立企业形象，培养顾客忠诚度

品牌具有形象塑造功能，品牌是企业塑造形象、知名度和美誉度的基石，在产品同质化的今天，为企业和产品赋予个性、文化等许多特殊的意义。

3. 有利于企业增强竞争力，获得额外利润

品牌具有增值功能，品牌是企业的无形资产，它所包含的价值、个性、品质等特征都能给产品带来重要的价值。即使是同样的产品，贴上不同的品牌标识，也会产生悬殊的价格。

4. 有利于维护企业的合法权益

品牌受到法律的保护，防止他人损害品牌的声誉或非法盗用品牌。

5. 有助于企业扩大产品组合

即将不同的产品统一在一个品牌之下。

五、品牌设计的原则

品牌设计是一项具有较高艺术和专业技能的工作。它要求设计人员不仅要有一定的文学修养，掌握营销学、美学、社会学、商品学等专业知识，熟悉产品的特性和品质，而且还要具有丰富的地理、历史、民族文化和风俗习惯等知识。

无论是品牌命名还是品牌标志的设计，都应遵循以下基本原则。

1. 品牌设计要符合国家有关法律规定

品牌只有符合《商标法》等法律规定，才能向有关部门申请注册，取得商标专用权。同时，也要符合道德规范，符合精神文明建设的要求。

2. 品牌设计要能体现产品的特点

例如，著名品牌“联想”计算机、“康师傅”方便面、“李宁”运动服装等，都恰当而巧妙地反映出了产品的特点，让人一看品牌便知其为何物。

3. 简明醒目

有艺术感染力，文字易读、易认、易记。例如，麦当劳的大“M”字母拱形标志，几里之外便可看到。这样便于广告宣传，使品牌能在短时间内为广大消费者认可、接收、牢记。

4. 具有可识别性

让消费者“一看就知，一听就懂”简单有效直接就是一个好品牌。适应这个要求，不宜把所有的信息全盘托出传递给消费者。

5. 创意新颖、美观大方、底蕴深厚

品牌本身就是艺术作品，应构思巧妙，耐人寻味，有丰富的文化内涵，给人以美的享受和好感，如“同仁堂”“六必居”都有深刻的内涵。

6. 品牌设计要符合传统文化，适合消费者心理，为人们喜闻乐见

品牌名称和标志要特别注意各地区、各民族的风俗习惯、心理特征，要与国际市场的文化背景相适应，切勿触犯禁忌，尤其是出口商品品牌要注意避免使用当地忌讳的图案、符号、色彩以及令顾客产生异议的文字内容。

六、品牌策略

品牌策略是指企业对其生产和经营的产品是否采用品牌的抉择，包括采用品牌、不采用品牌两种情况。品牌化是企业为其产品确定采用品牌，并规定品牌名称、品牌标志，以及向政府有关部门注册登记的一切业务活动。品牌化是品牌化决策的一种主要方式。

1. 品牌有无策略

不使用品牌的无品牌商品主要有下面几种情况。

（1）大多数未经加工的原料产品，如小麦、大豆、棉花、矿砂、黄沙等等。

（2）很难形成独特风格的初级工矿业产品，如煤炭、生铁、普通钢材、石灰等等，不同的生产者生产这类产品不大容易形成特色。

（3）消费者在习惯上不考虑品牌的商品，如食盐等。

（4）某些生产比较简单、选择性不大的小商品、日用杂品，如粗制陶瓷品、普通炊具

（锅、碗、瓢、盆）、扫帚、拖把以及其他杂品。

（5）临时性一次性出售的商品。

（6）蔬菜、水果、肉类、水产品等。

2. 品牌组合——复合品牌策略

复合品牌策略，是指对同一种产品赋予其两个或两个以上的品牌。它又可分为下列两种类型。

（1）注释品牌决策。这是一种最基本的复合品牌决策。它是指在一种产品中同时出现两个或两个以上的品牌，其中一个是注释品牌，另外的是产品的主导品牌。主导品牌通常是产品品牌，它说明产品的功能、价值和购买对象。注释品牌则通常是企业品牌，它为主导品牌提供支持和信用。也有人把注释品牌决策称为母子品牌决策或总分品牌决策的。

（2）合作品牌决策。这种复合品牌决策是指两个企业的品牌同时出现在一个产品上。它体现了企业间的相互合作。合作品牌决策的最大优点在于合作双方互相利用对方品牌的优势，提高自己品牌的知名度，从而扩大销售，提高市场占有率，并且可以节约成本费用和缩短产品进入市场的时间。

3. 品牌重新定位策略

（1）品牌重新定位决策主要基于两个原因

1）竞争者推出一个品牌，并把它定位于本企业品牌的旁边，侵占了本企业品牌的一部分市场定位，使本企业品牌的市场占有率下降，这就要求本企业对品牌重新定位。

2）在市场发展中，有些消费者的偏好可能会发生变化，影响本企业品牌的市场份额，这些消费者原来喜欢本企业的品牌，后来却喜欢其他企业的品牌，因而市场对本企业品牌的需求减少，这也要求企业进行品牌重新定位。

（2）品牌重新定位决策一般要从四个方面进行

1）深入进行市场调查研究。市场调查研究主要侧重在对竞争对手情况的调查研究和对顾客需求（包括现在顾客需求与潜在顾客需求）的调查研究两个方面。

2）寻找本企业品牌的发展空间。

3）要对本企业的品牌进行形象策划，重塑新的形象。

4）要研究品牌重新定位对本企业收益的影响。

4. 品牌延伸策略

品牌延伸就是单一品牌决策，是指企业的多种产品使用同一品牌的决策，一种品牌成功后，又延伸到其他产品上，使用该成功产品的同一品牌。按照其单一化的程度和范围不同，单一品牌决策又可分为以下三种类型。

（1）产品线单一品牌决策。是一种局部性的单一品牌决策。它是指企业对同一产品线上的产品采用同一种品牌。其优点：①有利于创建统一的品牌形象；②可推出系列产品以满足目标顾客的多方面需要，易于产品线的延伸；③可以节约促销费用，由于同一产品线有多种产品使用同一品牌，可以取得品牌规模效益。其局限性：①固定于产品线范围之内，不能发挥品牌的潜在价值；②新产品开发受到产品线的制约而不能扩大到新的领域等。

（2）跨产品线单一品牌决策。又称范围品牌决策。它也是一种局部性的单一品牌决策，但其范围要比产品线单一品牌决策的范围要大一些。其优点：①有利于在消费者心目中建立统一的品牌意识和品牌形象；②有利于树立稳定的质量形象，不会产生质量错位现象；③有利于集中进行品牌宣传、降低费用。其局限性：①个性不鲜明；②品牌的透明度不高；③新产品开发难以突出新的特色因而不易为消费者所接受等。

（3）完全的单一品牌决策。又称伞形品牌决策。这种品牌决策的特点是高度统一，即企业生产的所有产品都使用同一品牌。优点：①有利于提高品牌知名度进行市场扩张；②有利于培育顾客忠诚；③有利于在消费者心目中建立品牌形象和企业形象。局限性：①容易忽视产品的个性宣传，降低名牌的影响力；②不利于单一品牌的纵向延伸；③不同的定位造成品牌形象的冲突。

5. 多品牌策略

多品牌决策是指一种产品采用一个品牌的品牌决策。它是品牌分立的决策，一个品牌只用于一种产品上，适用于一种市场定位，因而能最大限度地形成品牌的差别化和个性化。优点：①有利于企业全面占领一个大市场，扩大市场覆盖面；②有利于细分市场的需要，推进品牌的个性化和差异化，满足不同消费者群体的不同需要；③获取品牌转换的利益；④有利于激发企业内部的活力，提高企业的效率；⑤有利于提高企业抗风险的能力。其局限性：①耗费的资金多，时间长；②增加品牌管理难度。

第六节　包装策略

一、包装的含义和作用

包装是指为产品设计和制作容器或包装物的一系列活动。一般说来，产品包装应该包括商标或品牌、形状、颜色、图案、材料、标签等要素。按在流通过程中的作用，产品包装可分为运输包装（外包装）和销售包装（内包装）。包装主要有以下四个作用。

1. 保护商品

保证产品在生产过程结束后，到转移到消费者手中直至被消费掉以前，产品实体不至损坏、散失和变质。

2. 便于储运

给流通环节贮、运、调、销带来方便，如装卸、盘点、码垛、发货、收货、转运、销售计数等。

3. 促进销售

促进销售包装具有识别、美化和便利的功能。包装是产品的延伸，是整体产品的一部分。

4. 增加盈利

增加利润优良的包装不仅可使好的产品与包装显得相得益彰，避免“一等商品，二等包装，三等价格”，而且往往能提升商品身价，超出的价格高于包装的附加成本，且为顾客所乐意接受。

二、包装的设计原则

1. 安全

包装规划时有必要充分考虑包装材料对机体保护的安全性，不致因正常的运送、振动、承载等外界效果致使包装失利。

2. 适于运输，便于保管、携带和使用

包装规划时要考虑作业者在装箱和拆箱时快捷、流畅，不要因设计缺陷使作业者操作困难。

3. 美观大方，显示商品特点

结合产品自身特点，充分运用商品外形要素的形式美法则。

4. 与商品的价值和质量相匹配

在包装设计时，要体现出包装设计的内涵、体现商品的价值和质量。包装设计能吸引消费者，激发消费者的购买欲，体现企业文化内涵。企业文化是企业想传递给消费者的精华，提升品牌形象的关键。

5. 文字、图案、色彩等符合目标市场的风俗习惯、宗教信仰

设计包装时，首先要注意包装的色彩运用；其次是图案的设计，这个图案需要符合产品的特色，表现出包装的内涵。

6. 符合法律规定，兼顾社会利益

根据《中华人民共和国产品质量法》规定，产品包装必须符合相关要求：

（1）有产品质量检验合格证明。

（2）有中文标明的产品名称、生产厂厂名和厂址。

（3）根据产品的特点和使用要求，需要标明产品规格、等级、所含主要成分的名称和含量的，用中文相应予以标明；需要事先让消费者知晓的，应当在外包装上标明，或者预先向消费者提供有关资料。

（4）限期使用的产品，应当在显著位置清晰地标明生产日期和安全使用期或者失效日期。

（5）使用不当，容易造成产品本身损坏或者可能危及人身、财产安全的产品，应当有警示标志或者中文警示说明。

三、包装策略

1. 相似包装策略

相似包装策略指公司生产经营的各类产品，在包装上采用相同或相似的图案、颜色等共同的特征，使消费者联想到所有商品是同一公司的产品。对于忠实顾客，类似包装无疑具有促销的作用，企业还可因此而节省包装的设计、制作费用。类似包装策略适宜于质量相同的产品，对于品种差异大、质量差异悬殊的产品不宜采用。

2. 差别包装策略

差别包装策略指公司为不同等级或满足不同顾客需要的产品设计不同的包装。公司在各类产品都有独特的包装，在设计图案、色彩、风格、材料等方面均有明显差别。该策略能使产品之间有较强的独立性，避免因某一产品的销售失败而影响其他产品的声誉。不足之处是要增加包装设计费用和促销费用。

3. 配套包装策略

配套包装策略指将有关联性的产品装在同一包装物里。在配套产品中加入某种新产品，使消费者在不知不觉中习惯新产品使用，有利于新产品普及和上市。

4. 附赠包装策略

附赠包装策略指在正品包装物里附赠品，吸引顾客购买。记载商品包装物附赠奖券或实物，或包装本身可以换取礼品，吸引顾客的惠顾效应，导致重复购买。我国出口的“芭蕾珍珠膏”，每个包装盒附赠珍珠别针一枚，这使珍珠膏在国际市场十分畅销。

5. 再使用包装策略

再使用包装策略指包装物在被包装的产品消费完毕后，还可另作他用。如各种形状的香水瓶可作装饰物，精美的食品盒也可被再利用等。这种包装策略可使消费者感到一物多用而引起其购买欲望，而且包装物的重复使用也起到了对产品的广告宣传作用。

6. 更新包装策略

更新包装策略指改变产品现在的包装，使用更有吸引力的包装。更新包装，一方面是通过改进包装使销售不佳的商品重新焕发生机，重新激起人们的购买欲；另一方面是通过改进，使商品顺应市场变化。经常变一变包装，给人带来一种新鲜感，销量就有可能上去。

7. 绿色包装策略

随着消费者环保意识的增强，绿色环保成为社会发展的主题，伴随着绿色产业、绿色消费而出现的绿色概念营销方式成为企业经营的主流。因此在包装设计时，选择可重复利用或可再生、易回收处理、对环境无污染的包装材料，容易赢得消费者的好感与认同，也有利于环境保护和与国际包装技术标准接轨，从而为企业的发展带来良好的前景。如用纸质包装替代塑料袋装，羊毛材质衣物中夹放轻柔垫纸来取代硬质衬板，既美化了包装，又顺应了发展潮流，一举两得。

第六章

定价策略

第一节　影响定价的因素

一、定价目标

企业定价目标是指企业通过制定一定水平的价格，所要达到的预期目的。它和企业战略目标相一致，关系到企业目标市场战略及市场定位的实现。可供企业选择与运用的定价目标主要有以下几个方面：

（一）利润导向型的定价目标

1. 利润最大化

利润既是企业从事经营活动的最终目的，也是企业生存和发展的必要条件。企业为获得最大利润，营销管理人员可以通过提高消费者满意度来增加收入，也可以通过提高经营的效率来降低成本，另外还可以两手一起抓，以实现利润最大化。

2. 目标投资回报率

最常见的利润目标就是目标投资回报率，通常被称为企业的总资产回报率。投资回报率是表述利润与投资的百分比。企业的投资回报率越高，企业的表现就越好。一般而言，企业希望的投资回报率处于10% ~30%。使用目标投资回报率的公司可以预先决定它的盈利水平。

（二）销售导向型的定价目标

以销售为主导的定价目标既可以按市场占有率测算，也可以按货币收入或是单位销售额测算。

1. 市场占有率

市场占有率也称为市场份额，是指一家企业的产品销量占行业总销量的百分比，或者也可以按照企业销售额占整个行业销售额的百分比来计算。越来越多的企业将市场占有率用销售额来表述，而不是采用销量。

2. 销售最大化

销售最大化目的是促使销售增长，在短期内最大限度的获取现金收入，而不管利润、竞争和市场营销环境。销售最大化追求的现金最大化永远也不可能成为一个长期目标，因为现金最大化可能意味着极少的利润或者是无利润，那么企业将难以生存。

（三）竞争导向型的定价目标

1. 维持现状型的定价目标

按现状定价致力于维持现有价格或是与竞争者的价格保持一致。这种定价的优势在于只需要很少的策划，实质上是一种被动政策。

2. 以应对竞争为目标

一般来讲，竞争能力弱的，大都采取跟随强者或稍低于强者的价格；竞争能力强的，对市场具备某些优越条件的企业，可采取高于竞争者的价格出售产品。

3. 当期利润最大化

企业从事生产或出售商品的目的是为了赚取利润，利润最大化就是企业使用各种销售手段将利润达到最大的一种方式。如果总收益大于总成本，企业赢利。如果总收益等于总成本，企业不亏不赚。如果总收益小于总成本，企业亏损。

4. 市场占有率最大化

市场占有率最大化是指企业为追求最大的市场占有率而采取的战略。主要是技术创新，以领先的技术开发出新产品抢先占领市场、巩固和扩大市场阵地，或以优势的（但不一定是领先的）技术降低成本、提高性能并辅以优势的配套资源开拓和扩大市场份额。

5. 产品质量最优化

产品质量指的是在商品经济范畴，企业依据特定的标准，对产品进行规划、设计、制造、检测、计量、运输、储存、销售、售后服务、生态回收等全程的必要的信息披露。

二、产品的生产经营成本

从长远看，任何产品的销售价格都必须高于生产成本和经营费用。因此，产品的生产经营成本决定产品价格的下限。产品成本是由产品的生产过程和流通过程所花费的物质消耗和支付的劳动报酬所形成的。企业定价中使用比较多的成本类别有：

1. 总成本（TC）

总成本指企业生产一定数量的产品所发生的成本总额，是总固定成本（TFC）和总可变成本（TVC）之和。

2. 总固定成本

总固定成本指一定时期内产品固定投入的总和，如厂房费用、机器折旧费、管理费用、生产者工资等。

3. 总变动成本

总变动成本指一定时期内产品可变投入成本的总和，如原材料、辅助材料、燃料和动力、计件工资支出等。总变动成本一般随产量增减而按比例增减，产量越大，总变动成本也越大。

4. 单位成本

单位成本指为单个产品的生产费用总和，是总成本除以产量（Q）所得之商。同样，单位成本也可分为单位变动成本（AVC）和单位固定成本（AFC）。产量越大，单位产品中所包括的固定成本就越小；反之则越大。

5. 边际成本

边际成本指增加一个单位产量所支付的追加成本，是增加单位产品的总成本增量。边际成本常和边际收入（MR）配合使用。边际收入指企业多售出单位产品得到的追加收入，是销售总收入的增量。边际收入减去边际成本后的余额称为边际贡献（MD），边际贡献为正值时，表示增收大于增支，增产对于企业增加利润或减少亏损是有贡献的，反之则不是。

三、市场需求

市场需求是调整价格的关键因素。每个产品的定价取决于对产品或服务的需求以及企业付出的成本。产品的成本因素决定了产品价格的最低限度，而市场需求因素则决定了产品价格的最高限度。

1. 供求规律

需求是在某个特定时期内一种产品按不同价格销售的总量。

供给是在某个特定时期内供应商按不同价格提供产品的数量。由于价格影响需求与供应的变化方向是相反的，在市场竞争的条件下，供给与需求都要求对方与之相适应，即供需平衡，这一个平衡点只能稳定在供求两条曲线的交点上。

供给与需求变化的结果，迫使价格趋向供求曲线的交点。这个由供给曲线和需求曲线形成的交点，表示市场供需处于平衡状态，称之为市场平衡点。平衡点所表示的价格，是市场供求平衡时的价格，称之为供求双方都能接受的“均衡价格”。平衡点所表示的数量，是市场供需平衡时的数量，称之为供求双方都能够实现成交的“供求平衡量”。

均衡价格是相对稳定的价格。由于市场情况的复杂性和多样性，供求之间的平衡只是相对的、有条件的，不平衡则是绝对的、经常性的。

在商品经济条件下，供求影响价格，价格调节供求运行的方式，是商品价值规律和供求规律的必然要求。

2. 需求弹性

需求弹性是指因价格和收入等因素而引起的需求的相应变动率，一般分为需求的收入弹性、价格弹性和交叉弹性。

（1）需求收入弹性。指因收入变动而引起需求相应的变动率。需求收入弹性大的产品，一般包括耐用消费品、高档食品、娱乐支出等，这类产品在消费者货币收入增加时会导致对它们需求量的大幅度增加。需求收入弹性小的产品，一般包括生活的必需品，这类产品在消费者货币收入增加时导致对它们需求量的增加幅度比较小。需求收入弹性为负值的产品，意味着消费者货币收入的增加将导致该产品需求量的下降。比如，一些低档食品，低档服装等。

（2）需求价格弹性。指因价格变动而引起需求相应的变动率。需求价格弹性反映需求变动对价格变动的敏感程度，用弹性系数 E 表示，该系数是需求量变化的百分比与价格变化的百分比的比值。如果 $E=1$，反映需求量与价格等比例变化；$E>1$，反映需求量的相应变化大于价格自身变动；$E<1$，反映需求量的相应变化小于价格自身变动。

（3）需求交叉弹性。需求交叉弹性是指具有互补或替代关系的某种产品价格的变动，引起与其相关的产品需求相应发生变动的程度。商品之间存在着相关性，一种产品价格的变动往往会影响其他产品销售量的变化。这种相关性主要有两种：①商品之间互为补充，组合在一起共同满足消费者某种需要的互补关系；②产品之间由于使用价值相同或相似而可以相互替代或部分替代的替代关系。

企业制定的每一种价格都会产生不同的需求水平。通常情况下，产品的需求量与产品价格成反比。需求量对价格变动的反应敏感程度称为需求的价格弹性。

需求的价格弹性计算公式为：

$$E=\%\triangle Q\div\%\triangle P$$

第二节　定价的一般方法

从价格制定的依据出发，定价方法分为四大类：成本导向定价、需求导向定价、反向定价法、竞争导向定价法。

一、成本导向定价法

成本导向定价是以营销产品的成本为主要依据，综合考虑其他因素制定价格的方法。由于营销产品的成本形态不同以及在成本基础上核算利润的方法不同，成本导向定价又可分为成本加成定价法和目标利润定价法两种具体形式。

（一）成本加成定价法

这是一种最简单的定价方法。就是在单位产品成本的基础上，加上预期的利润额作为产品的销售价格。售价与成本之间的差额即利润。由于利润的多少是有一定比例，这种比例也叫“加成”，故称为成本加成定价法。采用这种定价方式，必须做好两项工作：①准确核算成本，一般以平均成本为准；②根据产品的市场需求弹性及不同产品确定恰当的利润百分比（成数）。

成本加成定价法在实际运用中，又分为以下两种情况。

1. 总成本加成定价法

总成本是企业在生产产品时花费的全部成本，包括固定成本和变动成本两部分，在单位产品总成本上加一定比例的利润，就是单位产品的价格。有以下两种计算方法。

（1）顺加法。计算公式：

销售单价=单位总成本×（1+毛利率）

或=单位总成本×（1+成本利润率）÷（1−税率）

适用于生产企业。

（2）逆加法。计算公式：

销售单价=单位总成本÷（1−毛利率）

或=单位总成本÷（1−销售利润率−税率）

适用于零售企业。

［例］某型号电视机生产厂商，年销售量可达8 000台，总固定成本为8 000 000元，每台电视机可变成本为2 000元，税率为13%。则：

单位总成本=单位产品可变成本+（总固定成本÷产销量）

=2 000+（8 000 000÷8 000）=3 000（元）

如果该电视机厂商欲获取销售价20%的利润，则电视机的单价为：

销售单价=3 000×（1+20%）÷（1−13%）=4137．93（元）

如果该电视机零售商欲获取销售价20%的利润，则电视机的单价为：

销售单价=3000÷（1−20%−13%）=4477．61（元）

成本加成定价法，确定合理的利润率是关键，为此需综合考虑市场供求状况及行业的平均利润水平等确定。优点是计算简便易行，缺点是忽视了市场需求的变化和竞争的影响。适用于经营状况和成本水平稳定的企业；供求大体平衡、市场竞争不激烈的产品。

2. 变动成本加成定价法

也叫边际贡献定价法。即在定价时只计算变动成本，而不计算固定成本，在变动成本的基础上加上预期的边际贡献。由于边际贡献会小于、等于或大于变动成本，所以企业就会出现盈利，保本或亏损三种情况。这种定价方法一般在卖主竞争激烈时采用。其计算公式为：

价格=单位变动成本+单位边际贡献

边际贡献是指销售收入减去变动成本后的余额，如果补偿固定成本后仍有剩余，则形成利润，否则亏损。

[例] 某企业某产品的生产能力为年产5万件，年固定成本50万元，单位产品变动成本为15元，产品市场价为30元。现企业只接到订单3万件。按此计划生产，边际贡献弥补部分固定成本后企业仍亏损5万元。如果此时有客户追加订货2万件，每件报价为20元，根据边际贡献定价原则，这一报价是可以接受的。接受此订单后，企业将实现盈利5万元。

采用这种方法定价通常是在企业经营不景气、产品销售困难、竞争异常激烈、生存比获利更重要时采用，通过降低售价实现产品销售。

（二）目标利润定价法

企业根据目标利润的原则，首先确定一个目标利润，然后加上总成本，再除以总产量，就能得出销售单价。

销售单价=（总成本+目标利润）÷预期总产量或=（总成本+目标利润）÷［预计销售量×（1-税率）］

当然，目标利润定价的前提是：产品的市场潜力很大，需求的价格弹性不大，按目标利润确定的价格肯定能被市场接受。

[例] 某产品预计销售量2 000件，固定成本200 000元，单位变动成本40元，目标利润80 000元，税率17%，则该产品出厂价格大致应该定位：

价格=（200 000+40×2 000+80 000）÷［2000×（1-13%）］=206．89（元）

该方法的优点是计算简便，缺点是没有考虑价格与需求之间的关系和竞争对手产品的价格等因素对企业产品销售的影响。如果在预期内未完成销量，则目标利润很难实现，该方法主要适用于市场占有率较高或垄断性的产品。

二、需求导向定价法

需求导向定价法即以产品或服务的社会需求状态为主要依据，综合考虑企业的营销成本和市场竞争状态，制定或调整营销价格的方法。

（一）认知价值定价法

认知价值定价法的关键是企业要正确地估计消费者对产品的认知价值。这是企业根据买主对产品或服务项目价值的感觉而不是根据卖方的成本来制定价格的方法。

认知价值定价法实际上是企业利用市场营销组合中的非价格变数，如产品质量、服务、广告宣传等来影响消费者，使他们对产品的功能、质量、档次有一个大致的“定位”，然后定价。利用这种定价方法，必须正确估计消费者的“认知价值”，估计过高或过低对企业都是不利的。

（二）习惯定价法

某些产品或服务在长期的购买使用过程中，消费者习惯这种产品的属性和价格水平，企业在新品种开发之际，只要产品的基本功能和用途没有改变，消费者就会以之前的价格购买产品。经营这类产品或服务的企业不能轻易改变价格，减价会引起消费者对产品质量的怀疑，涨价会影响产品的市场销路。

（三）可销价格倒推法

可销价格倒推法即为消费者或进货企业习惯接受和理解的价格。企业根据消费者可接受的价格或后一环节买主愿接受的利润水平确定其销售价格的定价法。一般在两种情况下企业可采用这种定价法：①为了满足在价格方面与现有类似产品竞争的需要，而设计出在价格方面能参与竞争的产品。②对新产品的推出，先通过市场调查确定出购买者可接受的价格，然后反向推算出产品的出厂价格。

出厂价格＝市场可销零售价格×（1－批零差率）×（1－销进差率）

三、反向定价法

（一）反向定价法概念及公式

反向定价法是指企业依据消费者能够接受的最终销售价格计算自己从事经营的成本和利润后，逆向推算出产品批发价和零售价。其计算公式为：

出厂价格＝市场可销零售价格×（1－批零差价率）×（1－销进差率）

（二）反向定价法测定标准及方法

1. 反向定价法测定标准

采用反向定价法的关键在于如何正确测定市场可销零售价格水平。测定的标准主要有：产品的市场供求情况及其变动趋势；产品的需求函数和需求价格弹性；消费者愿意接受的价格水平；与同类产品的比价关系。

2. 反向定价法测定方法

（1）主观评估法。由企业内部有关人员参考市场上的同类产品，比质比价，结合考虑市场供求趋势，对产品的市场销售价格进行评估确定。

（2）客观评估法。由企业外部的有关部门和消费者代表，对产品的性能、效用、寿命等方面进行评议、鉴定和估价。

（3）实销评估法。以一种或几种不同价格在不同消费对象或区域进行实地销售，并采用上门征询、问卷调查、举行座谈会等形式，全面征求消费者的意见，然后判明试销价格的可行性。

消费者愿意支付的价格（零售价）→出厂价→总收入→总成本→利润总额→合算否？

四、竞争导向定价法

竞争导向定价法即以同类产品或服务的市场供应竞争状态为依据，根据竞争状况确定是否参与竞争的定价方法。在现代市场营销活动中，竞争导向定价已被企业广泛采用。

（一）随行就市定价法

随行就市定价法都是同质产品市场的常用定价方法。这是根据行业的平均价格水平，或竞争对手的价格为基础制定价格的方法，也称为随行就市定价法。这种定价方法，可以有效避免挑起价格竞争，降低经营风险，利于同行企业和平相处，也容易为消费者所接受，因此是一种较稳妥的定价方法，尤其为中小企业所青睐。这种定价方法主要适用于需求弹性小、产品差异小、供求基本平衡的产品。

（二）竞争价格定价法

与通行价格法相反，竞争价格定价法是一种主动竞争的定价方法。一般为实力雄厚，或独具产品特色的企业采用。首先应了解竞争对手的价格策略和方法，其次将产品做横向比较，找出企业产品的优势，作为制定竞争性价格的依据，最后综合竞争形势及产品优势，制定出本企业产品的价格。

（三）投标定价法

企业要想夺标，必须在其他供货条件相同的情况下使自己的报价低于竞争对手的报价。当然，企业的报价不能低于边际成本。这种定价法主要用于投标交易方式。最佳报价应该是预期收益达到尽可能高的价格（表6-1）。

预期收益＝（报价-直接成本）×中标概率-失标损失×（1-中标概率）

［例］　某企业参加某工程的竞标分析。

表6-1　最佳报价分析

标函	报价（万元）	直接成本（万元）	毛利（万元）	报价占直接成本（%）	中标概论（%）	失标损失（万元）	预期收益（万元）
1	25	25	0	100	100	3	0
2	28	25	3	112	80	3	1.8
3	30	25	5	120	65	3	2.2
4	32	25	7	128	40	3	1

分析：标函3的报价较高，预期收益最大，为最佳报价。但企业还必须结合自己的经营能力全面考虑。如果企业目前的经营能力尚未充分发挥，那为了强调标函的竞争力，可

以选择标函 2 甚至更低价投标，这样的中标率就大，如果中标，则标函 2 有 3 万元毛利。标函 1 一旦中标，预期收益为 0，则失去意义，毛利的大小直接决定企业收益。

第三节　定价的基本策略

一、折扣定价策略

1. 现金折扣

现金折扣是一种鼓励购买者快速支付他们账单的价格削减方式，其期限在净期限内变更。例如，2/10，净 30，意思是：如果在 10 天内付款，购买者能够从发票面值中得到 2% 的折扣。否则，在 30 天内支付发票的全部金额。并且，它常常是被注明或让人理解为 30 天的信用期限后利息费用将增加。

现金折扣是企业财务管理中的重要因素，对于销售企业，现金折扣有两方面的积极意义：缩短收款时间，减少坏账损失。副作用是减少现金流量，因为折扣部分冲减了财务费用，实际收到的钱就少了。因此，销售企业都试图将折扣率确定在平衡正面作用和负面作用的水平之上。

2. 数量折扣

数量折扣是当购买者购买数量较大时，提供的一种价格折扣。典型的例子是买 100 件以下，单价为 10 美元，买 100 件或 100 件以上，每件为 9 美元。法律规定，数量折扣必须对所有的客户都是平等的，但折扣金额不能超过销售者因大批销售所节约的成本，这些成本包括销售、储存、运输费用等。折扣刺激客户从一个销售者处购买更多的产品，而不必分散地通过许多渠道购买。数量折扣主要有以下几种。

（1）累计数量折扣。累计数量折扣是对一定时期内累计购买超过规定数量或金额给予的价格优惠，目的在鼓励顾客与超市建立长期固定的关系，减少超市卖场的经营风险。数量折扣的关键在于合理确定给予折扣的起点、折扣档次及每个档次的折扣率。比如，企业规定购买量累计达到 1 000 套，价格折扣 4%；达到 2 000 套，折扣 5%；超过 3 000 套，折扣 6%。累计数量折扣有利于稳定顾客，鼓励顾客经常购买、长期购买。这种折扣特别适用于长期交易的商品、大批量销售的商品，以及需求相对比较稳定的商品。

（2）一次性数量折扣。是对一次购买超过规定数量或金额给予的价格优惠，目的在于鼓励顾客增大每份订单购买量，便于超市卖场组织大批量进货而获得进价优势。这种方法只考虑每次购买量，而不管累计购买量。比如，企业规定，一次购买 100 ~ 200 件，按标价折扣 10%，200 件以上折扣 15%，不足 100 件不给折扣。一次性数量折扣对短期交易的商品、季节性商品、零星交易的商品，以及过时、滞销、易腐、易损商品的销售比较适宜。一次性数量折扣不仅可以鼓励顾客大批量购买，而且有利于节省销售、储存和运输费用，促进产品多销、快销。一次性数量折扣计算简便，有利于中小企业日常操作使用。

3. 贸易折扣

是指卖方在商品的卖价上，给予买方一定数量或比例的减让。采用这种贸易方式的买方，应切实地弄清商品的原价、底价、商品的质量，对于卖者来说，应做到货真价实。产生折扣贸易的原因：①商品积压，或市场上同类商品较多，以减让价格来促销；②对购货客户、老客户、定销商、包销商通过减让价格的办法，给予一定的照顾和支持；③向顾客开展购销上的心理战术，迎合顾客爱买“便宜货”的心态。

4. 季节折扣

是对季节购买商品或服务的客户提供的一种折扣。例如，草坪和园艺设备制造商在秋季和冬季给予零售商季节折扣，鼓励它们在春季和夏季这样的旺季到来之前购买。旅馆、客栈和航空公司在淡季实施季节折扣。季节折扣可以使销售者一年里的业务比较平稳。

5. 价格折让

根据价目表给顾客以价格折扣的另一种类型。例如，以旧换新折让的方法是在购买新商品时，交上一个旧商品。以旧换新折让在汽车销售中最流行，其他耐用消费品销售中也使用。促销折让是指答谢参加广告宣传或促销活动的经销商时，所付的酬金或采取的减价措施。例如，新产品试销折让，商品标价 115 元，去掉零头，减价 5 元，顾客只付 110 元；以旧换新折让，当顾客买了一件新产品时，可交还同类商品的旧货，在价格上给予折让。

6. 贴息贷款

是指用于指定用途并由国家或银行补贴其利息支出的一种银行专项贷款。贷款利息可以是全部补贴或者是部分补贴。对贷款的利差，一般实行谁安排谁补贴的原则。国家安排的贴息贷款，由中央财政补贴；人民银行同意发放的低息贷款，由人民银行补贴；各专业银行的低息贷款，由专业银行自己负责。

二、地区定价策略

1. FOB 原产地定价

FOB 原产地定价指顾客按照厂价购买某种产品，企业只负责将产品运到产地某种运输工具上交货。交货后，从产地到目的地的一切风险和费用均由顾客承担。这种定价不利于较远地区的顾客购买产品。

2. 统一交货定价

统一交货定价指企业对于卖给不同地区顾客的某种产品，按照相同的出厂价加相同的运费（按平均运费计算）定价。这种定价形式和 FOB 原产地定价正好相反。不同地区的顾客不论远近，实行统一价格。

3. 分区定价

这种定价形式介于上述两种定价之间。企业将整个市场（或某些地区）分为若干价格区，销售给不同价格区顾客的产品分别制定不同的地区价格。距离较远的价格区定价较高，较近的价格区定价较低，同一价格区范围实行统一价格。

4. 基点定价

基点定价指企业选定某些城市作为基点，然后按一定的厂价加上从基点城市到顾客所在地的运费来定价，而不管货物实际上是从哪个城市启运的。

5. 运费免收定价

运费免收定价指企业因为急于和某些地区做生意，负担全部或部分实际运费。

三、心理定价策略

这是运用心理学原理，根据不同类型的顾客购买商品的心理动机来制定价格，引导消费者购买的价格策略。

1. 声望定价

声望定价指企业利用消费者仰慕名牌商品或名店的心理，有意给产品制定高昂价格以提高产品地位的定价策略。声望定价可以满足某些消费者的特殊欲望，如地位、身份、财富、名望和自我形象等，还可以通过高价格突出产品的名贵优质形象。

该策略适用于一些传统的名优产品、具有历史地位的民族特色产品以及知名度高、有较大的市场影响力、深受市场欢迎的驰名商标。使用声望定价策略，值得注意的是要适当地控制市场拥有量，即所谓“物以稀为贵”。如我国的景泰蓝瓷器在国际市场价格为 2 000 多元人民币，国际著名的欧米茄手表，在我国市场上的售价从一万元到几十万元，这些都是成功运用声望定价策略的典范。

2. 尾数定价

尾数定价指企业利用消费者数字认知的心理特点，有意保留尾数、避免整数的定价策略。消费者会认为这种价格经过精确计算，购买不会吃亏，从而产生信任感。

尾数定价策略属于心理定价策略的一种，指在确定零售价格时，以零头数结尾，使用户在心理上有一种便宜的感觉，或是按照风俗习惯的要求，价格尾数取吉利数字，以扩大销售。尾数的确定还要合乎风俗习惯，不同的尾数在不同的国家、不同的民族中效果会不同。

3. 招徕定价

招徕定价指零售商利用部分顾客求廉的心理，特意将某几种商品的价格定得很低，以吸引顾客购买正常价格的商品。商品的价格定的低于市价，一般都能引起消费者的注意，这是适合消费者“求廉”心理的。

这是一种有意将商品按低于市场平均价格的价格出售来招揽吸引消费者的定价策略。

四、差别定价策略

差别定价是指企业以两种或两种以上不反映成本差异的价格来销售产品和服务。

1. 顾客差别定价

不同的顾客群对同样的产品或服务支付不同的价格。该定价策略是根据顾客的支付能力来定价。一般而言，收入水平、年龄、职业、性别等不同的消费者对价格的接受程度有较大的差异。对于低收入者、弱势群体定价水平要低，对于高收入者定价水平要高。

2. 产品形式差别定价

即企业对不同型号或规格的产品制定不同的价格，但是不同型号或规格产品的价格差额和成本费用之间的差额并不成比例。

产品差别定价法的运用，首先要求企业必须具备较强的实力，在某一行业或某一区域市场占有较大的份额，消费者能够将企业产品与企业本身联系起来。其次，在质量大体相同的条件下实行差别定价是有限的，尤其对于定位为“质优价高”形象的企业来说，必须支付较大的广告、包装和售后服务方面的费用。因此，从长远来看，企业只有通过提高产品质量，才能真正赢得消费者的信任，才能在竞争中立于不败之地。

3. 产品部位差别定价

企业对处在不同位置的产品或服务，分别制定不同价格，即便这些产品或服务的成本费用没有任何差异。例如在剧院里，虽然不同座位的成本都一样，但是不同座位的票价有所不同。在某些大剧院，前排的座位票价往往是后排的几十倍。这是因为人们对剧院的不同座位的偏好有所不同。

4. 销售时间差别定价

即企业对不同季节、不同时期或不同钟点的产品或服务分别制定不同价格。例如蒙玛公司在意大利以无积压商品而闻名，其秘诀之一就是对时装分多段定价。它规定新时装上市，以 3 天为一轮，凡一套时装以定价卖出，每隔一轮按原价降 10%，以此类推，那么到 10 轮（一个月）之后，蒙玛公司的时装价就削到了只剩 35% 左右的成本价了。这时的时装，蒙玛公司就以成本价售出。因为时装上市仅一个月，价格已跌到 1/3，谁还不来买？所以一卖即空。

差别定价的适用条件：①市场可以细分，且各细分市场有不同的需求强度。②不会有人低价买进、高价卖出。③竞争者不会在企业高价销售的市场以低价竞销。④价格歧视不会引起顾客反感而放弃购买。⑤价格歧视形式不违法。

五、新产品定价策略

1. 撇脂定价

撇脂定价也被称为“市场加价法”。原因是它相对于竞争产品价格来说是一种较高的定价。作为一种短期的价格策略，撇脂价格策略适用于具有独特的技术，不易仿制，有专利保护，生产能力不太可能迅速扩大等特点的新产品，同时市场上要存在高消费或时尚性需求。例如苹果公司的 iPad 产品是近 4 年来最成功的消费类数码产品，一推出就获得成功，第一款 iPad 零售价高达 399 美元，即使对于美国人来说，也是属于高价位产品，但是有很多“苹果迷”既有钱又愿意花钱，所以还是选择纷纷购买。苹果撇脂定价取得了成功。但是苹果认为还可以“撇到更多的脂”，于是不到半年又推出了一款容量更大的 iPad，当然价格也更高，定价 499 美元，仍然卖得很好。苹果撇脂定价大获成功。

撇脂定价应具备以下条件：①市场有足够的购买者，其需求缺乏弹性。②高价所造成的产销量减少、单位成本增加不致抵消高价所带来的收益。③独家经营，无竞争者。④高价给人高档产品的印象。

2. 渗透定价

与撇脂价格策略正相反，属于一种低价格策略，以较低的价格吸引消费者，获得巨大的市场份额，以此来降低企业的生产成本。这种价格策略就像倒入泥土的水一样，从缝隙里很快渗透到底，由此而制定的价格叫渗透价格。

渗透定价最大的优势在于基本上阻止了竞争者进入市场。其不利之处在于渗透意味着批量生产，然后以低价来销售大量的产品。如果产量不能完全销售，企业会损失巨额的制造成本，或者由于失败的产品而致使工厂倒闭。另一个问题是当一个知名品牌用渗透定价来获取市场占有率时，最终会导致失败。

渗透定价应具备三个条件：①市场对价格敏感；②生产经营费用随经验的增加而下降；③低价不会引起竞争。

六、产品组合定价策略

产品组合定价策略是指处理本企业各种产品之间价格关系的经济策略。它包括产品线定价、选购品定价、附带产品定价、分部定价、副产品定价和捆绑产品定价策略。

产品组合定价策略是对不同组合产品之间的关系和市场表现进行灵活定价的策略，一般是对相关商品按一定的综合毛利率联合定价，对于互替商品，适当提高畅销品价格，降低滞销品价格，以扩大后者的销售，使两者销售相互得益，增加企业总盈利。对于互补商品，有意识降低购买率低、需求价格弹性高的商品价格，同时提高购买率高而需求价格弹性低的商品价格，会取得各种商品销售量的同时收获良好效果。

1. 产品线定价

产品线定价是根据购买者对同样产品线不同档次产品的需求，精选设计几种不同档次的产品和价格点。产品线中不同产品项目应有价格差异。当企业生产的系列产品存在需求和成本的内在关联性时，为了充分发挥这种内在关联性的积极效应，可采用产品线定价策略。如某服装店对某型号女装制定三种价格：260 元、340 元、450 元，在消费者心目中形成低、中、高三个档次，人们在购买时就会根据自己的消费水平选择不同档次的服装，从而消除了在选购时的商品犹豫心理。

2. 选购品定价

即在提供主要产品的同时，还附带提供任选品或附件与之搭配。选购品可以与主要产品一起销售，也可以分开销售。其价格可高可低。

运用选择产品定价策略时，单独购买几件商品时的价格总和大于同时购买这几件商品的价格，实际上是一种鼓励消费者多购买商品的让利策略。例如，美国的一家小航空公司——“人民特快”航空公司为了赢得顾客，利用选择产品定价策略，推出了乘机费用、机上用餐费用、托运行李费用互相分离的新招。这样，乘客乘飞机若不用餐，不托运行李，花 99 美元就可以买一张纽约到伦敦的来回机票。这一策略使“人民特快”航空公司顾客盈门，门庭若市。这家公司成功的原因在于，在美国很多人都是自费坐飞机，他们对飞机上“免费”供应的昂贵的餐饮并不感兴趣；同时，很多人都只有随身携带的小件行李，并无托运行李的必要。“人民特快”航空公司推出的这一新招正是迎合了这批乘客的需要，因而大受欢迎。

鼓励顾客多买的目的是为了赚取利润。但是，如果顾客愿意少买，则也应当为他们创造可能的条件。若那样做能招徕顾客，同样能赚取利润。

3. 附带产品定价

公司可以将主要产品的价格定得较低，将附带产品的价格定得较高，通过低价促进主要产品的销售来带动附带产品的销售。如美国柯达公司推出一种与柯达胶卷配套使用的专用照相机，价廉物美，销路甚佳，结果带动柯达胶卷销量大大增加，尽管其胶卷价格较其他牌号的胶卷昂贵。

4. 分部定价

服务性企业经常收取一笔固定费用，再收取可变使用费。固定费用的价格可以定得较低，以推动服务销售，利润可以从使用费中获取。

5. 副产品定价

在许多行业中，在生产主产品的过程中，常常有副产品。如果这些副产品对某些客户群具有价格，必须根据其价值定价。副产品的收入多，将使公司更易于为其主要产品制定较低价格，以便在市场上增加竞争力。因此制造商需寻找一个需要这些副产品的市场，并接受任何足以抵补储存和运输副产品成本的价格。如果副产品的价值很低，处理费用很高，就会影响主产品的定价，因为副产品的处理费计入成本。通过为副产品制定合理的价格，企业可以免除处理费用，又可以获得收入。

6. 捆绑产品定价

企业可以将相关产品或服务组合在一起，为它们制定一个比分别购买更低的价格，进行一揽子销售。但要注意不能搞硬性搭配。例：家庭影院是大屏幕电视、DVD 影碟机、音响的捆绑定价。

如果出售的是产品组合，则可以考虑采取如下定价策略。

（1）搭配定价——将多种产品组合成一套定价。

（2）系列产品定价——不同档次、款式、规格、花色的产品分别定价。

（3）主导产品带动——把主导产品价格限定住，变化其消耗材料的价格。

（4）以附加品差别定价——根据客户选择附属品不同，而区别主导产品价格。

此外，还要考虑价格心理因素，如折扣、价格尾数、优惠等。

第四节　价格变动和对价格变动的反应

一、企业降价与提价

企业对原定价格进行调整可分为两种情形，一是调高价格，二是降低价格。

（一）降价

企业降价的主要原因有以下几种。

（1）应付来自竞争者的价格竞争压力。市场竞争激烈，在强大竞争者的压力之下，企业的市场占有率下降，企业主动降价应对竞争压力。

（2）调低价格以扩大市场占有率。企业的市场占有率在下降，企业要保持或扩大市场份额只能降价，否则将会失去顾客或减少市场份额。

（3）市场需求不振。企业生产能力过剩、产量过多，库存积压严重，市场供过于求，企业也不能通过产品改进和加强销售工作等来扩大销售，只能通过降价来刺激市场需求，扩大销售。

（4）根据产品寿命周期阶段的变化进行调整。

（5）生产经营成本下降。生产成本下降，科技进步，劳动生产率不断提高，企业的产品成本费用比竞争者低，想通过降价提高市场占有率扩大产品的生产和销售。

（二）提价

企业提价的原因主要有以下几种。

（1）通货膨胀导致成本上升。在信用货币制度下，流通中的货币数量超过经济实际需要而引起的货币贬值和物价水平全面而持续的上涨。当市场上货币流通量增加，人民的货币所得增加，现实购买力大于产出供给，导致物价上涨，造成通货膨胀。

（2）产品供不应求。指供应不能满足需求，形容某种事物的需求量很大，但供应不足的意思。

（3）创造优质优价的名牌效应。名牌效应是指由名牌这个无形资产所引发的能够为其所有者或经营者带来新的经济效用的现象。名牌效应主要有衍生效应、聚合效应、光环效应、磁场效应和带动效应等。

在通货膨胀条件下，除直接提高产品实际价格外，企业还可采用变相提价的方式：推迟报价；在合同中规定按物价指数调价的条款；将原来低价或免费提供的服务分解出来，单独定价；降低价格折扣；采用低价原料或配件，或采用廉价包装材料，或减少产品的功能、服务和分量，或降低产品质量等。

二、顾客对企业调价的反应

（一）对降价的反应

（1）有利的反应。认为企业让利于顾客。

（2）不利的反应。认为产品过时、产品有缺陷、企业资金周转困难、产生价格进一步下跌的预期等。

（二）对提价的反应

（1）有利的反应。质量提高；产品供不应求、不及时买就可能买不到；价格可能继续上升等。

（2）不利的反应。认为企业想要获取更多的利润。

三、竞争者对企业调价的反应

在异质产品市场上，竞争者通常不会追随企业的调价。在同质产品市场上，竞争者一般会追随企业的调价。不同的竞争者反应的模式不同，反应模式因竞争者的经营目标、经济实力、一贯作风等因素有所差异。所以，企业应根据对竞争者特点的分析，预测竞争者可能做出的反应程度。

竞争者对价格调整的反应如下。

（1）如果降价会损失大量利润，竞争者可能不会跟随降价。

（2）如果竞争者必须降低其生产成本才能参与竞争的话，则可能要经过一段时间才会降价。

（3）如果竞争者降价导致其同类产品中不同档次产品间发生利益冲突的话，就不一定会跟随降价。

（4）如果竞争者的反应强烈，其一定会跟随降价，甚至有更大的降价幅度。

四、企业对竞争者调价的对策

在异质产品市场上，对竞争者的调价，企业反应的自由度很大。在同质产品市场上，如果竞争者提价时，企业可以提价也可以不提价。如果竞争者降价，企业通常只能降价。所以，在企业身处同质市场的情况下，应密切关注竞争者的降价动向。

在对竞争者的降价行为采取对策之前，企业首先要作这样的分析研究：竞争者进行价格调整的目的是什么？这种变价行为是长期的还是暂时的？如果不理会竞争者的价格调整行为，市场占有率会发生什么变化？如果做出相应的变价行为，对本企业存在什么影响？竞争者和其他企业又会有什么反应？

在同质产品市场上，对竞争者的降价行动，企业可以选择的对策主要有：①维持原价，但改进产品、增加服务等。②追随降价。③推出价格更高的新品牌攻击竞争者的降价品牌。④推出更廉价的产品进行竞争。

第七章

分销策略

第一节　分销渠道概述

一、分销渠道的含义、作用和意义

（一）分销渠道的含义

分销渠道是让产品以正确的数量、正确的时间和正确的地点运送。实体分销渠道特别符合网络营销。电子制定订单和通过因特网提高交流速度的能力，减少了营销渠道的低效、成本和过剩。同时它加快了传送速度和提高了顾客服务水平。因特网的互动本性使公司能与它们供应链的成员发展紧密的合作关系。准许供应商获取顾客交易的数据有利于促进营销渠道更好地协调。通过电子方式了解公司的顾客们订购了什么，供应商可以精确地知道什么时候运送原料来满足需求，使之可以减少手头的库存，这就降低了公司的运输成本，使其更具有竞争力。例如，沃尔玛与宝洁公司和其他生产商交换有关库存量和产品获取性的数据，因而建立了伙伴关系，使它的所有供应链成员的竞争优势机会最大化并获取利益。由于因特网提供了必需的积极合作和沟通，供应链的管理得到了加强。

分销渠道是指产品或服务在从生产者向消费者或用户转移的过程中，取得产品或服务所有权，或者帮助转移所有权的所有企业或个人。

（二）分销渠道的作用

分销渠道的作用在于它是连结生产者和消费者或用户的桥梁和纽带。企业使用分销渠道是因为在市场经济条件下，生产者和消费者或用户之间存在空间分离、时间分离、所有权分离、供需数量差异以及供需品种差异等方面的矛盾。

（三）分销渠道的意义

分销渠道的意义表现在它能够提高企业的工作效率，降低企业的交易成本。

二、分销渠道的模式

（一）分销渠道的长度模式

分销渠道长度是指商品在流通过程中经过不同类型的中间商数目的多少（图 7–1，图 7–2）。

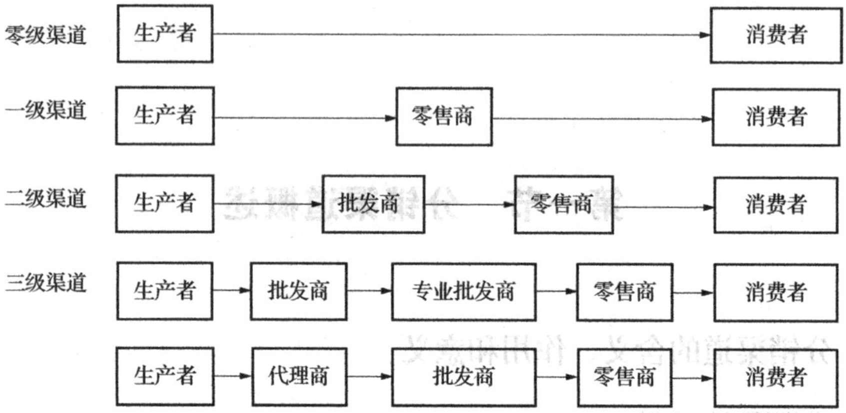

图 7–1　消费品分销渠道长度模式

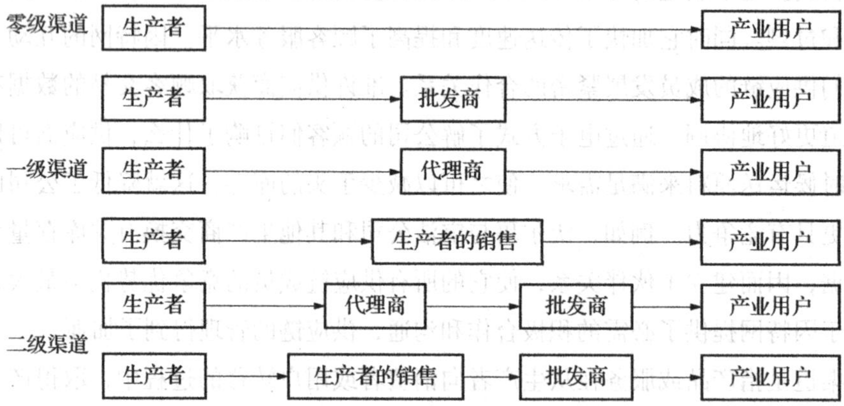

图 7–2　产业用品分销渠道长度模式

1. 直接分销

指使用零级渠道，即生产者将产品直接卖给消费者或用户，不经过任何中间环节。直接分销渠道的形式是：生产者—用户。直接渠道是工业品分销的主要类型。例如大型设备、专用工具及技术复杂等需要提供专门服务的产品，都采用直接分销，消费品中有部分也采用直接分销类型，诸如鲜活商品等。

（1）直接分销渠道的具体方式

1）订购分销。它是指生产企业与用户先签订购销合同或协议，在规定时间内按合同条款供应商品，交付款项。一般来说，主动接洽方多数是销售生产方（如生产厂家派员推销），也有一些走俏产品或紧俏原材料、备件等由用户上门求货。

2）自开门市部销售。它是指生产企业通常将门市部设立在生产区外、用户较集中的地方或商业区。也有一些邻近于用户或商业区的生产企业将门市部设立于厂前。

3）联营分销。如工商企业之间、生产企业之间联合起来进行销售。

（2）直接分销渠道的优缺点

1）直接分销渠道的优点。①有利于供需双方信息沟通，按需生产，更好地满足目标顾客的需要。由于是面对面的销售，用户可更好地掌握商品的性能、特点和使用方法；生产者能直接了解用户的需求、购买等特点及其变化趋势，进而了解竞争对手的优势和劣势及其营销环境的变化，为按需生产创造了条件。②可降低产品在流通过程中的耗损。去掉了商品流转的中间环节，减少了销售损失，加快商品的流转。③使购销双方在营销上相对稳定。一般来说，直销渠道进行商品交换，都签订合同，数量、时间、价格、质量、服务等都按合同规定履行，购销双方的关系以法律的形式于一定时期内固定下来，使双方把精力用于其他方面的战略性谋划。④在销售过程中直接进行促销。企业直接分销，实际上又往往是直接促销的活动。例如，企业派员直销，不仅促进了用户订货，同时也扩大了企业和产品在市场中的影响，又促进了新用户的订货。

2）直接分销渠道的缺点。①在产品和目标顾客方面。对于绝大多数生活资料商品，其购买呈小型化、多样化和重复性。生产者若凭自己的力量去广设销售网点，往往力不从心，甚至事与愿违，很难使产品在短期内广泛分销，很难迅速占领或巩固市场，企业目标顾客的需要得不到及时满足，势必转移方向购买其他厂家的产品，这就意味着企业失去目标顾客和市场占有率。②在商业协作伙伴方面。中间商在销售方面经验丰富，这些中间商最了解消费群体的需求和购买习性，在商业流转中起着不可缺少的桥梁作用。生产者将得到中间商在销售方面的协作，可实现产品价值，目标顾客的需求得到及时满足。③在生产者之间。当生产者仅以直接分销渠道销售商品，致使目标顾客的需求得不到及时满足时，同行生产者就可能趁势而进入目标市场，夺走目标顾客和商品协作伙伴。在生产性团体市场中，企业的目标顾客常常是购买本企业产品的生产性用户，他们又往往是本企业专业化协作的伙伴。所以，失去目标顾客，又意味着失去了协作伙伴。当生产者之间在科学技术和管理经验的交流受到阻碍以后，将使本企业在专业化协作的旅途中更加步履艰难，这又影响着本企业的产品实现市场份额和商业协作，从而造成一种不良循环。

2. 间接分销

间接分销即商品从生产者流向消费者或用户的过程中至少经过一个中间环节。

间接分销渠道的典型形式是：生产者—批发商—零售商—消费者。现阶段，我国商品需求总量和市场潜力很大，多数商品的市场正逐渐由卖方市场向买方市场转化。同时，对于生活资料商品的销售，市场调节的比重已显著增加，工商企业之间的协作已日趋广泛、密切。

（1）间接分销渠道的具体方式。随着市场的开放和流通领域的活跃，我国以间接分销的商品比重增大。企业在市场中通过中间商销售的方式很多，如厂店挂钩、特约经销、零售商或批发商直接从工厂进货、中间商为工厂举办各种展销会等，这里就不一一列举和阐述了。

（2）间接分销渠道的优缺点

1）间接分销渠道的优点：有助于产品广泛分销；缓解生产者人、财、物等力量的不足；间接促销；有利于企业之间的专业化协作。

2）间接分销渠道的缺点：一是可能形成“需求滞后差”。对于某一生产者而言，一旦其多数中间商的销售受阻，就形成了“需求滞后差”，即需求在时间或空间上滞后于供给。二是可能加重消费者的负担，导致抵触情绪。流通环节增大储存或运输中的商品损耗，如果都转嫁到价格中，就会增加消费者的负担。三是不便于直接沟通信息。如果与中间商协作不好，生产企业就难以从中间商的销售中了解和掌握消费者对产品的意见、竞争者产品的情况、企业与竞争对手的优势和劣势、目标市场状况的变化趋势等。

（二）分销渠道的宽度模式

分销渠道宽度是指商品流通渠道的每个环节上使用同种类型中间商数目的多少。

1. 密集分销

密集分销指生产者通过尽可能多的批发商和零售商推销产品。密集性分销的特点是尽可能多地使用商店销售产品或服务。

（1）密集分销的具体方式。当消费者要求在当地能大量、方便地购买时，实行密集性分销就是至关重要的。该模式一般用于方便品项目，如香烟、肥皂、小吃和口香糖之类。一般情况下，消费者越是要求购买产品的大量性，高频性和方便性，就越有必要和可能选择密集分销的方式。它通过最大限度地便利消费者而推动销售的提升。产品的分销越密集，销售的潜力也就越大。它是一种最宽的分销渠道。一般来说密集分销分为零售密集分销和批发密集分销。

（2）密集分销渠道的优缺点

1）密集分销优点：市场覆盖面大，扩展市场迅速，顾客接触率高，可较快地提升销售业绩，分销的支持度强，充分的利用中间商等优点。

2）密集分销缺点：①厂商较难控制渠道，而且花费的费用也高，分销商的竞争强，分销和促销不专一。②容易导致市场混乱，渠道管理成本较高。在密集分销中能够提供服务的经销商数目总是有限的。生产商有时需要对经销商的培训、分销支持系统、交易沟通网络等进行评价以便及时发现其中的障碍。而在某一市场区域内，经销商之间的竞争会造成销售努力的浪费。密集分销加剧了经销商之间的竞争，他们对生产商的忠诚度便降低了，价格竞争激烈了，而且经销商也不再愿意合理地接待客户了。

2. 选择分销

选择分销指企业在某一区域仅选择少数几个最合适的中间商推销产品。它是一种介于宽与窄之间的销售渠道。它一般适用于消费品中的选购品和特殊品，以及专业性强，用户比较固定，对售后服务有一定要求的工业产品。

3. 独家分销

独家分销指企业在某一区域只选择一家中间商推销产品。采取这种策略要求企业在同一区域只能授权一家中间商，保护中间商的利益，要求被授权的中间商不能再经营其他企业的同类竞争品。通过提供独家经销权，企业希望能在销售方面对中间商拥有更多的控制权。独家分销可加强公司产品的形象，并可获得较高的利润率。独家分销常出现于新汽车、主要家电用品以及名贵妇女时装的分配。譬如，劳斯莱斯汽车就是采用独家分销策略，只选用很少数的经销商，即使在大都市也只有一两家经销商。

这类分销方式适应于贵重、高价和需要提供特殊服务以及一些名牌商品。采取独家分销，对企业来说，可以提高对渠道的控制能力，刺激中间商为本企业服务。但这种分销方式对生产商风险较大，如果中间商选择不当，则有可能“吊死在一棵树上”，从而失去某一地区的市场。所以这就要求生产商考察市场的能力以及对中间商定期检查，了解他们的经营状态及实力。

第二节 分销渠道决策

一、分销渠道设计决策

分销渠道设计是指企业对分销渠道的长度和/或宽度进行设计，从而使企业能够以最快的速度、最好的服务质量、最低的费用、最大的市场覆盖面把产品源源不断地送达消费者或用户。

（一）分析分销渠道设计的影响因素

1. 产品因素

分销渠道设计受到产品的单价、体积和重量、易损性、技术性、所处的生命周期阶段等因素的影响。

价格高的工业品、耐用消费品适用短、窄渠道；价格低的日用消费品适用长、宽渠道。时尚性程度高的产品适宜短渠道；款式不易变化的产品，适宜长渠道。标准化程度高、通用性强的产品适宜长、宽渠道；非标准化产品适宜短、窄渠道。技术复杂程度——产品技术越复杂，需要的售后服务要求越高，适宜直接渠道或短渠道。

2. 顾客因素

分销渠道设计受到顾客的数量、分布范围、单次购买量、购买频率等因素的影响。顾客集中，适用短、窄渠道；顾客分散，适用长、宽渠道。顾客的购买量小，购买频率高，适用长、宽渠道；相反，购买量大，购买频率低，适用短、窄渠道。

3. 中间商因素

分销渠道设计受到中间商的数量、连锁功能、配套功能等因素的影响。中间商不愿意合作，只能选择短、窄的渠道。分销的费用很高，只能采用短、窄的渠道。中间商提供的服务优质，企业采用长、宽渠道；反之，只有选择短、窄渠道。

4. 生产者因素

分销渠道设计受到生产者的实力和声誉、产品组合状况、市场营销能力、控制分销渠道的愿望等因素的影响。财力雄厚的企业有能力选择短渠道；财力薄弱的企业只能依赖中间商。渠道管理能力强和经验丰富，适宜短渠道；管理能力较低的企业适宜长渠道。控制渠道的愿望强烈，往往选择短而窄的渠道；愿望不强烈，则选择长而宽的渠道。

5. 竞争者因素

分销渠道设计受到竞争者所选择的分销渠道长度和宽度的影响。竞争特别激烈，通常，同类产品应与竞争者采取相同或相似的销售渠道。

6. 环境因素

分销渠道设计受到经济、法律等环境因素的影响。经济萧条、衰退时，企业往往采用短渠道；经济形势好，可以考虑长渠道。分销渠道还受有关法规制约，如《中华人民共和国关税条例》《反垄断法》《税法》等。

（二）确定分销渠道的长度和宽度

1. 分销渠道的长短一般是按流通环节的多少来划分，具体包括以下四层。

（1）零级渠道，即由制造商直接到消费者。

（2）一级渠道，即由生产者通过零售商到消费者。

（3）二级渠道，即由生产者—批发商—零售商—消费者，多见于消费品分销。或者是生产者—代理商—零售商—消费者。多见于消费品分销。

（4）三级渠道，生产者—代理商—批发商—零售商—消费者。可见，零级渠道最短，三级渠道最长。

2. 宽渠道与窄渠道

分销渠道宽窄取决于渠道的每个环节中使用同类型中间商数目的多少。如果企业选择的同类中间商多，产品在市场上的分销面广，称为宽渠道。如一般的日用消费品（毛巾、牙刷、开水瓶等），由多家批发商经销，又转卖给更多的零售商，能大量接触消费者，大批量地销售产品。如果企业选择的同类中间商少，分销渠道窄，称为窄渠道，它一般适用于专业性强的产品，或贵重耐用的消费品，由一家中间商统包，几家经销。它使生产企业容易控制分销，但市场分销面受到限制。

（三）规定渠道成员的权利和义务

渠道成员的权利包括付款条件、价格折扣、生产者提供的保证、销售地区等。

渠道成员的义务包括提供市场信息、提供规定的顾客服务、维持合理库存、开展营销活动、不泄露保密信息、按期付款、接受对经营竞争者产品的限制等。

（四）对渠道设计方案的评估

对渠道方案评估的标准有三个：经济性标准、控制性标准和适应性标准（图 7–3）。

（1）经济性标准。指对每一种渠道方案所产生的销售量和成本进行比较。

（2）控制性标准。指根据生产者可控制程度对每一种渠道方案进行评价。

（3）适应性标准。指根据生产者能否随环境变化调整渠道设计并对每一种渠道方案进行评价。

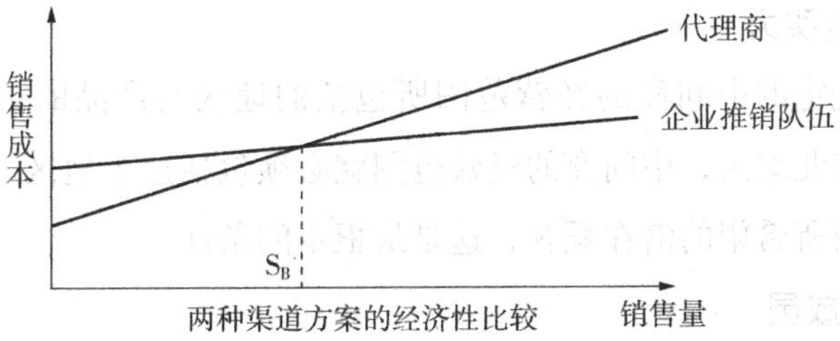

图 7–3　两种渠道方案的经济性比较

二、分销渠道管理决策

分销渠道管理是指生产者选择、激励和评估分销渠道成员，以及对渠道进行调整。

（一）选择渠道成员

选择中间商的标准一般包括以下六个方面。

1. 中间商的经营历史、信誉、销售能力和管理能力

包括中间商的资金状况、人员素质、营业面积、仓储设施、中间商适应市场变化的能力、推销商品的创新能力、对顾客购买商品的吸引力、中间商筹集资金的能力、合理使用资金的能力、资金周转的能力、偿债能力、债权的收回能力，以及中间商的发展战略、经营管理理念、商业信誉等。

2. 中间商业务人员的素质和合作态度

中间商与企业合作得好会积极主动地推销企业的产品，对双方都有益处。有些中间商希望企业也参与促销，扩大市场需求，并相信这样会获得更高的利润。企业应根据产品销售的需要确定与中间商合作的具体方式，然后再选择最理想合作的中间商。

3. 中间商的储存、运输等设备条件

企业选择中间商前必须对其所能完成产品销售的市场销售政策和技术的可能程度作全面评价。需考虑到中间商是否愿意承担一定的促销费用以及有没有必要的物质、技术基础和相应的人才。

4. 中间商的市场覆盖面

衡量市场覆盖面的重要指标是市场覆盖率，它是本生产者产品的投放地区占市场销售地区的百分比。市场覆盖率按照从低密度的覆盖到高密度的覆盖可以分为独家分销、选择分销和密集分销三种类别。

5. 中间商的地理位置

选择中间商最理想的区位应该是顾客流量较大的地点。批发中间商的选择则要考虑它所处的位置是否利于产品的批量储存与运输，通常以交通枢纽为宜。

6. 顾客类型和购买力

一是，考虑预先定的中间商的经营范围所包括的地区与产品的预计销售地区是否一致，比如，产品在东北地区，中间商的经营范围就必须包括这个地区。二是，中间商的销售对象是否是生产商所希望的潜在顾客，这是最根本的条件。

（二）激励渠道成员

（1）正面激励措施。提高让利幅度、放松信贷条件、提供广告津贴和商品陈列津贴、给予销售奖励等。

（2）负面激励措施。减少让利、减少供货、终止合作关系等。

生产者要避免激励不足和激励过分。激励不足，员工怨言大，不会再去努力工作；激励过分，员工一时高兴，会去努力，但是下次激励少于上次，也会产生负面情绪。最好激励是奖就奖的心花怒放，罚就罚的心惊胆战，即时激励。

（三）评估渠道成员和渠道的调整

生产者必须定期评估中间商的工作业绩，主要指标：销售定额的完成情况、平均存货水平、向顾客交货的时间、与企业在促销方面的合作情况、应收款回收情况、向顾客提供的服务等。

渠道的调整：①增加或剔除个别渠道成员。②增加或剔除某些销售渠道。③更改整个渠道。

第三节 批发商业与零售商业

一、批发商业

1. 批发商

批发是指将商品或服务售于那些为了将商品再出售或为企业使用的目的而购买的顾客时所发生的一切活动。批发商是指主要从事批发业务、为最终消费者以外的购买者服务的商业机构或个人。批发商主要有四种类型。

（1）普通商品批发商。经营的商品范围较广、种类繁多，批发对象主要是中小零售商店。在产业用户市场上，直接面对产品用户。

（2）大类商品批发商。专营某大类商品，经营的这类商品花色、品种、品牌、规格齐全。通常是以行业划分商品品类，如服装批发商、酒类批发公司、专营汽车零配件的公司、仪器批发公司等。

（3）专业批发商。专业化程度高，专营某类商品中的某个品牌。经营商品范围虽然窄而单一，但业务活动范围和市场覆盖面却十分大，一般是全国性的。如服装批发商、商品粮批发商、石油批发商、木材批发商、纸张批发商、金属材料批发商、化工原料批发商、矿产品批发商等等。

（4）批发交易市场。批发交易市场是介于零售业和批发业之间的一种经营业态，交易行为也不十分规范。是以批发价格对商品进行批量交易。其类型有产地批发市场、销地批发市场、集散地批发市场。

2. 经纪人和代理商

经纪人和代理商指不拥有商品所有权，而是通过促成买卖双方达成交易，从中获取佣金的商人。

（1）经纪人。多见于房地产业、证券交易、保险等业务。经纪人的主要作用是为了买卖双方牵线搭桥，有委托方付给他们佣金。多见于食品、不动产、保险和证券经纪人。

（2）代理商。主要有四种类型：①生产者代理商。②销售代理商：销售代理商是受生产商委托，负责销售生产商某些特定产品或全部产品的代理商，它不受地区的限制，并对定价、销售条件、广告、产品设计等有决定性的发言权。③采购代理商。④佣金商：是指对委托销售的商品实体具有控制力并参与商品销售谈判的代理商。大多数佣金商从事农产品的委托代销业务。佣金商和委托人的业务一般包括一个收获季节或一个销售季节。

二、零售商业

零售是指将商品出售给最终消费者以满足其生活消费需要的销售活动。零售商是指主要从事零售业务、为最终消费者服务的商业机构或个人。

（一）零售商业革命

零售业随着营销环境和消费者需求、购买模式的变化，发生了五次革命。

第一次革命：百货商店的出现。百货商店是指经营包括服装、鞋帽、首饰、化妆品、装饰品、家电、家庭用品等众多种类商品的大型零售商店。世界上最早的百货商店是1862年在法国巴黎创办的，名称为好市场。世界上最大的百货商店是美国的希尔顿百货商店。在中国，百货商店是城镇零售商业的一种重要形式。

第二次革命：连锁商店的产生。连锁商店隶属于同一大型零售企业由其进行统一经营管理的某种零售商店集团。所有这些零售商店均为此大型零售企业建立的分店，使用同一店名，分布在各地。连锁商店产生于19世纪60年代的美国，不久风靡于全世界。

第三次革命：自选商场的出现。1930年超级市场产生于美国纽约，被称为零售业的第三次革命。1930年8月在美国纽约州，美国人迈克尔·库仑开设了第一家超级市场——金库仑联合商店。超级市场亦称“自选商店”。在中国，超级市场被引入于1978年，当时称作自选商场。

第四次革命：购物中心的产生。购物中心是多种零售店铺、服务设施集中在一个建筑物内或一个区域内，向消费者提供综合性服务的商业集合体。是20世纪50年代以来在西方国家兴起的一种商业组织形式。这种商业集合体内通常包含数十个甚至数百个服务场所，业态涵盖大型综合超市、专业店、专卖店、饮食店、杂品店以及娱乐健身休闲场所等。

第五次革命：网上营销的产生。网络营销产生于20世纪90年代，是以国际互联网络为基础，利用数字化的信息和网络媒体的交互性来辅助营销目标实现的一种新型的市场营销方式。

（二）零售业态的类型

1. 有门市的零售

主要有专业商店、百货商店、超级市场亦称“自选商店”、仓储商店、方便商店、折扣商店、廉价商店和目录陈列室。这些商店是20世纪60年代后期出现的，现已成为西方零售业极走红的零售方式。

2. 无门市的零售

主要有上门推销、直接邮购营销、邮购目录营销、电话营销、大众媒体直复营销、自动售货和网上营销。

第八章

促销策略

第一节　促销与促销组合

一、促销的含义、促销组合和促销作用

（一）促销的含义

促销就是营销者向消费者传递有关本企业及产品的各种信息，说服或吸引消费者购买其产品，以达到扩大销售量的目的的一种活动。它是市场营销组合的四个构成要素之一。促销实质上是一种信息沟通活动。

沟通是信息提供者或发送者发出作为刺激物的信息，并把信息传递到一个或更多的目标对象，以影响其态度和行为。

说服性沟通是指沟通者有意识地安排有说服力的信息，通过特定的渠道，以便对特定沟通对象的行为与态度进行有效的影响。

（二）促销的基本方式

1. 人员推销

人员推销是指企业派出销售人员亲自向目标顾客进行产品介绍、推广、宣传与销售，与消费者或用户进行面对面的口头洽谈交易的促销方式。

推销人员与顾客的关系可以从原先单纯的买卖关系向人际友谊与感情方面发展，建立一种亲密的长期合作关系，这是其他促销方式所不能及的。

2. 广告

广告是指企业按照一定的预算方式，支付一定的费用，通过一定的媒体把商品信息传送给广大目标顾客的一种促销方式。在信息化程度越来越高的现代社会中，广告是企业促销活动中最有效和最常用的手段。

广告媒体很多，包括广播、电视、报纸、杂志以及其他醒目的有形物体等。

3. 销售促进

是指营销者发出作为刺激物的各种信息，把信息传递到一个或更多的目标对象，以影响其态度和行为的活动。销售促进方式包括以消费者或用户为对象的推广方式、以中间商为对象的推广以及以推销人员为对象的推广方式。销售促进的最大特点是即期效果明显，在企业推销新产品和服务时，或为了与竞争对手进行直接竞争时，销售促进的作用非常显著。

4. 公共关系

是指企业在运营过程中，有意识、有计划地与社会公众进行信息双向交流及行为互动的过程，以增进社会公众的理解、信任和支持，达到企业与社会协调发展的目的。

二、沟通过程模式

促销活动的实质就是信息的沟通过程。产品销售能否顺利实现，不仅取决于与最终消费者的信息沟通，同时，与中间商及其他企业之间的信息沟通，也是不可缺少的。不论信息沟通的最终对象是谁，其沟通过程大致相同，图 8-1 即市场营销信息沟通过程。

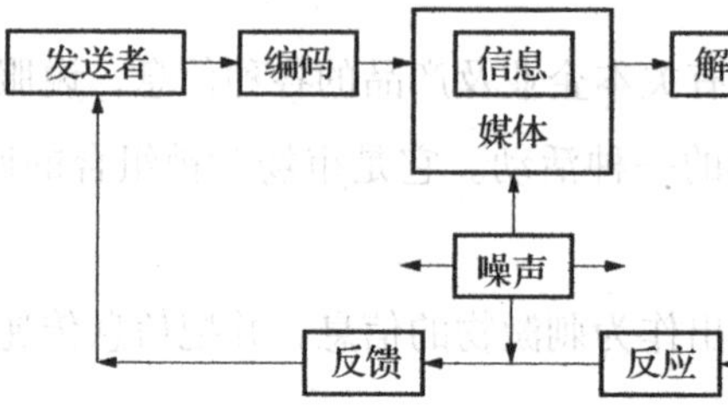

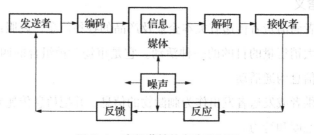

图 8-1　市场营销信息沟通过程

市场营销信息沟通过程所显示的营销沟通模式的沟通要素：发送者与接收者—营销沟通过程的参与者；媒体—营销沟通的主要工具；编码、解码、反应和反馈—营销沟通的主要职能；噪声—营销过程中的噪声。

发送者是指把信息发送给另一方。在营销沟通过程中，企业常常扮演着信息发送者的角色。编码是指把沟通内容转换成信息符号的过程。这些符号可以是语言、文字，可以是图片、音像，因不同的传递途经而异。信息指发送传播的一组符号。媒体指发送者向接收者传播信息所通过的沟通途径。解码指接收者确认发送者所传递的符号含义的过程。接收者指接受另一方所发送的信息的人，又称受传者或沟通对象。在营销沟通过程中，接收者包括目标市场上的现实购买者和潜在购买者。反应指接收者在获得信息后所作出的一系列反应。反馈指接收者向发送者传送回去的那部分反应。噪声指在沟通过程中非计划内的干扰或破坏，其结果是使接收者接受了与发送者所传递的信息不同的信息。

一般来讲，接受者对信息的反应程度会根据其需要的不同而向某一方面倾斜。主要表现为三个方面：实用性选择、偏好性选择、趣味和刺激性选择。

三、沟通与沟通过程决策

（一）沟通和沟通过程含义

沟通是指在工作和生活里，群体之间通过语言、文字、形态、眼神、手势等手段来进行的信息交流。沟通是一种文化，是一门艺术。充分理解沟通意义，准确把握沟通原则，适时运用沟通技巧对做好思想政治工作十分重要。沟通过程是指主体对客体进行有目的、有计划、有组织的思想、观念、信息交流，使沟通成为双向互动的过程。

（二）沟通环节

简单地说，沟通就是传递信息的过程。在这个过程中至少存在着一个发送者和一个接受者，即发出信息一方和接受信息一方。信息在二者之间的传递过程，一般经历七个环节。

（1）向接受者传递信息或者需要接受者提供信息。

（2）将所要发送的信息译成接受者能够理解的符号。为达到有效沟通，这些符号必须适应媒体的需要。

（3）发送的符号传递方式准确。由于选择的符号种类不同，传递的方式也不同。

（4）接受者接受方式合理。接受者根据发送来的符号的传递方式，选择相应的接受方式。

（5）接受者将接收到的符号译成具有特定含义的信息。由于发送者翻译和传递能力的差异，以及接受者接受和翻译水平的不同，信息的内容和含义经常被曲解。

（6）接受者理解被翻译的信息内容。

（7）发送者通过反馈来了解他想传递的信息是否被对方准确地接受。一般来说，由于沟通过程中存在着许多干扰和扭曲信息传递的因素（通常把这些因素称为噪音），这使得沟通的效率大为降低。因此，发送者了解信息被理解的程度也是十分必要的。沟通过程中的反馈，构成了信息的双向沟通。

（三）沟通过程决策

1. 确定目标沟通对象

确定目标沟通对象包括个体沟通对象和团体沟通对象；团体的沟通对象还有正式群体和非正式群体的区分。沟通对象是沟通过程的出发点和落脚点，因而在沟通过程中具有积极的能动作用。

2. 设计信息传递方式

信息传递是现代化管理的基本要求。严格地说，所有信息处理都是信息在组织内部的传递，也就是信息在物理位置上的移动。信息传递是通过文字、语言、电码、图像、色彩、光、气味等传播渠道进行的。信息传送方式有单向传送、双向传送、半双向传送、多道传送等。

现代社会信息传递的方式有：①有线通信传输，如电话、传真、电视等。②无线通信传输，如对讲机、移动电话、收音机等。③数字通信传输，如连网的电脑、数字电视等。④纸张通讯传输，如书信、报纸等。

设计信息传递包括：①信息的内容。②信息结构。③信息形式。

3. 选择信息沟通渠道

（1）人员信息沟通渠道。人员沟通渠道（personal communication channels）是指两人或更多的人彼此直接沟通。他们可能面对面、打电话，或通过信函来沟通。人员沟通渠道之所以有效是因为它们使人感觉到人情味并产生反馈。某些人员沟通渠道直接由公司控制。

（2）非人员沟通渠道。非人员沟通渠道是指不通过人员接触或反馈的信息媒体。它们包括主要媒体、气氛和特殊事件。主要媒体包括印刷媒体（报纸、杂志、直接信函），广播媒体（无线电、电视），以及陈列媒体（告示牌、招牌、海报）。气氛指特意制造的环境，以产生或强化购买者购买一种产品的倾向。

4. 建立信息反馈渠道

明确建设性反馈和消极批判之间的区别；运用建设性反馈来更好地实现管理是训导、劝导、培训、激励团队的重要因素；运用做出反馈 10 种工具来提高你的技巧；处理好棘手的人和事；运用正确的反馈来说明你在发展过程中的实力和机会。

四、促销的作用

（1）提供产品信息，激发顾客需求。通过促销宣传，可以让消费者了解企业产品的信息，从而引起顾客注意，激发其购买欲望。

（2）突出产品特点，促进产品销售，增强竞争力。通过促销活动，宣传企业的产品特点，努力提高产品和企业的知名度，增强用户的信任感，能提高企业和产品的竞争力，诱导和激发消费，创造需求，促进企业的产品销售。

（3）塑造企业形象，巩固市场地位。通过促销活动，可以树立良好的企业形象和商品形象，培养和提高“品牌忠诚度”，有利于巩固和扩大市场占有率。

五、促销组合

（一）促销组合的含义

所谓促销组合，是指企业在市场营销活动中有计划、有目的地把人员促销和非人员促销两大类中的人员推销、广告、营业推广和公共关系这些具体的促销方式结合起来，综合运用，形成一个完整的最佳促销策略。促销组合是一个有机的整体，是各种促销方式的正确选择、组合和运用。

（二）设计促销组合时需考虑的因素

企业面临着把总的促销预算分摊到广告、人员推销、营业推广和宣传报道上。影响促销组合决策的因素主要有以下几方面。

1. 促销目标

它是影响促销组合决策的首要因素。每种促销工具——广告、人员推销、销售促进和人员推广——都有各自独有的特性和成本。营销人员必须根据具体的促销目标选择合适的促销工具组合。

2. 市场特点

除了考虑促销目标外，市场特点也是影响促销组合决策的重要因素。市场特点受每一地区的文化、风俗习惯、经济政治环境等的影响，促销工具在不同类型的市场上所起作用是不同的，所以我们应该综合考虑市场和促销工具的特点，选择合适的促销工具，使他们相匹配，以达到最佳促销效果。

3. 产品性质

由于产品性质的不同，消费者及用户具有不同的购买行为和购买习惯，因而企业所采取的促销组合也会有所差异。

4. 产品生命周期

在产品生命周期的不同阶段，促销工作具有不同效益。在导入期，投入较大的资金用于广告和公共宣传，能产生较高的知名度，促销活动也是有效的。在成长期，广告和公共宣传可以继续加强，促销活动可以减少，因为这时所需的刺激较少。在成熟期，相对广告而言，销售促进又逐渐起着重要作用。购买者已知道这一品牌，仅需要起提醒作用水平的广告。在衰退期，广告仍保持在提醒作用的水平，公共宣传已经消退，销售人员对这一产品仅给予最低限度的关注，然而销售促进要继续加强。

5. 促销费用

促销组合较大程度上受公司选择“推动”或“拉引”策略的影响。推动策略要求使用销售队伍和贸易促销，通过销售渠道推出产品。而拉引策略则要求在广告和消费者促销方面投入较多，以建立消费者的需求欲望。

6. 其他营销因素

影响促销组合的因素是复杂的，除上述五种因素外，本公司的营销风格，销售人员素质，整体发展战略，社会和竞争环境等不同程度地影响着促销组合的决策。营销人员应审时度势，全面考虑才能制定出有效的促销组合决策（图 8-2 至图 8-5）。

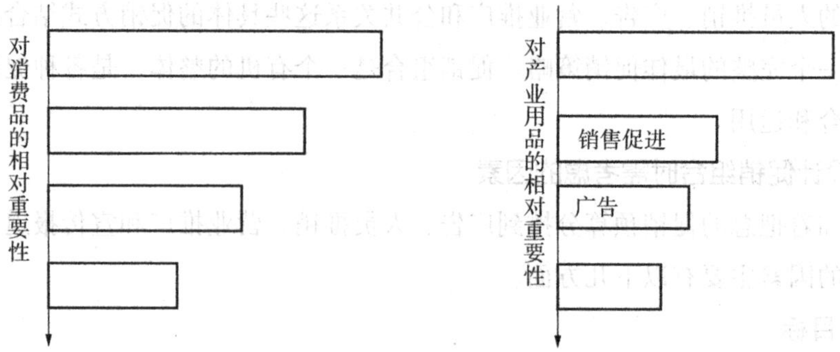

图 8-2　各种促销方式对消费品和产业用品的相对重要性

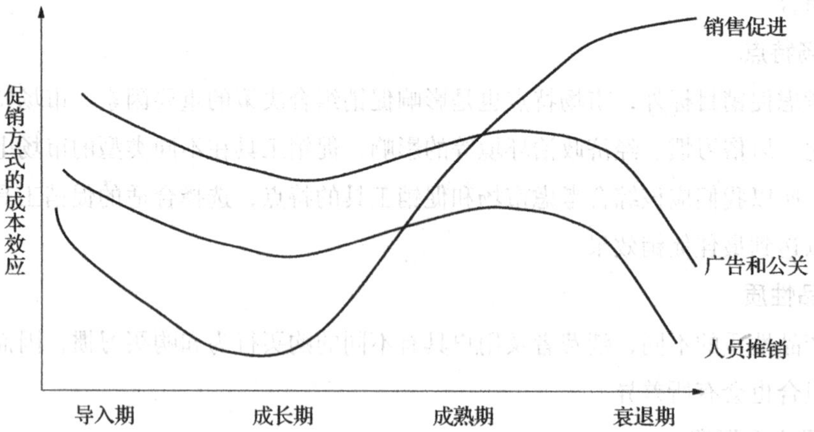

图 8-3　各种促销方式在产品生命周期不同阶段的成本效应

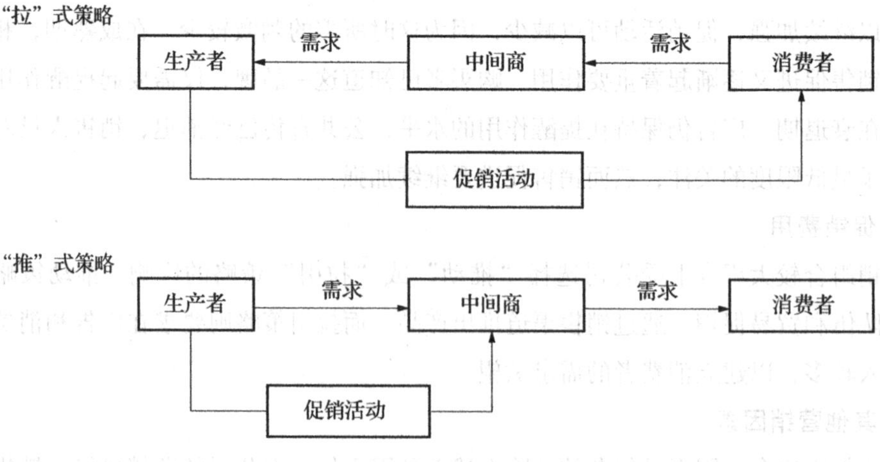

图 8-4　“拉”式策略和“推”式策略

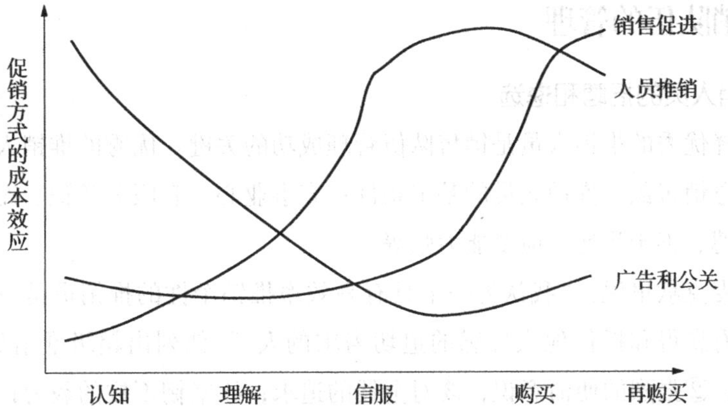

图 8–5　各种促销方式在顾客购买准备不同阶段的成本效应

第二节　人员推销策略

一、人员推销的含义和特点

人员推销是企业利用推销人员与顾客直接接触，传递企业及其产品的有关信息，以促进产品销售的一种营销活动。人员推销是一种最古老的推销方式，即企业派专职或兼职的推销人员直接向可能的购买者进行的推销活动。人员推销的主要特点有以下几种。

1. 信息沟通的双向性

推销人员向顾客传递企业产品信息、产品特点等的同时，还可以直接从顾客处得到信息反馈，诸如顾客对推销员的态度、对推销品和企业的看法和要求等，帮助企业改进生产技术、提高服务水平等。

2. 推销过程的灵活性

通过交谈和观察，推销人员可以掌握顾客的购买动机和顾客的态度，灵活地说服顾客购买，及时发现问题，解除顾客疑虑，使顾客产生信任感。

3. 促成购买，有利于发展和维持客户关系

由于推销人员是和顾客直接面对面洽谈，因此，顾客不是被动地接受企业的促销信息，他们主动发出信息，使得推销人员可以根据顾客的即时反应调整推销对策，施展沟通才能，与顾客保持良好关系，达到销售目的。

4. 成本高，对人员素质要求高

单位信息的传播成本大，要求推销人员有较高的素质，才能胜任推销工作。

二、推销队伍的管理

（一）推销人员的招聘和遴选

招聘和选择优秀的推销人员是销售队伍管理成功的关键。优秀的推销人员可以大幅度地增加企业的总销售额。推销人员的基本条件：有事业心、有服务意识、态度和蔼、精力充沛、知识广博、善于沟通、应变能力强等。

罗伯特·麦克默里说：“我认为一个具有高效率推销个性的推销员是一个习惯性的追求者，一个怀有赢得和抓住他人好感的迫切需求的人。”他列出超级推销员的五项品质：①旺盛的精力；②强烈的使命意识；③对金钱的追求；④坚韧不拔的毅力；⑤挑战异议跨域障碍的癖好。

（二）推销人员的培训

对推销人员培训的内容主要包括公司企业文化、公司产品与设备及生产流程、销售政策、产品推销要点、行业与竞争对手情况、销售技巧、人际关系技巧、自我激励等。

通过培训，使推销人员在心态、知识、技巧及习惯等方面有较大改善提高。积极的心态是销售成功的前提；知识面扩大，有助于增加和客户的沟通；掌握一定的销售技巧可以事半功倍；养成良好的推销习惯，无形中会帮助推销员提高销售业绩。推销人员培训的方法有三：课堂教学培训、模拟培训和实践培训。

（三）推销人员的激励

企业可以通过报酬激励和奖励激励等方式提高推销人员的工作积极性。

1. 报酬激励

薪酬是指劳动者因向所在的组织提供劳务而获得的各种形式酬劳的总和。激励就是调动劳动者的工作积极性，把其潜在能力充分地发挥出来。薪酬激励就是有效地提高员工工作的积极性，在此基础上促进效率的提高，最终能够促进企业的发展。在企业盈利的同时，员工的能力也能得到很好的提升，实现自我价值。

薪酬激励必要性及其原则：激励是管理的核心，而薪酬激励又是企业激励中最重要的也是最有效的激励手段。薪酬激励的目的之一是有效地提高员工工作的积极性，在此基础上促进效率的提高，最终能够促进企业的发展。在企业盈利的同时，员工的能力也能得到很好的提升，实现自我价值。

报酬激励有三种形式：固定工资制、佣金制和混合制。

（1）固定工资制是指无论销售人员的销售额多少，其在一定的工作时间之内都获得固定数额的报酬，即一般所谓的计时制。通常工作时间在八小时内，获得固定报酬的调整主要依据对销售人员的表现及销售结果的评价。其缺点：①缺乏激励作用，不能继续扩大销售业绩；②就报酬多少而言，有薄待绩优者而厚待绩差者之嫌，显得失去公正。若不公平长期存在，则销售人员流动率将增高，而工作效率最高的人将首先离去。

（2）佣金制是对销售人员实施基本工资加销售提成的方式。不同企业具体做法不一，有的是80%基本工资加20%的奖金，也有的是根据销售额的高低拉开档次。如某公司对销售人员设计了以下三个档次。

第一档：月销售额在20万元以下，销售人员月总收入=基本工资+7%的利润+0.5%的销售总额。

第二档：月销售额在20万元到30万元之间，销售人员月总收入=基本工资+9%的利润+0.5%的销售总额。

第三档：月销售额在30万元以上，销售人员月总收入=基本工资+10%的利润+0.5%的销售总额。

这种工资支付制度的缺陷是会导致销售人员只注重扩大销售额，而忽视培养长期顾客，不愿推销难以出售的商品。而且由于市场的风险性，使企业风险转嫁到销售人员的身上，有可能造成销售人员收入的忽高忽低。

（3）混合制是将固定工资制和佣金制融合的新形式，既不是原来的单纯固定工资制，也不是佣金制。一方面，由于报酬明确地同绩效挂钩，销售人员为得到更多的工资报酬，会努力扩大销售额，促进企业市场份额的迅速扩大；另一方面，将待绩优者和待绩差者区分开，体现激励公正。

2. 奖励激励

奖励激励分为物质奖励和精神奖励。物质奖励指增加物质利益的方式对推销人员的工作表现和成绩给予肯定、鼓励和表扬的奖励措施。包括奖金、奖品和额外报酬、佣金、优先认股权等。物质奖励对推销人员的激励作用最为明显。精神奖励指对做出优异成绩的推销人员给予表扬；颁发奖状、奖旗；授予荣誉称号等，以此来激励推销人员上进。精神奖励通常对那些受正规教育较多的年轻推销更有效。

物质奖励激励方式过于单一，同时，金钱的边际效用是遵从递减规律的，在实践中往往达不到激励的目的。因此，必须结合精神激励，精神激励包括通过建立明确的组织目标激发员工的工作热情、有计划地进行工作轮换制、一定范围内的工作授权制等，来不断丰富和增强职工工作的内容，使职工感到工作更富挑战性与新鲜感，以满足职工通过工作而获得自我发展与实现自我价值的需要。

（四）推销人员的考核

考核就是企业对推销人员销售业绩的考评。它既是对推销人员激励的客观依据，也是企业调整销售策略的基础。主要包括三个方面内容。

1. 收集考核资料

考核资料的收集主要从推销人员的推销工作报告、企业销售记录、顾客及社会公众的评价以及企业内部员工的意见等途径获取。

2. 建立考核标准

常用的绩效考核指标有：实际推销额与计划推销额的比率；访问率及访问成功率；新客户的访问时间占总时间的比率；新客户的推销额占总推销额的比率；推销费用占推销额的比率和客户的反应。

3. 实施考核

考核具体有三种方法。

第一种：将各个推销人员的绩效进行比较和排队。

第二种：将推销人员目前的绩效同过去的绩效相比较。

第三种：考核推销人员对企业、产品、顾客、竞争者、本身职责的了解程度，也包括推销人员的言谈举止和修养。

三、推销队伍的结构安排和规模

（一）推销队伍的结构安排

1. 地区结构安排

地区结构安排指按区域派遣推销人员，使每个推销人员负责企业所有产品在一个区域内的推销工作。

2. 产品结构安排

产品结构安排指按产品的种类派遣推销人员，使每个推销人员分别推销不同种类的产品。这种安排特别适合生产多种专业性和技术性强、关联性差的产品的企业。

3. 顾客结构安排

顾客结构安排指按顾客类型（如新顾客与老顾客，重要顾客与一般顾客）或行业派遣推销人员，使每个推销人员分别负责向不同类型的顾客或不同的行业推销企业的产品。

4. 复合结构安排

复合结构安排指按区域、产品和顾客的某种组合派遣推销人员。当企业在一个广阔的市场范围内向不同类型的顾客推销多种类型的产品时，可以采用这种安排。

（二）推销队伍的规模

推销队伍的规模一般采用工作量法来确定。用工作量法确定推销队伍规模的步骤如下。

第一步，按年购买量的大小对顾客进行分类，并确定每类顾客的数目。

第二步，确定每类顾客一年内需要访问的平均次数。

第三步，计算访问所有顾客所需的总次数，即年访问总工作量。

第四步，用总次数除以一个推销人员一年内可以完成的平均访问次数。

第三节　广告策略

一、广告的含义、特征和类型

（一）广告的含义

广大学者对广告的定义众说纷纭，没有统一定论，其中比较有影响的说法有以下几种。

（1）美国广告主协会对广告下的定义："其最终目的为传递情报，改变人们对于广告商品之态度，诱发其行为而使广告主得到利益。"

（2）美国小百科全书的解释："广告是一种销售形式，它推动人们去购买商品、劳务或接受某种观点。"

（3）《简明不列颠百科全书》对广告所做的解释："广告是传播信息的一种方式，其目的在于推销商品、劳务，影响舆论，博得政治支持，推进一种事业，或引进刊登广告者所希望的其他反应。广告信息是通过各种宣传工具，其中包括报纸、杂志、电视、无线电广播、张贴广告及直接邮递等，传递给它所想要吸引的观众或听众。广告不同于其他传递信息形式，它必须由登广告者给传播信息的媒介以一定的报酬。"

（4）美国现代经济学词典对广告做了如下解释："广告是为了达到销售这一最终目的，向消费者、厂商提供有关特定商品、劳务和机会等消息的一种方法。"

（5）我国的《辞海》（第七版）对广告一词的解释："为某种特定需要，通过媒体向公众传递信息的一种宣传方式。一般指介绍商品、劳务和企业等信息的商业广告。"

基于上面所述，从市场营销学的角度来看，对广告定义可以这样表述：广告指支付一定的费用，通过特定的媒体中介传播商品或劳务的信息，介绍和促销产品、服务或观念的一种信息沟通活动。可以从以下四个方面理解。

第一，广告对象是广大消费者，这里的大众传播有广而告之的意思，不是人员推销的那种个人传播行为。

第二，广告内容是传播商品或劳务方面的经济信息。

第三，广告手段是通过特定的媒体来进行的，对租用媒体要支付一定的费用，它有别于新闻信息传播。

第四，广告目的是为了促进商品或劳务的销售，取得利润。

（二）广告具有以下主要特征

（1）广告是信息沟通活动。广告是一种双向沟通，是因为广告主将商品或劳务的信息通过中介媒体传递给目标消费者，以求说服、诱导消费者购买广告商品。

（2）广告是有偿服务。广告是一种有目的、有计划的信息传播手段。同时广告宣传必须付出一定费用，并有特定传播媒体物和公开的宣传工具。

（3）广告的目的是促进产品或服务的消费，或塑造组织形象。

广告必须与市场营销活动相结合，并以说服消费者购买所宣传的商品或享用所宣传的服务为最终目的。简而言之，广告是一种推销商品、获得盈利为最终目标的商业行为。

（三）广告的类型

1. 按目的划分为告知性广告、劝导性广告和提醒性广告

（1）告知性广告。告知性广告是指以向目标受众提供信息为目标的广告，这种广告的目的在于传达新产品的信息，以及对品牌的宣传。告知性广告主要用在新产品的引进时期，目标是建立基本需求。因此激光唱片唱机的制造商首先告知消费者这类唱片的音响效果和便利的优点。这种广告的目的在于传达新产品的信息，介绍产品的用途、性能、使用方法和建立需求等，使市场产生对某类产品的需求，其主要目的是介绍物理性能，其次才是传播某种品牌。

（2）劝导性广告。劝导性广告是以说服为目标的广告，也是竞争式广告。企业从消费者的切身利益出发，告诉消费者该品牌商品优于其他品牌商品的独到之处，改变消费者的看法，形成消费者对本企业产品或服务的特殊偏爱，从而判定选择本企业的产品或服务。

（3）提醒性广告。提醒性广告是指加强消费者对已有购买和使用习惯的商品的了解和印象，提示他们不要忘记这个商品的商标、品牌及特色，刺激重复购买，巩固原有市场占有率，吸引产品的后期使用者的购买，引导消费者形成稳固的、长期的习惯需求的广告。它是配合产品的生命周期进入成熟期和衰退期而实施的广告目标。这种广告往往是在产品进入成熟期时被采用的，它的作用在于使消费者确信自己的选择正确，延续对产品的购买意识。世界上一些很著名的公司，如可口可乐公司在产品销路很好的情况下，就经常做这种广告。

2. 按内容划分为商品广告和企业广告

（1）商品广告。商品广告是以介绍商品的名称、功能、特征并进行销售说服等为主要内容的广告，区别于企业广告。商品广告是以促进产品的销售为目的，通过向目标消费者介绍有关商品消息，突出商品的特性，以引起目标受众和潜在消费者的关注的广告。

（2）企业广告。这类广告着重宣传、介绍企业名称、企业精神、企业文化、企业概况等有关企业信息，其目的是提高企业和产品的声望、名誉和形象。

3. 按传播范围划分为全国性广告和区域性广告

（1）全国性广告。全国性广告是指选择在全国性广告媒介上进行刊播的广告，其目的是激起全国范围的消费者的普遍反响，产生对其产品的认知与认购。选择全国性媒介，面对国内消费者发布的广告。全国性广告所宣传的产品多是通用性强、销售量大、地区选择性小的商品，或者是专业性强、使用区域分散的商品。一些大型企业的产品销售及服务遍及全国，常选择全国性广告媒介，如《人民日报》、中央人民广播电台、中央电视台来发布广告。

（2）区域性广告。区域性广告指的是采用信息传播只能覆盖一定区域的媒体所做的广告，借以刺激某些特定地区消费者对产品的需求。在省、市报纸、杂志、广播、电视上所做的广告，均属此类；路牌、霓虹灯上的广告也属地区性广告。此类广告传播范围小，多适合于生产规模小、产品通用性差的企业和产品进行广告宣传。

二、广告设计决策

广告设计决策包括确定广告的信息内容、广告预算决策构和广告的信息表达形式。

（一）广告的信息内容

包括三种诉求：理性诉求、情感诉求和道义诉求。

1. 理性诉求

采取理性说服手段表现广告主题的方法。常用演绎法或归纳法，有理有据地直接论证产品的优点与长处，以便消费者自己判断，形成有意识的购买行为。运用该方法的广告，多数是技术性强、构造复杂、需要注意保养与维修的高价耐用品、专用商品、生产资料，因为购买这类商品的消费者更多的是理性购买。

2. 情感诉求

广告主要诉诸消费者的感性思维，“以情动人”，使消费者在感动之余认同该产品。当然还可用情理结合的诉求策略，即用理性诉求传达信息，以感性诉求激发受众的情感，从而达到最佳的广告效果。

3. 道义诉求

道义诉求是以儒家思想为主题的中国意识形态存在，以社会主义核心价值观体现的道德义理为正义诉求。

广告创意策略的理论认为，广告必须为产品设计独特的销售主题，才能使产品进入受众的心中，从而激发他们的购买行为。

（二）广告的预算决策

广告预算是企业为做广告而预先拟订的开支计划。它规定计划期内从事广告活动所需经费总额和使用范围。企业制定广告预算的主要方法有以下四种。

1. 目标任务法

这种方法是根据企业的市场战略和销售目标，具体确立广告的目标，再根据广告目标要求所需要采取的广告战略，制定出广告计划，再进行广告预算。这一方法比较科学，尤其对新上市产品发动强力推销是很有益处的，可以灵活地适应市场营销的变化。因此，为许多企业所采用。但此法也有其缺点，没有从成本的观点出发考虑广告的费用。

2. 销售比例法

企业按照销售额（销售业绩或预测额）为基数计算，方法简便，特别适合于薄利多销商品。运用这一方法，可掌握各种商品的广告费开支及其变化规律。此法简单易行，但颠倒了广告与销售额的因果关系。

3. 竞争对等法

这一方法是根据广告产品的竞争对手的广告费开支来确定本企业的广告预算。这种方法的最大缺点是易导致广告大战。

4. 量力支出法

这种方法首先考虑企业的支付能力。即根据企业的财力状况，能拿出多少钱做广告来确定广告预算。这种方法在新产品急需向顾客传递信息打开销路时，会因为用于广告方面的费用有限而坐失良机；另外，它不利于企业执行长期的市场开发计划。

（三）广告的信息表达形式

（1）广告语要新颖别致、短小精悍，要能有效地表达广告信息的内容。广告语指通过各种传播媒体和招贴形式向公众介绍商品、文化、娱乐等服务内容的一种宣传用语，包括广告的标题和广告的正文两部分。广告语要做到简洁、明白易懂、朗朗上口、新颖独特和主题突出等。如德国大众：“小即是好”；可口可乐：“享受清新一刻”；万宝路香烟：“万宝路的男人”；耐克：“说做就做”。

（2）从效果和费用两个角度考虑广告的大小、长短、色彩等。广告效果是指企业通过媒体传播广告之后，目标消费群所产生的直接或间接的影响，以及所达到的综合效应。按广告涵盖的内容和影响范围划分，广告效果可分为传播效果、经济效果和社会效果。

（3）广告代言人的选择要慎重。广告代言人类型分为名人（明星）、专家、典型消费者三类，其中“名人（明星）”说服力的来源主要是依赖吸引力；“专家”说服力来源主要是依赖专业性；“典型消费者”说服力的来源主要是依赖相似度与可靠度。

三、广告媒体及其选择

广告媒体的选择，是广告策略的重要内容。选择广告媒体的目的在于利用最佳手段输出信息，达到尽可能大覆盖面的宣传效果。

（一）广告媒体的种类及其特点

不同的广告媒体各具特点，各有利弊。

（1）报纸。报纸是大众传播的重要载体，具有反映和引导社会舆论的功能。是传递信息的最重要工具，是广告运用最多的媒体形式之一。其优点：读者面广、稳定、宣传覆盖面大；信息传播快，时效性强，尤其是日报，当天即可知道；空间余地大，信息量丰富，便于查找；收费较低。缺点有：保留时间短，生命力短；形象表现手段不佳，感染力差；制作简单粗糙。

（2）杂志。杂志专业性较强，目标读者较集中，是刊登各种专业产品广告的良好媒体。优点是：读者对象明确、集中，针对性强，广告效果好；保留时间长，信息利用充分；读者文化程度高，有专业知识，易接受新事物。更适合新产品和相应专业产品的广告；版面整齐，制作精良，配上彩页，能较好地表现产品外观形象。缺点是：发行范围不广，广告覆盖面小；周期长，不利于快速传播。

（3）广播。广播是听觉媒体，是一种广为利用的主要媒体。优点是：传听同步，听众易收到最快最新的信息，不受距离远近和交通条件的限制；传播空间广泛，适应性强，无论何时何地，无论男女老幼和是否识字，只要有听觉能力，均可接受；每天重播频率高，传播信息方式灵活多样，可以用音乐、对话、戏剧、小品、相声等多种形式加强广告效果；广告制作费用低。缺点是：只有信息的听觉刺激，没有视觉刺激；信息消失快，给人印象不深；难以保存，无法查找；听众分散，选择性差。

（4）电视。电视是重要的现代化中介媒体。通过听觉和视觉形象的结合，综合利用各类艺术手法，融图像、声音、色彩、运动于一体，直观形象地传递企业和商品信息，具有丰富的表现力和强烈的感染力。优点是：形声兼备，感染力极强，表现力丰富，给人以强烈的刺激；覆盖面广，收视率高，播放及时；可重复播放，加深印象。缺点是：播放收费高，制作成本高；信息消失快；目标观众选择具有局限性。

（5）互联网。互联网在现实生活中应用广泛，网络广告有其得天独厚的优势，表现在：网络广告可跨越时空，互联网传播范围广，传播力强；交互查询，内容详尽，互动性和针对性强，无时间约束；广告效果易于统计；广告费用较低。

（6）户外广告。包括路牌广告、灯箱广告、交通车身广告、车辆广告、机场、车站码头广告、招贴广告、传单广告等。优点是：传播主题鲜明、形象突出；灵活，不受时间限制；展露重复性较强，成本较低。缺点是：传播内容受限制，不能选择对象，创造力受到局限。

（7）售卖点广告。指售货点及购物场所的广告。例如，柜台广告、货架陈列广告、模特广告、门面装饰等等。

（8）其他媒体。主要包括：邮寄广告、赞助广告、体育广告、包装广告等。这些媒体也各有特点和利弊。如邮寄媒体传播对象明确，传播效果明显，信息反馈快，形式灵活，费用低廉。

（二）广告媒体的选择

企业在选择广告媒体时应重点考虑五个方面的因素。

1. 企业对信息传播的要求

企业根据对信息的传播次数、效果及到达目标顾客的最低时间限度要求不同，结合各种媒体的特点，选择不同的广告媒体。

2. 产品特征

产品的性质、特点等不同，要选择不同的广告媒体。

3. 目标消费者特点

消费者的性别、年龄、文化教育程度、收入和社会地位等不同，接触媒体的习惯也不同，企业应选择能顺利传播到目标市场的媒体。

4. 媒体特点

必须根据媒体特点来选择。媒体的传播范围应与产品销售范围相一致，在全国销售的产品，适宜在全国性报纸、杂志或电台、电视台做广告；在地区销售可选用地方广播、报刊、电视为广告媒体；目标顾客数量较少，可采用选择性强的邮寄媒体。

5. 媒体的费用和企业支付能力

不同媒体的费用不同，在选用时应考虑企业广告费用支付能力，分析费用与广告效果之间的关系，选用成本低、效果好的媒体。

四、广告效果的测量

广告效果的评价是指运用科学的方法来评价所做广告活动目的的实现程度。广告效果的评价是广告活动效果不可缺少的重要组成部分。广告效果评价一般可从广告促销效果、广告传播效果两方面进行分析。

1. 广告促销效果的测定

广告促销效果是指广告对企业产品销售产生的影响。测定广告促销效果的方法主要有以下几种。

（1）广告效果比率法。即根据广告后销售额增加幅度与广告费用增加幅度之比测定广告效果。其公式如下：

$$广告效果比率=销售额增加率\div广告费用增加率\times100\%$$

（2）单位广告费收益测定法

即根据一定时期内单位广告费用的经济效益来测定广告效果。其公式如下：

$$单位广告收益=（广告后的平均销售额一广告前平均销售额）\div广告费用额$$

2. 广告传播效果测定

广告传播效果是指广告信息传播的广度、深度及影响作用，表现为顾客对广告信息注意、理解、记忆程度。一般称为广告本身效果的测定，它可以在广告前也可以在广告后。

测定广告后传播效果的方法主要有以下几种。

（1）阅读率、视听率、记忆率测定法。阅读率通过报纸、杂志阅读广告的人数与报纸杂志发行量的比率，公式为：

$$阅读率=阅读发行量广告人数÷发行量×100\%$$

视听率指通过电视机、收音机，收看、收听广告的人数与电视机、收音机拥有量的比率。

记忆率指记住广告重点内容（如产品名称、生产厂家、商标、产品特性等）的人数与阅读视听广告的人数比率。

（2）回忆测试法。找一些看过或听过电视、广播的人，让他们回忆广告的内容，来判断其对广告的注意度和记忆率。

（3）理解度测试法。在刊登广告的杂志读者中进行抽样调查，看有多少人阅读过这个广告，有多少人记得广告的中心内容，有多少人记得广告一半以上内容，并分别计算出百分比，从而判定读者的认识和理解程度。

第四节 销售促进策略

销售促进是与人员推销、广告和公共关系并列的四大基本促销手段之一，是构成促销组合的一个重要因素。

一、销售促进的含义和特点

（一）销售促进的含义

销售促进，又称营业推广，指促进销售的行为和手段，旨在刺激顾客迅速购买和大量购买的各种短期促销活动。

美国市场营销协会定义委员会认为，销售促进是指："除了人员推销、广告和宣传报道以外的，刺激消费者购买和经销商效益的种种企业市场营销活动，例如陈列、演出、展览会、示范表演以及其他非经常发生的促销努力"。该定义委员会还指出，在美国零售业，销售促进被理解为零售企业"刺激顾客的一切方法，其中包括人员推销、广告和宣传报道"。

（二）销售促进的特征

1. 非连续性

一般是为了某种即期的促销目标专门开展的短程激励活动。

2. 形式多样

方式多种多样，如优待券、加量不加价、竞赛与抽奖、集点优待、折价优待等。

3. 即期效应

往往是在一个特定的时间，针对某方面的消费者或中间商提供一种特殊优惠的购买条件，能给买方以强烈的刺激作用。

二、销售促进的对象、方式和作用

销售促进的实质是一种沟通活动，即营销者发出作为刺激物的各种信息，把信息传递到一个或更多的目标对象，以影响其态度和行为。其促销的对象有三个：批发商、零售商、消费者。对批发商而言，其促销的对象有两个：零售商、消费者。对零售商而言，其促销的对象只有一个，即消费者。由此看到，不同的市场主体，有着不同的促销目标，同时，也构成了不同层次的促销类型。

（一）面向消费者促销的方式和作用

可以鼓励老顾客继续使用，促进新顾客使用，动员顾客购买新产品或更新新设备。引导顾客改变购买习惯，或培养顾客对本企业的偏好行为等。其主要采用方式如下。

1. 赠送样品

将产品免费送达消费者手中的销售促进方式称为赠送样品。不是所有的商品均适合使用免费样品。赠送样品按发送方式的不同可分为以下七种。

（1）直接邮寄。即将样品通过邮政部门邮寄，或通过物流公司或促销公司，直接送到潜在消费者手中。该方式邮寄费用昂贵，还受到一定程度的限制。

（2）逐户分送。即将样品以专人送到消费者家中的促销方式。

（3）定点分送及展示。即选择在零售店里、重要街头、购物中心、转运站或其他人流汇集的公共场所等地点，将样品直接交到消费者手中。

（4）联合或选择分送。它是由专业的营销服务公司来规划各种不同的分送样品方式，以便有效地送到各个选中的目标消费者手中。

（5）媒体分送。部分消费品可经由大众媒体，特别是通过报纸、杂志将免费样品送给消费者。

（6）凭优待券兑换。消费者凭邮寄或媒体分送的优待券可到零售店兑换免费样品，或是将优待券寄给厂商，来换取样品。

（7）入包装分送。即选择非竞争性商品来附送免费样品的方法。

2. 赠送优惠券

指企业向顾客用邮寄、广告或放在商品包装中等形式附赠相应面值的优待券，持券人可凭此优待券在购买某种商品时免付一定金额的费用。优待券可分为两大类，即零售商型优待券和厂商型优待券。

（1）零售商型优待券。零售商型优待券只能在某一特定的商店或连锁店使用。通常，此类型的优待券由总经销商或零售店策划，并运用在平面媒体广告或店内小传单、POP广告上。

虽然零售商型优待券种类繁多，但不外乎下列三种：①是直接折价式优待券。②是免费送赠品优待。③是送积分点券式优待券。

（2）厂商型优待券。厂商型优待券是由产品制造商的营销人员所规划和散发的，通常可在各零售点兑换，并获得购买该品牌商品的折价或特价优待。厂商型优待券因散发方式的不同分为四类：①直接送与消费者的优待券；②媒体发放的优待券；③随商品发放的优待券；④特殊渠道发放的优待券。

3. 奖励

奖励是一种激励手段，是焕发人们荣誉感和进取心的措施，是一种调动营销人员的积极性，最大限度地挖掘潜在能力的促销管理方法。

4. 会议促销

各类展销会、博览会、业务洽谈期间的各种现场产品介绍、推广和销售活动。

5. 免费试用

免费试用是指商家为了打消客户的某些顾虑，为其用户提供的无需支付任何费用就可以使用商品的一种活动。但有时候也不是全部免费的，有的产品可能会需要用户支付一定的快递费用。其主要作用体现在：①鼓励现有的顾客更多地购买；②吸引未使用者试用；③吸引竞争者的顾客。

（二）面向中间商促销的方式和作用

向中间商推广，其目的是鼓励批发商或零售商大量购买，吸引零售商扩大经营，动员有关中间商积极购存或推销某种产品。其主要方式有以下几种。

1. 批发回扣

企业为争取批发商或零售商多购进自己的产品，在某一时期内可给予购买一定数量本企业产品的批发商一定的回扣。

2. 推广津贴

企业为促进中间商购进企业产品并帮助企业推销产品，还可以支付给中间商一定的推广津贴。

3. 销售竞赛

根据各个中间商销售本企业产品的实绩，分别给优胜者以不同的奖励，如现金奖、实物奖、免费旅游、度假奖等。

4. 工商联营

企业分担一定的市场营销费用，如广告费用，摊位费用，建立稳定的购销关系。

5. 举办交易会或博览会、业务会议等

面向中间商销售促进的主要作用有四个方面：①吸引中间商经销企业的产品；②鼓励中间商大批量进货、提高库存水平；③鼓励中间商购进并储存非季节性产品；④抵消竞争者的促销活动。

（三）面向推销人员促销的方式和作用

向推销人员促销的主要方式是开展销售竞赛。有三个方面作用：①鼓励推销人员努力推销产品，寻找更多的潜在顾客；②鼓励他们广泛搜集市场信息；③鼓励他们提供更佳的顾客服务。

三、销售促进的计划和控制

1. 选择适当的方式

销售促进的方式方法很多，但如果使用不当，会适得其反。因此，选择合适的推广工具是取得销售促进效果的关键因素。企业一般要根据目标对象的接受习惯、产品特点以及目标市场状况等来综合分析选择推广工具，灵活有效地选择使用。

2. 确定刺激的强度

刺激可以提供给任何人，或选择出来的一部分人。企业可根据参加者的条件选择刺激的强度。

3. 确定合理的期限

实施的期限包括前置时间和销售延续时间。前置时间是从开始实施前所准备的时间。它包括最初的计划工作、设计工作以及包装修改的批准、材料的邮寄或者分送到家，配合广告的准备工作和销售材料。销售延续时间是指从开始实施到大约95%采取此促销办法的商品已经在消费者手里所经历的时间。

4. 确定和控制预算

销售促进需要使用一定的费用，即企业决定拿出多少费用进行刺激，故必须做好销售促进的总预算。

第五节　公共关系策略

一、公共关系的含义和特征

（一）公共关系的含义

1. 公共关系的提出

美国公共关系学会的定义：“公共关系是一个组织为最有效地实现其目标而与社会保持某些方面联系的职能”。这个定义比较笼统，“社会某些方面联系”说得不明确。

英国公共关系学会的定义：“公共关系是一个组织或个人，与任何人群或组织之间，围绕一个组织或个人应该争取获得并保持良好声誉的目标，所进行的建立和改善相互了解的、有计划的持续努力。”

这个定义强调了以下三个要点：

（1）公共关系的目的是保持良好声誉。

（2）公共关系是关系双方之间的信息沟通。

（3）公共关系是一项有目的、有计划、持续性的活动。

1978 年 8 月国际公共关系协会在墨西哥城举行的世界性集会上发表的声明中指出：“公共关系的实践是分析动向、预测结果、为组织领导提供决策咨询，执行既有利于组织又有利于公众的计划行动的艺术和科学。”这个定义点明了公共关系的实质是既有利于组织，又有利于公众。

2. 公共关系的定义

公共关系是某一组织为改善与社会公众的关系，促进公众对组织的认识、理解及支持，达到树立良好组织形象、促进商品销售的目的的一系列公共活动。它本意是社会组织、集体或个人必须与其周围的各种内部、外部公众建立良好的关系。它是一种状态，任何一个企业或个人都处于某种公共关系状态之中。它又是一种活动，当一个工商企业或个人有意识地、自觉地采取措施去改善自己的公共关系状态时，就是在从事公共关系活动。作为促销组合的一部分，公共关系的含义是指这种管理职能：评价社会公众的态度，确认与公众利益相符合的个人或组织的政策与程序，拟定并执行各种行动方案，以争取社会公众的理解与接受。

（二）公共关系的基本特征

公共关系是一种社会关系。既不同于人际关系，也不同于一般的社会关系，有其独有的特征。公共关系的基本特征表现在以下五个方面。

1. 公众性

公共关系是社会组织与其公众之间的关系，是一种“公家关系”，不是一般私人往来、私人的关系。公共关系的主体是各种各样的社会组织，客体是社会公众。社会公众既有个人，也有社会组织，是与成为公共关系主体的社会组织相互联系、相互影响、相互作用的社会组织和个人的总和。因此，公共关系的公众性特点比较显著。

2. 互利性

公共关系的主体与客体之间存在着“互利性”，公共关系不是以血缘、地缘、学缘等纽带为基础建立起来的，而是以一定的利益关系、利害关系为基础建立、发展起来的。公共关系是基于公共关系的主体社会组织与公共关系的客体公众之间的共同愿望、共同利益或目标基础上的。社会组织在发展过程中必须得到社会公众的支持，它开展公关活动是为了实现本组织的目标，争取获得更多的利益；但是，公众也有利益，公众要不能获得利益，不能获得某种满足，不能获得某种服务，他不可能与社会组织建立联系，也就是说，不可能与公共关系活动的主体——社会组织建立联系，也不可能“买社会组织的账”，只有互利的才能形成“合作”，才能形成公众对社会组织的支持，只有有利于自己的目标实现，公众也才能买社会组织的账。从这个角度上去讲，公共关系是以互惠为原则的。只有实现主客体之间的互惠互利，才能保障公共关系的建立和发展。否则，单方面受益甚至损人利己，是无法建立和维系良好的公共关系的。因此说，公共关系具有主客体之间的互利性。

3. 开放性

人与人的关系，局限于个体之间的往来，有相当部分属于“隐私”；世界上许许多多的关系都可以是秘密的、封闭的，而公共关系一般是公开的、开放的。作为公共关系主体的社会组织，开展公共关系活动完全是合理合法、正大光明的，使用正当的手段、合法的途径大张旗鼓地宣传自己，协调与公众之间的关系，没有必要像“拉关系、走后门”和“非法公关”那样“偷偷摸摸”的进行；而且，公关的目的就是为了让更多的公众了解自己，扩大本组织的知名度，提高本组织的美誉度，塑造良好的组织形象，以谋求本组织的生存和发展，实现组织目标，因此公共关系既不可能是封闭性的，也不可能完全是隐秘的。

4. 流动性

作为公共关系主体的社会组织，其运行是动态的，是一直处于发展变化过程中的。而且，社会组织所面临的公共关系客体——公众，更是不断变化的。不仅公众对象一直处于动态的变化之中，而且公众的层面也是流动变化的，非公众、潜在公众、知晓公众、行动公众会发生转化。再者，公众具有层次性，其要求是千差万别的；公众的主观意识、价值趋向、消费理念、可使用资源等等也会不断地发展变化，其态度、行为也就必然会发生变化。对公共关系效果起着决定性作用的社会组织形象，一直处于动态的发展变化之中。社会组织形象不仅具有主观与客观的两重性，而且具有多维性和相对性，它在公众心目中的“定势”——好、坏，美、丑等“印象”，是会发生变化的。社会组织与公众建立良好的关系，获得美好的声誉，是必须经过长期的努力才能做到的。尽管这种良好的关系、美好的声誉具有一定的相对稳定性，但是它绝对不是一劳永逸的，放松了努力，良好的关系、美好的声誉会向反面转化；一旦社会组织形象发生恶化时，经过加倍地努力，它才可能向良性方面转化。可以说，在公共关系中，发展变化无处不在，无时不有，使它一直处于“流动”的状态。

5. 长期性

公共关系着手于平时努力，着眼于长远打算。公共关系的效果不是急功近利的短期行为所达到的，需要连续的、有计划的努力。企业要树立良好的社会形象和信誉，不能拘泥于一时一地的得失，而要追求长期的、稳定的战略性关系。

二、公共关系的目标

在企业市场营销战略的实施过程中，公共关系起着沟通企业与社会公众之间相互关系的作用，所以也称为营销公关。其最终目的是，通过企业在公众中的良好形象，起到促销的作用。

1. 建立企业信誉

企业信誉是使公众认知的心理转变过程，是企业行为取得社会认可，从而赢得资源、机会和支持，进而完成价值创造的能力的总和。从理论上讲，企业存在的所有信息都可以被看成为企业信誉的内容。

2. 提高企业的知名度

企业知名度，就是一个企业被大众所熟知的程度大小，它关系着这个企业的影响力和竞争力，是评判企业强弱的一个指标。知名度是企业形象的重要组成部分，企业知名度包括以下三方面的内容。

（1）企业组织的知名度。包括企业组织名称、性质、历史、规模和在同行业中的地位。公众了解得越多，企业的名气就越大。

（2）产品知名度。包括厂标、商标、品名、造型、性能和质量等。

（3）企业第一管理人知名度。企业厂长（经理）的知名度是企业重要的财富，作为企业法人代表，其知名度自然和企业联系在一起。

3. 建立和维护与社会、公众的良好的关系

追求美誉、塑造良好的企业形象，是企业公共关系活动的基本目的。这样才能使企业获得良好的生存和发展环境。

三、公关计划的确定

首先，要明确公关活动所要达到的具体目标。

其次，要确定公关活动的主要对象。

最后，要制订具体的活动方案。

具体内容包括：

（1）通过宣传媒介，宣传某种实例，引起顾客的兴趣。

（2）通过权威机构的鉴定或研究，对产品品质和性能进行科学的论证，以增强宣传的说服力。

（3）对企业的特色，典故和民间传说等，经过艺术加工广为宣传。

（4）参与和组织各种社会活动，扩大企业的影响。

四、公共关系的主要方式与作用

（一）公共关系的主要方式

1. 宣传性公关

运用印刷媒介、电子媒介等宣传性手段，传递组织的信息，影响公众舆论，迅速扩大组织的社会影响。这种方式易于使人信服，而且主导性强，时效性强，传递面广，推广组织形象的效果快，特别有利于提高组织的知名度。

2. 社交性公关

这是企业公关人员通过与社会公众和团体的直接交往，与外界沟通信息的公关方式。公关社交活动是公共关系不可分割的重要组成部分，在组织的发展中发挥着重要的作用，主要体现在四个方面：①塑造形象作用。②桥梁作用。③协调作用。④凝聚作用。

3. 征询性公关

这是以采集社会信息为主、掌握社会发展趋势的公共关系活动模式，其目的是通过信息采集、舆论调查、民意测验等工作，加强双向沟通，使组织了解社会舆论、民意民情、消费趋势，为组织的经营管理决策提供背景信息服务，使组织行为尽可能地与国家的总体利益、市场发展趋势以及民情民意一致；同时，也向公众传播或暗示组织意图，使公众印象更加深刻。

（二）公共关系的作用和公共关系的信息来源

1. 公共关系的作用

（1）沟通信息。交往沟通是公关的基础，任何公共关系的建立、维护与发展依赖于主客体的交往沟通。只有交往，才能使企业的内部信息有效地输向外部，使外部有关信息及时地输入企业内部，使企业与外部各界达到相互协调。协调关系，不仅要协调企业内部不同部门成员之间的关系等，还要协调企业内部关系，包括企业与其成员之间的关系、企业内部不同部门成员之间的关系，要使全体成员与企业之间达到理解和共鸣，增强凝聚力。

（2）塑造形象。公共关系促进公众对组织的认识、理解及支持，达到树立良好组织形象、促进商品销售目的等一系列公共活动。它本意是社会组织、集体或个人必须与其周围的各种内部、外部公众建立良好的关系。

（3）化解危机。随着生产社会化程度不断提高，任何组织都处于复杂的关系网络之中，而且这种关系处于动态的发展之中。由于企业与公众存在着具体利益的差别，在公共关系中必然会充满各种矛盾。企业在生产经营运行过程中，也难免会有因自身的过失、错误而与消费者发生冲撞的时候。一旦发生，必然导致消费者对企业的不满，使企业面对一个充满敌意和冷漠的舆论环境。如果对这种状况缺乏正确的认识，对问题处理不当，就会产生公共关系纠纷，甚至导致严重的公共信任危机。对企业、公众、社会都会带来极大的危害。

通过建立良好的公共关系机制，增加企业与公众之间相互了解，企业就有可能避免与公众产生纠纷，并可通过公关手段将已经发生的信任危机所造成的组织信誉、形象损失降到最低限度，进而因势利导，使坏事变为好事。

（4）改善经营环境。公共关系对社会组织起作用的同时，也促使了社会环境的优化，促进了社会的和谐。公共关系涉及群体与群体、群体与个人以及社会人际间的互动，它通过沟通社会信息、协调社会行为、净化社会风气来实现对社会互动环境的优化。倡导公平竞争，使营利性组织争取最好的经济效益，从而带动整个社会经济繁荣。

（5）促进产品销售。公共关系是“内求团结、外求发展”的一门艺术。其重要职能就是通过协调使一个组织中的所有部门的活动同步化与和谐化，使组织与环境相适应。公关部是公众向组织反馈信息的中间环节，收集到的信息都是来自社会各方面的与组织有关的真实信息，将信息有选择、有分析地传递给组织的决策者，为决策者的选择提供服务，保障企业产品销售畅通。

2. 公共关系的信息来源

（1）发生在企业内部的事件。企业的职工作为社会公众的一部分，必然对企业产生不同的反映与评价。通过对企业内部职工意见的了解，掌握职工对企业的期望，如企业应树立什么样的形象，才能使职工产生向心力和凝聚力。企业内部公众的信息，可以通过意见书，各职能部门的计划、总结、工作报告，以及企业内部的舆论工具等来获得。

（2）发生在企业外部的事件。企业不可能脱离外界存在，投资者的投资意向、竞争者的动态、顾客的需求变化以及国内外政治、经济、文化、科技等方面的重大变化，都直接地影响到企业的经营决策。公共关系作为社会经济趋势的检测者，应广泛地收集这些有关社会经济信息。

下篇

新时代市场营销理论

第九章

零售数字化营销概述

第一节　零售数字化营销的历史与条件

一、数字化营销的发展历史

1. 直复营销（数字化营销的萌芽）

直复营销是发展最快的营销形式，它反映了一种朝着目标化或一对一营销宣传的发展趋势。以盈利为目标，通过个性化的沟通媒介向目标市场成员发布发盘信息，以寻求对方直接回应（问询或订购）的社会和管理过程。

直复营销起源于美国。20 世纪 80 年代以前，不受人重视，进入 20 世纪 80 年代后，直复营销得到了飞速的发展，其独有的优势也日益被企业和消费者所了解。直复营销期初起源于邮购活动。1498 年，阿尔定出版社的创始人阿尔达斯·马努蒂厄斯在意大利威尼斯出版了第一个印有价目表的目录。这普遍被认为是最早有记载的邮购活动。1667 年，威廉·卢卡斯在英国出版了第一个园艺目录。后来，邮购活动在美国、意大利、英国等地有了一定的发展。到了 1926 年，谢尔曼和沙克海姆在美国创办了第一个现代图书俱乐部——月月图书俱乐部。他们开始运用免费试用方式，即先向消费者寄书，直到消费者不再订购或者不再付款为止。这与传统的先收款后寄书的方式截然不同。这也是营销人员试图测量顾客终身价值的首次尝试。

世界第二大直接反应公司——伟门营销顾问公司（WCJ）——创办人莱斯特·伟门说，生产商 90% 的利润来自回头客，只有 10% 来自零星散客。少损失 5% 的老顾客便可增加 25% 的利润。因此，从战略上讲，企业必须明确自己是要侧重于争夺市场份额，还是要保持顾客或培养忠诚度。据专家分析，面临激烈的市场竞争，维持一个老顾客所需的成本是寻求一个新顾客成本的 0.5 倍，而要使一个失去的老顾客重新成为新顾客所花费的成本则是寻求一个新客户成本的 10 倍。如何把传统广告投放得到的客户保持下去并转化为忠实客户是我们进行直效营销的一个重要目的。

文德曼先生在 1967 年首先提出直复营销的概念。他认为人类社会开始的交易就是直接的，那种古典的一对一的销售（服务）方式是最符合并能最大限度地满足人们需要的方式，而工业革命所带来的大量生产和大量营销是不符合人性的、不道德的。

特别是现阶段产品市场鱼目混珠，大量传统广告充斥媒体被大家称之为“眼球经济”，可以说已引起社会公愤，在当今社会条件下，人们更加追求个性化的产品和服务，没有人愿意接受与别人一样的产品和服务。这就是大量营销致命的弱点和大量营销时代衰败、终结的根本原因。

正当消费者对一些产品普遍不信任时，对大量的广告感到厌倦并无所适从时，特别是保健品企业无所适从而营销人员苦苦思考、寻找新的营销方式的时候，直复营销应运而生并以强大的生命力和适应性迅速席卷西方国家，掀起了一场 21 世纪的营销革命。我们国家的保健品药品企业大部分接受采用了直复营销的方法，但系统使用的还没有。我们把直复营销作为企业进入市场的主要手段，可以极大地降低风险。

2. 数据库营销（数字化营销的初级阶段）

数据库营销是为了实现接洽、交易和建立客户关系等目标而建立、维护和利用顾客数据库与其他顾客资料的过程。它是在 Internet 与 Database 技术发展上逐渐兴起和成熟起来的一种市场营销推广手段。通过收集和积累消费者大量的信息，经处理后预测消费者有多大可能去购买某种产品，以及利用这些信息给产品精确定位，有针对性地制作营销信息达到说服消费者去购买产品的目的。

数据库营销就是企业通过收集和积累会员（用户或消费者）信息，经过分析筛选后针对性的使用电子邮件、短信、电话、信件等方式进行客户深度挖掘与关系维护的营销方式。或者，数据库营销就是以与顾客建立一对一的互动沟通关系为目标，并依赖庞大的顾客信息库进行长期促销活动的一种全新的销售手段。我们认为它是一套内容涵盖现有顾客和潜在顾客，可以随时更新的动态数据库管理系统。数据库营销的核心是数据挖掘。

这些数据将会在公司的数据库中进行维护。虽然在传统销售上，用于客户数据的数据库已经存在很长一段时间了，但是在需要维护的更多的客户数据、数据处理，以及以新的更加复杂的方式应用方面，数据库营销方式仍然存在很大不同。在其他事情中，市场商人使用数据来学习更多有关客户的知识，为特定的公司选择目标市场（通过客户分割），比较客户对于公司的价值，以及提供更多专业的服务给客户。

3. 数字化营销（进入大数据时代的精准营销阶段）

所谓数字营销，是指借助于互联网络、电脑通信技术和数字交互式媒体来实现营销目标的一种营销方式。数字营销将尽可能地利用先进的计算机网络技术，以最有效、最省钱地方式谋求新市场的开拓和新消费者的挖掘。

数字营销是基于明确的数据库对象，通过数字化多媒体渠道，比如电话、短信、邮件、电子传真、网络平台等数字化媒体通道，实现营销精准化，营销效果可量化，营销数据化的一种高层次营销活动。

数字营销之前曾被看作是特殊领域的独立营销形式，但是由于它提供了相同的受众沟通方式（只不过是以数字形式而已），2003 年开始已经经常被看作能够涉及绝大多数的传统营销领域的营销形式。

在数字经济时代，传统企业实现数字化时，必须把数字营销作为一个重要的方面来关注，变革原本不能满足需要的营销思想、模式和策略，实现新的营销方式。与数字管理、生产制造一道，数字营销作为一个热点，将成为数字企业的三个重要组成部分之一。一般来说，在充分竞争的市场上企业只能得到正常利润，如果想得到超额利润，那就必须创新。创新是对生产要素进行新的组合，从经济学的意义上讲，它不仅包括技术创新，也包括了营销创新。其中，数字营销就是创新的典型事物。

数字营销不仅仅是一种技术手段的革命，而且包含了更深层的观念革命。它是目标营销、直接营销、分散营销、客户导向营销、双向互动营销、远程或全球营销、虚拟营销、无纸化交易、客户参与式营销的综合。数字营销赋予了营销组合以新的内涵，其功能主要有信息交换、网上购买、网上出版、电子货币、网上广告、企业公关等，是数字经济时代企业的主要营销方式和发展趋势。数字营销具有如下特点：

商业营销需要新招式，企业按常规营销通常是厂家按自己的主观想象，先将同一种产品制造出成千上万件，再一级一级批发到各地商场。结果有许多产品并不符合消费者的需要，经常可以看到“大降价”“大拍卖”之类的标语。这不仅严重影响企业的经济效益，而且也影响企业的生存和发展，降低了企业的投资回报率和盈利能力。

数字营销就是为解决这个问题而提出的一个新营销模式，数字营销是从防伪查询基础上诞生的一种新营销方法，要说数字营销需要先从产品防伪说起，最重要一点是消费者保护意识差，嫌查询麻烦，没有认识到当查询率提升到 95% 以上或 100% 时，防伪技术会产生一个质的飞跃，这个质的飞跃就是数字营销，常规企业都是生产一批产品，然后通过层层批发的方式把产品销售出去，由于企业和营销信息的不对称，企业也就无法掌握产品的销售情况，造成库存增大，以至产品积压，企业效益大幅度滑坡，投资回报率大大下降，甚至企业倒闭，而当防伪技术的查询率达到 95% 以上时，就可以解决企业营销中的信息不对称问题，这就是数字营销。数字营销就是随时随地掌握企业产品市场营销的统计和信息反馈管理工作，让产品销售信息为企业的生产管理提供准确的依据，让企业随着产品销售的市场风向标及时调整企业这个航船风帆的方向，向效益最大化的目标前进！这个项技术是防伪领域的一个革命性创新，也会把防伪技术带入一个崭新的领域！

二、零售数字化技术对零售营销的影响

（一）从导购员售卖到顾客自选的业态变革：从全渠道经营到零售数字化的变革

1. 信息技术带来的全渠道变革

全渠道即全程。一个消费者从接触一个品牌到最后购买的过程中，全程会有五个关键环节：搜寻、比较、下单、体验、分享，企业必须在这些关键节点保持与消费者的全程、零距离接触。全面：企业可以跟踪和积累消费者的购物全过程的数据，在这个过程中与消费者及时互动，掌握消费者在购买过程中的决策变化，给消费者个性化建议，提升购物体验；全线：渠道的发展经历了单一渠道时代即单渠道、分散渠道时代即多渠道的发展阶段，到达了渠道全线覆盖即线上线下全渠道阶段。这个全渠道覆盖就包括了实体渠道、电子商务渠道、移动商务渠道的线上与线下的融合。

全渠道零售，就是企业为了满足消费者任何时候、任何地点、任何方式购买的需求，采取实体渠道、电子商务渠道和移动电子商务渠道整合的方式销售商品或服务，提供给顾客无差别的购买体验。

2012 年开始，企业关注顾客体验，有形店铺地位弱化。国内知名的零售研究机构对其含义、成因及对策进行了研究，提出三个结论：

（1）全渠道零售是指企业采取尽可能多的零售渠道类型进行组合和整合（跨渠道）销售的行为，以满足顾客购物、娱乐和社交的综合体验需求，这些渠道类型包括有形店铺和无形店铺，以及信息媒体（网站、呼叫中心、社交媒体、Email、微博、微信）等。

（2）全渠道零售的成因是由于信息技术进入社交网络和移动网络时代，寄生在全渠道上工作和生活的群体形成，导致全渠道购物者崛起，一种信息传递路径就成为一种零售渠道。

（3）全渠道零售的对策，需要考虑不变的零售业本质（售卖、娱乐和社交）和零售五流（客流、商店流、信息流、资金流和物流）发生的内容变化，随后根据目标顾客和营销定位，进行多渠道组合和整合策略的决策。

2. 零售运营数字化变革

零售运营数字化是指数据的所有者通过对于数据的分析挖掘，把隐藏在海量数据中的信息作为商品，以合规化的形式发布出去，供数据的消费者使用。

数据充斥在运营的各个环节，所以成功的运营一定是基于数据的。在运营的各个环节，都需要以数据为基础。当我们养成以数据为导向的习惯之后，做运营就有了依据，不再是凭经验盲目运作，而是有的放矢。

当我们有了足够的数据之后，我们可以不再依赖主观判断，而让数据成为公司里的裁判。理想情况下，如果我们能够追踪一切数据，那么我们所有的决策都可以理所当然地基

于数据。

在企业中，我们从整体战略、目标设定，到驱动商务运营的方法，最后采用一定的标准来衡量数据运营的效果。数据在企业中的作用是巨大的。不同层面的人，需要对数据做不同的操作。具体表现：

（1）决策层。商业智能=战略，电子商务的运营策略。

（2）管理层。商业智能=战术，商务运营的计划。

（3）运营层。商业智能=操作，电子商务运营具体的实施。

数字化运营是必然趋势，所有决策都要在数据做论据的基础上得出。在进行决策动作之前对目标的预设，需要数据结果判断这个策略是否能达成目标，数据显示达成就继续，无法达成就放弃这个策略。所有的行为都是经过数据结果验证的。在运营过程中，哪些决策是被证明有效的，哪些是无效的，都需要这样的验证。

（二）零售数字化的关键核心

数字化零售实际上就是依托于现代信息技术与智能工具（大数据、云计算、人工智能等），将零售价值链上所涉及的商品信息、物流信息、交易信息及用户信息等进行数字化整合，变成智能设备能够识别、计算、整合、优化的数据资产，通过这些数据资产与零售企业核心价值导向的结合来指导零售业态智能化升级，从而促进消费者体验改善，实现零售商运营效率提升的系统化能力建设。

数字化能力建设的核心是在零售企业清晰的经营理念与明确的价值导向下进行，数字化的核心是“充分链接”与“用户思维”的充分结合。数字化建设是零售企业绕不开的能力升级之路，但数字化本身只是实现能力升级的路径而非能力，只有落实到企业的数据化整合、分析、管理与决策，围绕决策展开执行优化的闭环才是能力。

数字化是零售企业的基础设施而非核心，核心是数字化背后不同零售企业个体所展现出的企业文化，对于任何一家零售企业而言，能决定我们走多远走多久的是我们在企业内部建立的文化烙印。

三、我国零售企业数字化改造现状与阶段

（一）我国零售企业数字化改造现状

1. 零售企业数字化改造中所面临的问题

数字化转型痛苦，运营商就面临两个困惑：做数字化转型的原因到底是什么？数字化做到何种程度，才算是转型成功？今后要做好以下四个方面的工作。

（1）数字化生产。数字化生产让使用者的物理地点概念变得模糊，原先需要的庞大网络架构将变成软件可处理。

（2）数字化决策。大数据决策中心将提供辅助的决策支撑，大数据平台将人人可用、

处处可见。

（3）数字化运营。打造电商渠道很容易，但随着电商的建立，生产交互过程也需要数字化。如上海联通会将所有渠道订单都归入到生产系统中，最后统一调度资源、管理配送，与传统的生产、运输、配送各司其职不同。

（4）数字化生态。开放平台的打造，使开发者易于调取运营商的各项能力。

衡量运营商数字化转型的最终效果的标准应为用户满意度提升、公司效益增加和员工感知的提升。

对于运营商而言，数字化转型将是十分痛苦的过程，目前的业务人员还不太习惯这种新的模式，而且联通的现有重资产资源都还没有完成数字化改造。希望未来大数据能够提供各种模块和接口，根据产品的需求来适配对应的模块，而不是传统的根据产品需求来生产资源，这是数字化转型真正应该提供的解决方案。

2. 零售企业数字化改造主要内容

数字化改造，就是基于互联网特别是移动互联网链接环境下所产生的新的环境的变化，所能带来的效率改变，如何用新的数字化技术手段，去重构新的业务模式。

业务模式的重构，关键点是业务模式的重构与数字化技术的高度融合。业务模式重构是前提，数字化技术是保证手段。

零售企业的数字化改造，主要是互联网特别是移动互联网的发展，在逐步打破传统单一线下市场的格局后，变成了线下、线上、社群三维空间。在三维空间环境下，零售企业需要改变以往主要支持单一线下市场的业务模式，建立新的基于移动互联网的链接手段，打破以往零售企业相对单一业务模式，支持多元化或者相对复杂化的新业务模式。零售企业的数字化改造，重点要实现以下六个目标。

（1）零售企业能连接到顾客。当前的中国已经变成连接社会。已经实现了人与人、人与信的连接，在逐步实现或者说已经实现了人与商品的连接。当前，建立基于连接环境下的新营销模式，核心是要重点建立起企业与顾客的连接。连接顾客可以有三大手段：技术手段、内容手段、社群手段。从数字化改造的角度讲，技术手段是连接顾客的主要手段。

（2）顾客能连接到商品。在空间市场格局下，任何顾客的需求已经变成线下、线上、社群三维市场空间的需求。企业不能再固守单一线下到店模式，必须要满足顾客在线下、线上、社群三度空间的消费需求。并且未来会有越来越多的顾客、越来越多的品类变成以线上、社群为主要承载的渠道模式。这些新的内容平台模式、社群模式，他都是基于人与商品的直接连接，前提必须是实现了人与商品的在线连接。

所以企业的数字化改造，就是要在实现顾客链接的基础上，把你的商品实现在线化，实现顾客与商品的在线化链接，让你的目标顾客能够更便利地搜索到，让你的顾客可以借助各种内容平台、社群平台入口非常方便的购买到，并且这些社群平台、内容平台还能帮助你实现改善顾客关系，起到润滑油、助推剂、放大器的作用。

(3) 交易能多入口实现。三度空间使企业的前端市场发生了变化。对企业来讲，原来的单一线下市场，变成了线下、线上、社群三个相对独立的市场体系。但是，从理论上讲，从消费端看，实际上一个消费者对应了三个市场空间，也就是每一个消费者他既有线下到店需求，也有线上到家需求，也有社群到小区需求。实际上对消费者来讲，他是怎么方便怎么来，哪里方便哪里买。

从消费者角度讲，你必须要满足消费者在三度空间的需求，在目前来看这是企业必须要做到的。从道理上讲他愿意到店，店能提供购买，他不愿到店，或者他感觉商品太笨重需要到家你能满足他的到家购买需求，或者他在外出就餐、外出社交时你能满足及时交付的外卖需求，这些需求都是消费者已经存在的非常突出的需求，企业必须要满足。

目前的移动环境下，消费者被一些社交平台、短视频平台、游戏平台、直播平台等一些平台所吸引，他们更多的关注转移到手机一端所承载的各种有趣、好玩、有价值的内容上来了。

从企业端讲，这么多的入口，不能搞成多个业务单元、多套库存体系、多个交付体系，并且是各玩各的。就像有的企业目前是：线下一套体系、模式、玩法，线上又是一个团队，单独的一套体系、玩法。所以，企业必须要整合一套核心资源：商品、团队、交付、营销等，去有效应对这多个入口。

(4) 品牌商与店形成一体化关系。传统模式是品牌商、渠道商、零售商各自分离。而现在需要三者之间的各种资源融合到一起，更好地整合起来，一起经营好目标用户。

以前，品牌商、渠道商面对消费者基本没有办法，因为他们距离消费者太远了。实际上零售商也没有太多有效的办法，因为零售商与顾客之间也是一种失联关系。

在万物互联的环境下，品牌商一定也要建立消费者的连接，这种连接，可以根据企业定位和品类实际，可以是销售关系，也可以是一种连接、关系维护、经营顾客价值的关系。零售企业的数字化改造，需要把品牌商的数字化顾客体系与零售商的数字化体系整合到一起。品牌商可以借助零售商的数字化会员体系将有关资源直接触达到消费者，零售商也可以借助品牌商的数字化会员体系，和企业的经营整合到一起。

(5) 营销能在线化投放。传统线下的营销是很单调的，基本是价格手段为主，买赠、捆绑等一些传统手法基本失效了。营销在线化投放可以满足顾客多种交易方式：可以到店自助点单，可以线上下单到家。未来的营销核心是“圈人”营销。要圈人核心是要用在线化手段连接顾客，重点是要借助链接手段，用有效手段去有效激活顾客。所以，在建立用户连接，实现交易在线化的情况下，未来企业竞争的重点将会重点转移到营销端，核心是对顾客价值的营销，而不是传统理念指导下的商品为中心的营销。

(6) 团队能在线运营。数字化最直接看到的效果是效率的改变，既是企业经营效率的改变，同时也必须是企业组织效率的改变。所以，企业数字化改造最终的落脚点要实现企业的组织在线。

1）团队的数字化运营。也就是企业重构一套数字化环境下的企业团队运营模式。原来的企业组织运营模式是流程化。数字化环境下，企业组织运营的模式要实现在线化，要把各级人员的所有相关动作逐步变成在线化的模式。

2）变革企业组织管理模式。由科层制或者直线制，变成网络化组织。网络化组织是一种赋能性的组织模式，它更多依靠系统的支持提升前端人员、团队的创新能力。

总之，企业的数字化改造是当务之急。但是数字化改造首先要理清思路，数字化改造的重点是推动企业业务模式的变革。

（二）我国零售企业数字化改造的阶段

（1）概念期（2012—2015 年）。本阶段驱动力主要是大数据概念炒作、BI 系统和市场竞争，用户占整体市场（GMV）不足 10%。

（2）探索期（2016—2018 年）。人工智能接力，本阶段驱动力主要是资本、市场教育、拥有成功经验的初创公司、成功案例，用户占整体市场的 10%～30%。

（3）快速发展期（2019—2021 年）。本阶段驱动力主要是算法 & 工具、复合型人才、行业整合，用户占整体市场约 30%～50%。

（4）发展成熟期（2022 年至今）。本阶段驱动力主要是算法、数据、场景、法律的健全，用户占整体市场将会大于 50%。

第二节　我国零售企业数字化改造的条件

一、内部条件

1. 企业最高层的愿景、思维和决心

向所有的重大变革一样，公司最高层尤其是一把手的愿景、思维和决心很大程度上决定了变革是否能成功，以及多大程度上能够成功。超级智慧大脑的打造和运作需要企业最高层的坚定信念和持续的推动，而非浅尝辄止，遇到问题便寻求其他退路或寄望于曲线救国。中国在智慧零售上走的较远的一些零售商，无不例外都有公司一把手的强力推动和资源的巨大投入。

2. 公司中高层的认知水平和执行力

通过对大量零售商的观察和调查发现，零售商的中高层对智慧零售的认识水平越高，队伍越年轻，执行力就会越强，就不会因为一点小小的挫折便直接放弃，因为他们相信且

认同、理解这并不是一个短期见效的行为，而是面向未来发展的最重要的变革。从这一点来说，零售商是否能够建立起一支年轻、认知和执行力强的中层队伍将是成功的关键所在。当然，也可以一步步来，在内部树立一些标杆，逐步影响一些顽固派和认知不够的成员。

3. 流程的必要重构和调整

超级智慧大脑的启用必然会在一定程度上影响现行的一些流程和“惯例做法”，当然这种影响是积极的和正向的。当前中国零售业面临大面积的挑战有些做法脱离了零售的本质。比如，商超的“后台毛利”导致很多决策更多面向供应商喜好而非顾客，百货联营的方式导致百货的买手变成了一个纯粹的谈判者，从而丧失对市场和消费者的敏锐感等等。而超级智慧大脑能够真正通过一些流程的重铸，让零售回归其本质，也就是以消费者为中心进行决策。只有这样，零售业才能更健康和可持续发展。

二、外部条件

1. 全量和广域数据

数据是超级智慧大脑“必须营养品”，数据范围越大，大脑就会越智慧。不过需要指出的一点是，并不是非得获得全量的数据和全域的数据（线上和线下所有渠道），超级智慧大脑才可以启用。超级智慧的打造是一个循序渐进的过程，而通常的做法是从自己的内部数据运用开始，从自身的交易、商品、库存、会员等数据开始，然后逐步地加入一些必要的外部数据如天气等。其中，关键的是零售商需要非常清楚自己的“数据差距”在哪里，对此必要的时候应当制定自身“数据健康检查”流程，站在应用场景的角度去评估自己缺失什么数据。

2. 外部推动者和合作者

专业的事情一定要借助专业人士的力量，超级智慧大脑的打造并非一日之功，需要有深厚的沉淀和专业的团队，坚强的执行和不断的打磨，才有可能最终得以落地并创造价值，因此是一件需要有高度专业能力和经验支撑的事情。聪明的零售商一方面自己会努力地基于自身的需求和基因打造；另一方面也会积极借助外力以帮助自己走得更快更好。而在选择外部合作者的时候，需要特别注意对方是否有零售行业的背景经验，这一点特别重要。

3. 简便易用的智能工具

超级智慧大脑的精髓在于“前轻后重”，其不同于传统 BI（business intelligence）的最明显之处在于传统 BI 完全依赖人工决策，且没有反馈闭环，因此无法自动优化决策，很大程度上仅仅是数据的可视化展示（甚至仅仅是报表）。

超级智慧大脑有大数据和人工智能算法在后台驱动，拥有极强的预测和诊断能力（也因此可以直接辅助关键决策，而不需要再完全依赖人工决策）。同时它拥有反馈闭环以不断优化决策建议，也就是说之所以说它是超级智慧大脑，是因为他会越来越聪明，而更多的用户使用也会让它变得更聪明。

三、数字化营销的人员配置

1. 数据策略师

（1）负责梳理集团业务数据及逻辑关系，深入挖掘内外部客户需求和属性特征并结合业务场景，构建全面准确、能反映业务特征的数据指标体系，并基于业务监控核心指标，及时发现与定位业务问题，给出行动建议。

（2）理解市场，设计数据应用产品，实现分析建模、标签管理、报表汇总、成果展示、用户运营等功能，提升数据产出的效率，优化数据使用方式，提升业务“数据驱动”能力。

（3）通过各类渠道获取市场/行业/竞品信息，利用数据分析和解读的能力，结合集团的核心业务指标对业务做出合理的判断以及趋势性预判，输出高质量的业务策略分析。

2. 营销分析师

方案制定、方案实施、方案监控、方案优化、方案分析以及为客户提供报表等。在此过程中，营销分析师不仅要负责为客户提供优质的营销服务，还要与客户、团队成员以及第三方保持良好的关系，并为公司营销服务改进提供意见。

3. 系统工程师

系统工程师是指具备较高专业技术水平，能够分析商业需求，并使用各种系统平台和服务器软件来设计并实现商务解决方案的基础架构的技术人员。他是个“纯粹”的技术职业，而且需要脚踏实地的工作，能够亲自动手进行软件、硬件操作，因而受到许多求职者的青睐。

4. 数据挖掘师

数据挖掘工程师是数据师的一种。一般是指从大量的数据中通过算法搜索隐藏于其中知识的工程技术专业人员。这些知识可使企业决策智能化、自动化，从而使企业提高工作效率，减少错误决策的可能性，以在激烈的竞争中处于不败之地。

5. 数据质量专员

数据质量，是指在业务环境下，数据符合数据消费者的使用目的，能满足业务场景具体需求的程度。在不同的业务场景中，数据消费者对数据质量的需要不尽相同，有些人主要关注数据的准确性和一致性，另外一些人则关注数据的实时性和相关性，因此，只要数据能满足使用目的，就可以说数据质量符合要求。

6. 数据库管理员

数据库管理员（database administrator，简称 DBA），是从事管理和维护数据库管理系统（DBMS）的相关工作人员的统称，他属于运维工程师的一个分支，主要负责业务数据库从设计、测试到部署交付的全生命周期管理。

DBA 的核心目标是保证数据库管理系统的稳定性、安全性、完整性和高性能。在国外，也有公司把 DBA 称作数据库工程师（database engineer），两者的工作内容基本相同，都是保证数据库服务 7×24 小时的稳定高效运转，但是需要区分一下 DBA 和数据库开发工程师（database developer）：

（1）数据库开发工程师的主要职责是设计和开发数据库管理系统和数据库应用软件系统，侧重于软件研发。

（2）DBA 的主要职责是运维和管理数据库管理系统，侧重于运维管理。

第三节　零售数字化营销的基本架构

一、零售数字化营销的基本架构

数字营销是使用数字传播渠道来推广产品和服务的实践活动，从而以一种及时、相关、定制化和节省成本的方式与消费者进行沟通。数字营销包含了很多互联网营销（网络营销）中的技术与实践。

数字营销的范围要更加广泛，还包括了很多其他不需要互联网的沟通渠道。因此，数字营销的领域就涵盖了一整套元素，如手机、短信/彩信、显示/横幅广告以及数字户外广告。

二、数字化营销的基础理论

（一）客户关系管理定义

是指企业为提高核心竞争力，利用相应的信息技术以及互联网技术协调企业与顾客间在销售、营销和服务上的交互，从而提升其管理方式，向客户提供创新式、个性化的客户交互和服务的过程。其最终目标是吸引新客户、保留老客户以及将已有客户转为忠实客户，增加市场。

（二）客户生命周期管理

客户生命周期是指从一个客户开始对企业进行了解或企业欲对某一客户进行开发开始，直到客户与企业的业务关系完全终止且与之相关的事宜完全处理完毕的这段时间。客户的生命周期是企业产品生命周期的演变，但对商业企业来讲，客户的生命周期比企业某个产品的生命周期重要得多。客户生命周期描述的是客户关系从一种状态（一个阶段）向另一种状态（另一个阶段）运动的总体特征。

更为准确地说，所谓“客户生命周期管理”，即从客户考虑购买哪一家运营商的服务，到入网后对其收入贡献和成本的管理，离网倾向的预警和挽留直到客户离网后进行赢回的整个过程。这个过程包括了11个关键的价值创造环节，即客户的购买意向，新增客户的获取，客户每月收入贡献的刺激与提高，客户日常服务成本的管理，交叉销售/叠加销售，话费调整，签约客户的合同续签，客户在品牌间转移的管理，对离网的预警和挽留，对坏账的管理，对已流失的客户进行赢回。这些环节实际上包括了运营商日常经营工作的各个重点。11个环节环环相扣，形成一条营销价值链，也是运营商制订客户策略的入手点。客户生命周期管理是围绕着这11个关键价值创造环节，利用丰富的客户数据进行深入分析，设计针对单个客户的个性化策略，继而通过运营商与客户间的大量的接触点，执行这些策略。

（三）销售漏斗模型

销售漏斗是科学反映机会状态以及销售效率的一个重要的销售管理模型。通过对销售管线要素的定义（如：阶段划分、阶段升迁标志，阶段升迁率、平均阶段耗时、阶段任务等），形成销售管线管理模型；当日常销售信息进入系统后，系统可自动生成对应的销售管线图，通过对销售管线的分析可以动态反映销售机会的升迁状态，预测销售结果；通过对销售升迁周期、机会阶段转化率、机会升迁耗时等指标的分析评估，可以准确评估销售人员和销售团队的销售能力，发现销售过程的障碍和瓶颈；同时，通过对销售管线的分析可以及时发现销售机会的异常。销售管线是一个科学有效的管理手段和方法，尤其对直销模式的销售管理能够带来极大的帮助。可以从以下四个方面进行理解。

（1）销售漏斗是一个非常直观的销售机会状态统计报表。

（2）通常情况下，把每一个阶段的销售机会的数量用一个横条图代表的话，因为每个阶段的数量不一样，所以横条也就有长有短，如果把所有的图按照阶段靠前的在上的规则进行上下排列的话（比如“需求了解”阶段的客户就应该排在“签订合同”的客户的上面），由于一般情况下整个销售机会中阶段越靠前数量越多，阶段越靠后数量越少，所以整个图形为漏斗状，因此叫销售漏斗。

（3）通过这个报表用户可以清晰地看出当前所有销售机会的状态分布，如果一个用户的销售漏斗统计图不是漏斗状，则可能是该用户的客户开发工作中某一个或多个环节出了问题，或许是策略方面、或许是技巧方面，仔细分析可以找出问题的原因，进而尽快解决问题。

（4）销售漏斗的统计项数据来自销售机会（图9-1）。

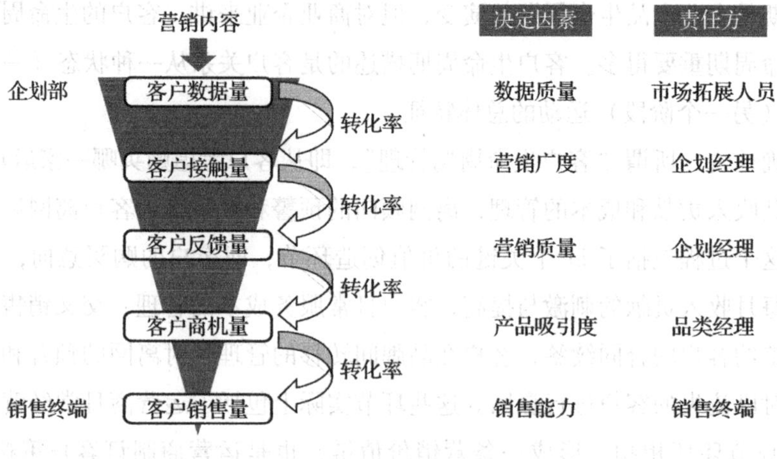

图 9-1　传统营销的销售漏斗模型

（四）顾客行为研究

顾客行为研究是市场调研中最普通、最经常实施的一项研究。是指对顾客为获取、使用、处理消费物品所采用的各种行动以及事先决定这些行动的决策过程的定量研究和定性研究。该项研究除了可以了解顾客是如何获取产品与服务，还可以了解消费者是如何消费产品，以及产品在用完或消费之后是如何被处置的。因此，它是营销决策的基础，与企业市场的营销活动密不可分，对顾客行为研究，提高营销决策水平，增强营销策略的有效性方面有着很重要意义。

三、数字化营销的数据基础

数字营销是基于明确的数据库对象，通过数字化多媒体渠道，比如电话、短信、邮件、电子传真、网络平台等数字化媒体通道，实现营销精准化，营销效果可量化，营销数据化的一种高层次营销活动。

1. 零售企业的数据基础

零售企业的数据基础主要包括市场容量、竞争格局、商业模式、产业概述、产业链、政策法规和技术进步等。

2. 单一功能软件数据阶段

单一功能软件数据主要载体是数据库软件。数据库（database，DB）是一个长期存储在计算机内的、有组织的、有共享的、统一管理的数据集合。它是一个按数据结构来存储和管理数据的计算机软件系统。数据库的概念实际包括以下两层意思。

（1）数据库是一个实体，它是能够合理保管数据的“仓库”，用户在该“仓库”中存放要管理的事务数据，“数据”和“库”两个概念结合成为数据库。

（2）数据库是数据管理的新方法和技术，它能更合适的组织数据、更方便的维护数据、更严密的控制数据和更有效的利用数据。

3. 系统集成应用数据阶段

系统集成指一个组织机构内的设备、信息的集成，并通过完整地系统来实现对应用的支持。系统集成包括设备系统集成和应用系统集成。

（1）设备系统集成。也可称为硬件系统集成、在大多数场合简称系统集成，或称为弱电系统集成，以区分于机电设备安装类的强电集成。它指以搭建组织机构内的信息化管理支持平台为目的，利用综合布线技术、楼宇自控技术、通信技术、网络互联技术、多媒体应用技术、安全防范技术、网络安全技术等将相关设备、软件进行集成设计、安装调试、界面定制开发和应用支持。设备系统集成也可分为智能建筑系统集成、计算机网络系统集成、安防系统集成。

（2）应用系统集成。以系统的高度为客户需求提供应用的系统模式，以及实现该系统模式的具体技术解决方案和运作方案，即为用户提供一个全面的系统解决方案。应用系统集成已经深入到用户具体业务和应用层面，在大多数场合，应用系统集成又称为行业信息化解决方案集成。应用系统集成可以说是系统集成的高级阶段，独立的应用软件供应商将成为核心。

4. 互联网化的数据应用阶段

大数据已经渗透到当今每个行业和业务功能区域，成为一个重要的生产要素。未来的时代不是 IT 时代，而是 DT 时代。大数据的价值越来越显著，在各个领域的作用也越来越重要。未来企业之间的竞争不再是其他的竞争，而是数据的竞争。

大数据技术的战略意义不在于掌握庞大的数据信息，而在于对这些含有意义的数据进行专业化处理。大数据在于提高对数据的“加工能力”，通过“加工”实现数据的“增值”。

互联网与大数据的价值最好的体现在对已有行业潜力的再次挖掘，而不仅在于自身能生产多少新东西，用互联网思维和大数据思维去重新提升传统行业，使得信息透明化、对称化，对产生的大数据进行整合运用，也使得资源得到最大化利用。

随着互联网的快速发展产生大数据，大数据反过来加速推动互联网各种各样应用的演进。微构科技相信在可预见的将来，通过对大数据的全面挖掘将产生更多新的应用，将促使产生更多的新业态，将给人类生活带来更多的便利和惊喜。

四、数字化营销的知识领域

1. 统计学知识

需要掌握数据和资料的收集、整理、分析等手段，以达到推断所测对象的本质，甚至预测研究对象未来发展趋势。

2. 零售营销业务知识

主要了解零售业态与零售营销的基本概念，零售竞争战略与成长战略，零售选址、购物环境、零售品牌、零售购销、零售服务等策略，及在线零售、服务零售、低碳零售等新动态。其中重中之重是零售营销策略。反映了零售营销“战略—策略—价值”的基本框架与主体内容，把握和重点学习零售营销学的基本知识与技能。

3. IT 技术

IT 技术，又称互联网技术，指在计算机技术的基础上开发建立的一种信息技术。可以从以下三个层面理解。

第一层是硬件，主要指数据存储、处理和传输的主机和网络通信设备；

第二层是指软件，包括可用来搜集、存储、检索、分析、应用、评估信息的各种软件，它包括我们通常所指的 ERP（企业资源计划）、CRM（客户关系管理）、SCM（供应链管理）等商用管理软件，也包括用来加强流程管理的 WF（工作流）管理软件、辅助分析的 DW/DM（数据仓库和数据挖掘）软件等；

第三层是指应用，指搜集、存储、检索、分析、应用、评估使用各种信息，包括应用 ERP、CRM、SCM 等软件直接辅助决策，也包括利用其他决策分析模型或借助 DW/DM 等技术手段来进一步提高分析的质量，辅助决策者作决策（强调一点，只是辅助而不是替代人决策）。

五、数字化营销的主要职责

（一）市场研究：结合内外部数据帮助企业制定战略方向

数字化营销不仅仅是一种技术手段的革命，而且包含了更深层的观念革命。它是目标营销、直接营销、分散营销、客户导向营销、双向互动营销、远程或全球营销、虚拟营销、无纸化交易、客户参与式营销的综合。数字营销赋予了营销组合以新的内涵，其功能主要有信息交换、网上购买、网上出版、电子货币、网上广告、企业公关等，是数字经济时代企业的主要营销方式和发展趋势。社交网络的崛起使得它更容易为个人和企业相互连接，从而引发了前所未有的发展机遇，帮助企业制定战略方向。

（二）营销策略：利用数据将企业战略落地到营销策略

1. “拉”策略的变化

“拉”式数字营销技术使用户参与到查找和直接抓取（“拉”）内容的活动中去。网站/博客和流媒体（音频和视频）就是很好的例子。在这些例子中，用户会有一个专门的链接（URL）来查看内容。

“拉”策略的优势：即在内容形式或尺寸大小上没有严格限制，因为用户会自取所需。

不需要发送内容，只需要存储和显示内容即可；不需要“选择加入”（opt-in）的过程。

“拉”策略的劣势：一是需要相当大的市场投入，才能使用户找到需要的信息/内容。二是有限的跟踪能力。只能拿到下载数量、页面浏览数量等信息。三是无法定制化。对于所有受众，接收和浏览的内容都是一样的。

2. “推”策略的变化

在“推”式数字营销技术的活动中，既包括营销人员（信息制造者），也包括接收者（用户）。电子邮件、短信、RSS 订阅等都是“推”式数字营销的例子。在这些例子中，为了信息能够被用户接收到，营销人员必须发送（推）信息给用户（订阅者）。

（1）“推”策略的优势。①可定制化。按照所选择的标准，用户接收到的信息可以有高度的针对性和精确性。例如：一个提供给大于 21 岁或者住在加利福尼亚的女性的特别优惠。②详细的跟踪和报告。营销人员不仅可以得知有多少人看到了信息，而且还能得知关于每个用户的详细情况，例如他们的名字、人口统计数据和心理统计数据。③可能带来高投入产出比。如果实施得当，推送信息可以帮助带来新的收入并强化品牌。

（2）“推”策略的劣势。①兼容性问题。各种推送信息技术都有自己的规则：从较少限制（RSS），到严格控制（电子邮件和文本信息）。②需要发送内容的系统——营销人员需要使用应用程序来发送信息：从电子邮件营销系统，到 RSS 阅读器。③信息发送可能被阻挡——如果营销人员不遵守各个推送信息类型的规则，内容可能会在到达预期的接收者之前就被拒绝或阻挡。

（三）数字化驱动商业智能

1. 商业智能

商业智能又称商业智慧或商务智能，指用现代数据仓库技术、线上分析处理技术、数据挖掘和数据展现技术进行数据分析以实现商业价值。

商业智能的概念在 1996 年最早由加特纳集团提出，加特纳集团将商业智能定义为：商业智能描述了一系列的概念和方法，通过应用基于事实的支持系统来辅助商业决策的制定。商业智能技术提供使企业迅速分析数据的技术和方法，包括收集、管理和分析数据，将这些数据转化为有用的信息，然后分发到企业各处。主要通过数据模型和可视化帮助在业务层面进行商业决策。

2. 营销执行

大数据时代，不同企业采用相同或相似的策略，效果却大相径庭，其中重要原因是：营销组织的执行能力存在差异。当大多数企业已经了解了如何进行市场分析和制定营销计划时，企业之间最重要的差别就在于谁能把营销计划执行得更到位。营销执行力已经成为中国企业营销成败的关键。企业应用商业智能可利用客户数据提升营销效率。

3. 数字化营销的商业目标

数字驱动营销带来降本增效：在网上发布信息，代价有限，将产品直接向消费者推销，可缩短分销环节，发布的信息谁都可以自主地索取，可拓宽销售范围，这样可以节省促销费用，从而降低成本，使产品具有价格竞争力。前来访问的大多是对此类产品感兴趣的客户，受众准确，避免了许多无用的信息传递，也可节省费用，还可根据订货情况来调整库存量，降低库存费用。

从数字营销的出发点可以看出，数字营销不仅是对经销的产品信息化处理，而且更是企业管理一个重要延伸，数字营销就是将经销实际运作中所涉及的资源数据，各类下线经销商、分销商、终端的基础数据，销售及服务所产生的数据，终端及消费者所反馈的数据和产品真伪所给定的防伪数据等等，进行收集整理，集中分析处理并用于企业生产的指导和管理。那么数字营销对企业有哪些实际的用处呢？营销信息化管理不仅是企业对经销商实行企业化管理的一个重要方面，而且它能让企业清楚地知道自己每个产品的实际赢利状况、资源的使用效率，市场内本地市场的变化特征及发展方向，等等。并且通过产品信息化管理，企业通过数字营销还能发掘出以前未曾注意过的市场与空间，更重要的是可以阻止假冒产品对市场的冲击。数字营销企业对内是创造更大的效益，对外是上控制经销商，中控制二批商，下控制营销终端。数字营销是对传统营销在质量上的提升，也是通过信息化手段的应用，把企业管理的精度大大提升，使企业在商战中知己知彼，从而实现百战不殆的管理境界！

数字驱动业务带来经营革命，企业按常规营销库存积压多。通常厂家按自己的主观想象，先将同一种产品制造出成千上万件，再一级一级批发到各地商场。结果有许多产品并不符合消费者的需要，经常可以看到“大降价”“大拍卖”之类的标语。这不仅严重影响企业的经济效益，影响企业的生存和发展，降低了企业的投资回报率和盈利能力。而且也影响企业的形象，降低了企业品牌的价值。

第十章

数据中台打造

第一节　数据和数据中台

一、从“数据”到“大数据”

数据是信息的表现形式和载体，信息是对数据的解释，并赋予其意义。

1. 数据

是事实或观察的结果，是对客观事物的逻辑归纳，是用于表示客观事物的未经加工的的原始素材。

数据是信息的表现形式和载体，可以是符号、文字、数字、语音、图像、视频等。数据和信息是不可分离的，数据是信息的表达，信息是数据的内涵。数据本身没有意义，数据只有对实体行为产生影响时才成为信息。数据可以是连续的值，比如声音、图像，称为模拟数据。也可以是离散的，如符号、文字，称为数字数据。

2. 大数据

或称巨量资料，指的是需要新处理模式才能具有更强的决策力、洞察力和流程优化能力的海量、高增长率和多样化的信息资产。在维克托·迈尔·舍恩伯格及肯尼斯·库克耶编写的《大数据时代》中大数据指不用随机分析法（抽样调查）这样的捷径，而采用所有数据进行分析处理。大数据的5V特点：Volume（大量）、Velocity（高速）、Variety（多样）、Value（价值密度）、Veracity（真实性）。

3. 关系型数据库

关系数据库是建立在关系模型基础上的数据库，借助于集合代数等数学概念和方法来处理数据库中的数据。现实世界中的各种实体以及实体之间的各种联系均用关系模型来表示。关系模型是由埃德加·科德于1970年首先提出的，并配合“科德十二定律”。现如今虽然对此模型有一些批评意见，但它还是数据存储的传统标准。标准数据查询语言

（SQL：Structured Query Language）就是一种基于关系数据库的语言，这种语言执行是对关系数据库中数据的检索和操作。关系模型由关系数据结构、关系操作集合、关系完整性约束三部分组成。简单地说，关系型数据库是由多张能互相联接的二维行列表格组成的数据库。

二、大数据时代

（一）大数据时代产生背景

最早提出“大数据”时代到来的是全球知名咨询公司麦肯锡，麦肯锡称：“数据，已经渗透到当今每一个行业和业务职能领域，成为重要的生产因素。人们对于海量数据的挖掘和运用，预示着新一波生产率增长和消费者盈余浪潮的到来。”“大数据”在物理学、生物学、环境生态学等领域以及军事、金融、通信等行业存在已有时日，却因为近年来互联网和信息行业的发展而引起人们关注。

进入 2012 年，大数据一词越来越多地被提及，人们用它来描述和定义信息爆炸时代产生的海量数据，并命名与之相关的技术发展与创新。它已经上过《纽约时报》《华尔街日报》的专栏封面，进入美国白宫官网的新闻，现身在国内一些互联网主题的讲座沙龙中，甚至被嗅觉灵敏的国金证券、国泰君安、银河证券等写进了投资推荐报告。

数据正在迅速膨胀并变大，它决定着企业的未来发展，虽然很多企业可能并没有意识到数据爆炸性增长带来问题的隐患，但是随着时间的推移，人们将越来越多的意识到数据对企业的重要性。

正如《纽约时报》2012 年 2 月的一篇专栏中所称，“大数据”时代已经降临，在商业、经济及其他领域中，决策将日益基于数据和分析而做出，而并非基于经验和直觉。

哈佛大学政治学教授加里·金说：“这是一场革命，庞大的数据资源使得各个领域开始了量化进程，无论学术界、商界还是政府，所有领域都将开始这种进程。”

（二）大数据时代描述

现在的社会是一个高速发展的社会，科技发达，信息流通，人们之间的交流越来越密切，生活也越来越方便，大数据就是这个高科技时代的产物。

随着云时代的来临，大数据也吸引了越来越多的关注。大数据通常用来形容一个公司创造的大量非结构化和半结构化数据，这些数据在下载到关系型数据库用于分析时会花费过多时间和金钱。大数据分析常和云计算联系到一起，因为实时的大型数据集分析需要像 MapReduce 一样的框架来向数十、数百甚至数千的电脑分配工作。

在现今的社会，大数据的应用越来越彰显它的优势，它占领的领域也越来越大，电子商务、O2O、物流配送等，各种利用大数据进行发展的领域正在协助企业不断地发展新业务，创新运营模式。有了大数据这个概念，对于消费者行为的判断，产品销售量的预测，精确的营销范围以及存货的补给等能得到全面的改善与优化。

“大数据”在互联网行业指的是这样一种现象：互联网公司在日常运营中生成、累积的用户网络行为数据。这些数据的规模是如此庞大，以至于不能用G或T来衡量。

大数据到底有多大？一组名为“互联网上一天”的数据告诉我们，一天之中，互联网产生的全部内容可以刻满1.68亿张DVD；发出的邮件有2940亿封之多（相当于美国两年的纸质信件数量）；发出的社区帖子达200万个（相当于《时代》杂志770年的文字量）；卖出的手机为37.8万台，高于全球每天出生的婴儿数量37.1万……。

每一天，全世界会上传超过5亿张图片，每分钟就有20小时时长的视频被分享。然而，即使是人们每天创造的全部信息——包括语音通话、电子邮件和信息在内的各种通信，以及上传的全部图片、视频与音乐，其信息量也无法匹及每一天所创造出的关于人们自身的数字信息量。

这样的趋势会持续下去。我们现在还处于所谓“物联网”的最初级阶段，而随着技术成熟，我们的设备、交通工具和迅速发展的“可穿戴”科技将能互相连接与沟通。科技的进步已经使创造、捕捉和管理信息的成本降至2005年的1/6，而从2005年起，用在硬件、软件、人才及服务之上的商业投资也增长了整整50%，达到了4000亿美元。

数据的计量单位已经从位（bit）、字节（B）、千字节（KB）、兆字节（MB）、吉字节（GB）、太字节（TB）等走向了泽字节（ZB），甚至尧字节（YB）。

“大数据”不仅指容量大，具备“5V”特点，更重要的是在对海量信息数据处理、整合以及分析之后创造的价值。

（三）商业价值

虽然大数据目前在国内还处于初级阶段，但是商业价值已经显现出来。首先，手中握有数据的公司站在金矿上，基于数据交易即可产生很好的效益；其次，基于数据挖掘会有很多商业模式诞生，定位角度不同，或侧重数据分析。比如帮企业做内部数据挖掘，或侧重优化，帮企业更精准找到用户，降低营销成本，提高企业销售率，增加利润。未来，数据可能成为最大的交易商品。但数据量大并不能算是大数据，大数据的特征是数据量大、数据种类多、非标准化数据的价值最大化。因此，大数据的价值是通过数据共享、交叉复用后获取最大的数据价值。未来大数据将会如基础设施一样，有数据提供方、管理者、监管者，数据的交叉复用将大数据变成一大产业。作用体现在四个方面，即对顾客客户的群体细分，它能够针对每个群体实现不同的行动；运用大数据模拟实境，实现新的需求获取和提高回报率；提高大数据在各个部门的共享程度，这样能够提高管理链条和产业链条的投入回报率；实现商业模式以及产品和服务的创新。

三、数据中台

（一）数据中台提出和概念

1. 数据中台提出

数据中台的概念由阿里巴巴首次提出，建设目标是为了高效满足前台数据分析和应用的需求。

数据中台是涵盖了数据资产、数据治理、数据模型、垂直数据中心、全域数据中心、萃取数据中心、数据服务等多个层次的体系化建设方法。

2. 数据中台概念

数据中台是一套可持续“让企业的数据用起来”的机制，一种战略选择和组织形式，是依据企业特有的业务模式和组织架构，通过有形的产品和实施方法论支撑，构建一套持续不断把数据变成资产并服务于业务的机制。

（二）数据中台的优势

1. 数据汇聚，承上启下

数据中台的作用，是将数据的价值从报表的层面提升到更贴近业务的高度。

2. 应用导向，推动全局

数据中台将数据模型、算法服务、数据产品、数据管理以业务场景为核心进行整合，以此为目的打造的数据服务与企业的业务有更强的关联性。

3. 技术升级，应用便捷

传统数据仓库无论在海量数据处理能力、节点扩展能力、实时计算能力、软件购买和维护成本等诸多方面都无法与当前的大数据平台抗衡。目前业内比较典型的就是阿里云数加平台，数加平台基本让数据开发者能够像使用传统数据库一样的使用大数据平台了，所有操作方式都是通过可视化界面进行，大部分的开发都是通过 SQL 语句来实现。

四、零售企业数据架构

（一）零售企业数据中台

目前国内大部分零售企业，是以 BI 为目标，构建现有的数据架构。通过成熟的数据仓库解决方案，将各个业务系统的数据打通，制定核心的 KPI 指标，并指导业务部门及时响应潜在的业务问题与机会。

将各个核心业务系统的数据汇总后，经历数据采集、数据存储、数据处理分析、数据可视化展现这几个阶段（图 10-1）。

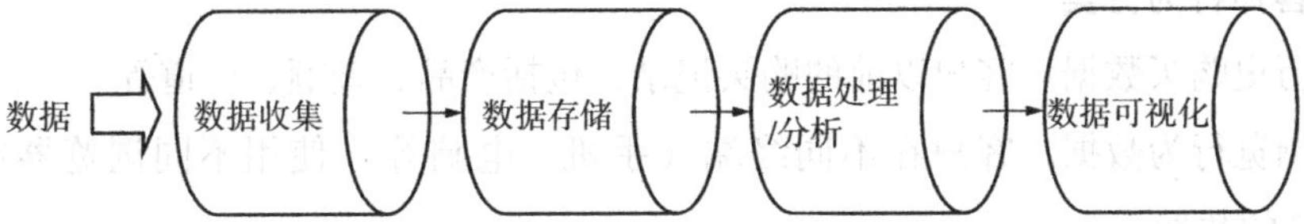

图 10-1　数据可视化的几个阶段

（二）零售企业数据应用层

数据分位三层。最底层是原始数据层，中间层是基础数据层，最上层是数据应用层。

第二节　数据收集技术

一、数据收集的种类

传统 CRM 数据主要解决的是“客户是谁”“客户买过什么东西”的问题，记录的是客户“真实”的信息（表 10-1）。

表 10-1　数据收集的种类

数据种类	客户数据类型	采集方法	客户识别
传统 CRM 数据	客户的基本信息 客户历史购买信息	从客户交易与营销活动中收集	姓名、手机号码、电子邮件、身份证号、家庭住址等
数字数据	各种客户的互联网行为	利用营销技术收集	浏览器 ID（Cookie ID）、电脑网卡的识别码（MAC）、手机的识别码（手机号、IMEI、安卓 ID）等

二、收集的客户行为分类

1. 客户基本信息

客户基本信息包括联系方式，如客户的姓名、电话、微信号、QQ 号等；客户属性，如性别、所属城市、收入水平等客户固有属性；连接关系，主要指客户和客户之间的相互关系等。

2. 按客户行为分类

（1）历史购买数据。客户以前的购买记录，包括产品、金额、渠道等。

（2）浏览行为数据。客户在不同终端（手机、电脑等）使用不同浏览器或者 APP、小程序浏览的数据。

（3）搜索行为数据。客户在网站、APP 等搜索引擎上的搜索行为。

（4）地理行为数据。客户的终端（特别是手机）出现的地理位置，因为手机是随身携带的，可以默认手机的位置就是客户本人的位置，这里包括他在卖场外部的位置数据。

（5）卖场行为数据。客户在门店的行动轨迹、滞留时间、接触过的商品等行为记录。

（6）电商行为数据。客户在不同电商、团购、O2O 平台上的浏览和购买行为。

（7）社交行为数据。客户在社交媒体上的一言一行，以及社交媒体上的关系网数据。

（8）互联网金融行为数据。在互联网上的借贷行为，以及综合相关数据得出的信用数据。

（9）营销反馈数据。当一个客户收到企业的营销后，是否有一个反馈动作，如打开邮件、到店等。

三、数据收集的来源

数据来源企业内部和企业外部，归集起来是企业内部的第一方数据，企业内部的第二方数据、第三方数据和开放数据。（表 10-2）

表 10-2　数据收集的来源

数据源	数据来源	数据源归属	数据平台	典型来源	常见数据类型
第一方数据	内部	自身	自身	CRM 数据	• 历史交易数据 • 营销积累数据 • 售后服务数据 • 网站分析数据 • 重点客户业务数据
第二方数据	外部	自身	外部	社交媒体平台 电商平台	• 社交媒体行为数据 • 电商交易数据
第三方数据	外部	外部	外部	外部供应商	• 客户行为数据 • 客户信用数据 • 其他数据
开放数据	外部	外部	外部	爬虫数据	• 互联网上可见数据

四、数据收集技术

（一）API 应用编程接口

API（Application Programming Interface，应用编程接口）应用程序接口是一组定义、程序及协议的集合，通过 API 接口实现计算机软件之间的相互通信。API 的一个主要功能是提供通用功能集。API 也是一种中间件，为各种不同平台提供数据共享。

开放 API 是服务型网站常见的一种应用，网站的服务商将自己的网站服务封装成一系列 API 开放出去，供第三方开发者使用，这种行为就叫作开放网站的 API，如微信。开放 API 举例：数量、名称、言行。

（二）网络爬虫技术

1. 深度包检测技术

深度包检测技术（Deep Packet Inspection，DPI）是一种基于应用层的流量检测和控制技术，当 IP 数据包、TCP 或 UDP 数据流通过基于 DPI 技术的带宽管理系统时，该系统通过深入读取 IP 包载荷的内容来对 OSI 七层协议中的应用层信息进行重组，从而得到整个应用程序的内容，然后按照系统定义的管理策略对流量进行整形操作。

2. 网络爬虫

网络爬虫（又名网页蜘蛛，网络机器人）是一种按照一定的规则，自动地抓取万维网信息的程序或者脚本，是搜索引擎的重要组成。

工作原理：互联网上的所有网站，各大搜索引擎都会派出它自己的爬虫程序，然后进入互联网上去抓取，把抓取到的所有内容存到它的网页内容库里面，通过索引程序做一个索引库。在客户面前的只有一个简单的搜索框，然后客户通过搜索框输入一个关键词，很快找到对应的内容，之后展现出来给客户看。

（三）Cookie 分析工具

1. Cookie 分析

就是服务器暂存放在你计算机上的一份资料，好让服务器用来辨认你的计算机。当你在浏览网站的时候，Web 服务器会先发送一段资料放在你的计算机上，Cookie 会帮你记录在网站上所打的文字或是一些选择。当下次你再光临同一个网站时，Web 服务器会先看看有没有它上次留下的 Cookie 资料，如果有，就会依据 Cookie 里的内容来判断使用者，送出特定的网页内容给你。

2. Cookie 记录的客户行为数据

（1）Cookie ID。针对每个 Cookie 的唯一识别码。

（2）用户名。客户登录网站，输入并选择“记住”的用户名。

（3）Cookie 建立和到期时间。一般 Cookie 记录的有效期是 14 天。

（4）浏览页面 URL。包含客户访问页面的域名、路径、用户名等信息。

（5）购物车商品。客户在电商类网站上将其放入购物车，没有马上购买的商品。

（6）其他行为数据。系统、浏览器、软件信息。

（四）智能探针技术

1. 智能探针技术认知

智能探针技术就是利用智能设备商 Wi-Fi 模块所发出的无线广播信号进行设备的感知。

只要一个 Wi-Fi 设备在 Wi-Fi 探针的侦听范围内，当这个 Wi-Fi 设备（无论是终端、路由器或者其他 Wi-Fi 设备）发送任何一帧（Frame）时，不管是发给谁，探针都能截获，并分析出此帧 MAC 层与物理层的一些信息。对于周围的 Wi-Fi 设备来说，探针是透明的。

探针不需要与周围的设备有任何交互，其本身不需要发出任何 Wi-Fi 信号。

2. 智能探针实际应用

（1）客流统计。可以帮助商家实现区域内的人客量的统计及分析，让商家在日常的运营中有数据的支持。Wi-Fi 探针可以实现的具体功能有：人客量统计、新老顾客、驻店时长、区域热力图、人群轨迹、来访周期等，形成线下全面的客流数据。

（2）精准营销。主要通过采集到的 MAC 地址与第三方数据，如支付数据、会员数据、线上数据、地理位置等信息相融合，得出客户的完整画像，用于销售过程中的信息支撑，这种技术也是未来新零售的突破，目前实现的公司主要有京东之家、中科爱讯、友盟等。

（3）广告投放。主要为实现线下广告的精准投放，线下广告的群体精准度相对于线上投放有质的提升，通过将会员数据、支付数据、消费数据与线上数据的结合，勾画出精准的客户画面，借助海量的 APP 平台与标签，帮助商家实现广告的精准投放，目前实现的公司主要有壁合科技、ZTM 众盟等。

MAC 数据可以同支付数据、会员数据、消费数据、营销数据、地理数据及线上数据做深度的融合，将多维度的数据集成一起勾画出完整的客户画像。

第三节　数据治理与存储技术

一、数字化营销的数据治理技术

（一）数据治理——数据标准化

数据标准化是企业或组织对数据的定义、组织、监督和保护进行标准化的过程。数据标准化分为开发（D）、候选（C）、批准（A）、驳回（R）、归档（X）几个过程。数据标准化包括数据格式（如字符型、数字型等）和定义标准化。

1. 非结构数据的结构化

非结构数据相对于结构化数据（即行数据，存储在数据库里，可以用二维表结构来逻辑表达实现的数据）而言，指不方便用数据库二维逻辑表来表现的数据。

2. 语义分析

语义分析（Semantic Analysis）是人工智能（Artificial Intelligence）的一个分支，利用自然语言处理和文本挖掘技术将自然语言、词汇和语句转化为电脑可以“理解”的数据，让计算机具备文字阅读能力，帮助客户自动化处理海量文本数据，提升文字处理效率和文本挖掘深度，降低人工成本。

“触发词汇”用来判断客户提及的词汇是否与企业的产品销售相关，是否需要继续对这条言论进行研究；“情感词汇”用来定量地判断客户对产品需求的阶段，语义分析不仅能针对文字，甚至已经做到了语音层面。

（二）数据治理——数据清理

1. 数据治理

（1）数据治理定义。数据治理（data governance）是组织中涉及数据使用的一整套管理行为。由企业数据治理部门发起并推行，关于如何制定和实施针对整个企业内部数据的商业应用和技术管理的一系列政策和流程。

国际数据管理协会（DAMA）给出的定义：数据治理是对数据资产管理行使权力和控制的活动集合。

国际数据治理研究所（DGI）给出的定义：数据治理是一个通过一系列信息相关的过程来实现决策权和职责分工的系统，这些过程按照达成共识的模型来执行，该模型描述了谁（who）能根据什么信息，在什么时间（when）和情况（where）下，用什么方法（how），采取什么行动（what）。

数据治理的最终目标是提升数据的价值，数据治理非常必要，是企业实现数字战略的基础，它是一个管理体系，包括组织、制度、流程、工具。

（2）数据治理内容。以企业财务管理为例，会计负责管理企业的金融资产，遵守相关制度和规定，同时接受审计员的监督；审计员负责监管金融资产的管理活动。数据治理扮演的角色与审计员类似，其作用就是确保企业的数据资产得到正确有效的管理。

由于切入视角和侧重点不同，因此业界给出的数据治理定义已经不下几十种，到目前为止还未形成一个统一标准的定义。

ITSS WG1 认为数据治理包含以下几方面内容：①确保信息利益相关者的需要评估，以达成一致的企业目标，这些企业目标需要通过对信息资源的获取和管理实现；②确保有效助力业务的决策机制和方向；③确保绩效和合规进行监督。

（3）数据治理过程。从范围来讲，数据治理涵盖了从前端事务处理系统、后端业务数据库到终端的数据分析，从源头到终端再回到源头形成一个闭环负反馈系统（控制理论中趋稳的系统）。从目的来讲，数据治理就是要对数据的获取、处理、使用进行监管（监管就是我们在执行层面对信息系统的负反馈），而监管的职能主要通过以下五个方面的执行力来保证——发现、监督、控制、沟通、整合。

2. 数据清理

（1）用来自多个联机事务处理（OLTP）系统的数据仓库的进程的一部分。该进程必须解决不正确的拼写、两个系统之间冲突的拼写规则和冲突的数据（如对于相同的部分具有两个编号）之类的错误。

编码或把资料录入时的错误，会威胁到测量的效度。数据清理主要解决数据文件建立中的人为误差，以及数据文件中一些对统计分析结果影响较大的特殊数值。常用的数据清理方法包括可编码式清理和联列式清理。

数据清理是一个过程，它包括两步：第一步是偏差检验，第二步是数据变换。同时这两步迭代进行。

（2）数据清理方法。凭借经验对收集的客户数据质量进行评估；通过相关字段的对比了解数据真实度；通过一些工具对数据进行清理，清除数据中的空格、非法字符等；通过测试工具对已经确认格式和逻辑正确的数据进行测试。下载一些存储分析器，在基础架构上运行这个程序，找出 90 天内没有被访问或修改的所有文件。做一个列表单并尽量将其与活动目录联系起来。

（三）数据治理——数据匹配

同一个客户出现在同一个企业的多个数据收集渠道中是一个普遍现象，识别这个客户并拼合多个数据源的行为能帮助企业更加精准地了解客户，并且找到更加精确的营销推送渠道。

二、数据存储技术

（一）数字化营销基础设施架构

数字化营销基础设施架构，按照企业建设的内部设施和可以直接采购使用的外部工具及不同的功能，可分为数据管理类和数据应用类。

1. CRM 客户管理系统

是一套先进的管理模式，其实施要取得成功，必须有强大的技术和工具支持，是实施客户关系管理必不可少的一套技术和工具集成支持平台。CRM 客户管理系统基于网络、通讯、计算机等信息技术，能实现不同职能部门的无缝连接，能够协助管理者更好地完成客户关系管理的两项基本任务：识别和保持有价值客户。

2. 数据管理平台

数据管理平台（Data Management Platform）能够为广告投放提供人群标签进行受众精准定向，并通过投放数据建立用户画像，进行人群标签的管理以及再投放。按照数据归属，用户数据可以分为：第一方数据：需求方即广告主有用户数据，包括网站/APP 监测数据、CRM 数据、电商交易数据等。第二方数据：需求方服务提供者在广告投放过程中积累的业务数据，如 DSP 平台业务中积累的受众浏览广告、点击广告等相关数据。第三方数据：非直接合作方拥有的数据，如运营商数据等。

（二）360 度客户视图

360 度客户视图的建立是为了回答企业的六个问题（5W+1H）：who（客户是谁）、what（客户买过什么，要买什么）、where（哪种营销渠道对客户起作用，客户将通过哪些渠道进行购买）、when（客户的购买时间）、why（客户的痛点和购买理由）、how（营销如何接触客户，什么样的内容能打动客户）。

（三）数据安全

数据安全存在着多个层次，如：制度安全、技术安全、运算安全、存储安全、传输安全、产品和服务安全等。对于计算机数据安全来说，制度安全治标，技术安全治本，其他安全也是必不可少的环节。数据安全是计算机以及网络等学科的重要研究课题之一。它不仅关系到个人隐私、企业商业隐私，而且数据安全技术直接影响国家安全。目前网络信息安全已经是一个国家国防的重要研究项目之一。从这个角度上来说，不加密的数据是不安全的，容易造成泄密事件，所以像 Uni BDP 此类数据防泄露系统的普及，其重要性显得就不言而喻。这就涉及了计算机网络通信的保密、安全及软件保护等问题。需要从以下四个方面保证数据安全。

1. 遵守国家法律法规

随着大数据应用范围越来越广泛，各领域都离不开数据和数字基础设施，各类大数据平台承载着海量的数据资源，大量敏感资源和重要数据的安全保护尤为重要。

企业和个人必须遵守《贵阳市大数据安全管理条例》《信息安全技术个人信息安全规范》《信息安全技术大数据服务安全能力要求》《信息安全技术大数据安全管理指南》《信息安全技术个人信息安全影响评估指南》和《信息安全技术数据出境安全评估指南》等大数据安全领域标准法规。

2. 专业数据安全软件

信息安全软件或数据安全软件有对立的两方面的含义：①数据本身的安全，主要是指采用现代密码算法对数据进行主动保护，如数据保密、数据完整性、双向强身份认证等；②数据防护的安全，主要是采用现代信息存储手段对数据进行主动防护，如通过磁盘阵列、数据备份、异地容灾等手段保证数据的安全，数据安全是一种主动的包含措施，数据本身的安全必须基于可靠的加密算法与安全体系，主要是有对称算法与公开密钥密码体系两种。

3. 严格的数据管控流程

（1）信息安全风险评估就是从风险管理角度，运用科学的方法和手段，系统地分析网络与信息系统所面临的威胁及其存在的脆弱性，评估安全事件一旦发生可能造成的危害程度，提出有针对性的抵御威胁的防护对策和整改措施。

（2）信息安全风险评估工作要按照“严密组织、规范操作、讲求科学、注重实效”的原则开展。要重视和加强对信息安全风险评估工作的组织领导，完善相应的评估制度，形成预防为主、持续改进的信息安全风险评估机制。

（3）信息安全风险评估作为信息安全保障工作的基础性工作和重要环节，应贯穿于网络和信息系统建设运行的全过程。在网络与信息系统的设计、验收及运行维护阶段均应当进行信息安全风险评估。

（4）重视信息安全风险评估核心技术、方法和工具的研究与攻关，积极开展信息安全风险评估的培训与交流，加强信息安全风险评估工作的组织领导。

第十一章

数据应用技术

第一节　数据分析技术

一、数据挖掘技术简介

（一）数据挖掘定义和特点

1. 数据挖掘定义

数据挖掘（data mining），又译为资料探勘、数据采矿。它是数据库知识发现（knowledge-discovery in databases，KDD）中的一个步骤。数据挖掘一般是指从大量的数据中自动搜索隐藏于其中的有着特殊关系性的信息的过程。数据挖掘通常与计算机科学有关，并通过统计、在线分析处理、情报检索、机器学习、专家系统（依靠过去的经验法则）和模式识别等诸多方法来实现上述目标。

2. 数据挖掘的主要特点

数据挖掘，在人工智能领域，习惯上又称为数据库中的知识发现，也有人把数据挖掘视为数据库中知识发现过程的一个基本步骤。知识发现过程由以下三个阶段组成：①数据准备；②数据挖掘；③结果表达和解释。

数据挖掘可以与用户或知识库交互。数据挖掘是通过分析每个数据，从大量数据中寻找其规律的技术，主要有数据准备、规律寻找和规律表示三个步骤。数据准备是从相关的数据源中选取所需的数据并整合成用于数据挖掘的数据集；规律寻找是用某种方法将数据集所含的规律找出来；规律表示是尽可能以用户可理解的方式（如可视化）将找出的规律表示出来。

数据挖掘的任务有关联分析、聚类分析、分类分析、异常分析、特异群组分析和演变分析，等等。

3. 数据科学最常用流程

在大数据时代，数据挖掘是最关键的工作。大数据的挖掘是从海量、不完全的、有噪声的、模糊的、随机的大型数据库中发现隐含在其中有价值的、潜在有用的信息和知识的过程，也是一种决策支持过程。其主要基于人工智能、机器学习、模式学习、统计学等。通过对大数据高度自动化地分析，做出归纳性的推理，从中挖掘出潜在的模式，可以帮助企业、商家、用户调整市场政策、减少风险、理性面对市场，并做出正确的决策。目前，在很多领域尤其是在商业领域如银行、电信、电商等，数据挖掘可以解决很多问题，包括市场营销策略制定、背景分析、企业管理危机等。大数据的挖掘常用的方法有分类、回归分析、聚类、关联规则、神经网络方法、Web 数据挖掘等。这些方法从不同的角度对数据进行挖掘。

将整个数据挖掘过程分成了以下六个步骤：①商业理解；②数据理解；③准备数据；④建立相应的模型；⑤对模型进行评估；⑥发布模型。

（二）大数据预测分析

大数据预测是大数据最核心的应用，它将传统意义的预测拓展到“现测”。大数据预测的优势体现在，它把一个非常困难的预测问题，转化为一个相对简单的描述问题，而这是传统小数据集根本无法企及的。从预测的角度看，大数据预测所得出的结果不仅仅是用于处理现实业务的简单、客观的结论，更是能用于帮助企业经营的决策。

1. 预测是大数据的核心价值

大数据的本质是解决问题，大数据的核心价值就在于预测，而企业经营的核心也是基于预测而做出正确判断。在谈论大数据应用时，最常见的应用案例便是“预测股市”“预测流感”“预测消费者行为”等。

大数据预测则是基于大数据和预测模型去预测未来某件事情的概率。让分析从“面向已经发生的过去”转向“面向即将发生的未来”是大数据与传统数据分析的最大不同。

大数据预测的逻辑基础是，每一种非常规的变化事前一定有征兆，每一件事情都有迹可循，如果找到了征兆与变化之间的规律，就可以进行预测。大数据预测无法确定某件事情必然会发生，它更多是给出一个事件发生的概率。

实验的不断反复、大数据的日渐积累让人类不断发现各种规律，从而能够预测未来。利用大数据预测可能的灾难，利用大数据分析癌症可能的引发原因并找出治疗方法，都是未来能够惠及人类的事业。

例如，大数据曾被洛杉矶警察局和加利福尼亚大学合作用于预测犯罪的发生；Google 流感趋势利用搜索关键词预测禽流感的散布；麻省理工学院利用手机定位数据和交通数据进行城市规划；气象局通过整理近期的气象情况和卫星云图，更加精确地判断未来的天气状况。

2. 大数据预测的思维改变

在过去，人们的决策主要是依赖 20% 的结构化数据，而大数据预测则可以利用另外 80% 的非结构化数据来做决策。大数据预测具有更多的数据维度，更快的数据频度和更广的数据宽度。与小数据时代相比，大数据预测的思维具有三大改变：实样而非抽样；预测效率而非精确；相关关系而非因果关系。

（1）实样而非抽样。在小数据时代，由于缺乏获取全体样本的手段，人们发明了“随机调研数据”的方法。理论上，抽取样本越随机，就越能代表整体样本。但问题是获取一个随机样本的代价极高，而且很费时。人口调查就是一个典型例子，一个国家很难做到每年都完成一次人口调查，因为随机调研实在是太耗时耗力，然而云计算和大数据技术的出现，使得获取足够大的样本数据乃至全体数据成为可能。

（2）效率而非精确。小数据时代由于使用抽样的方法，所以需要在数据样本的具体运算上非常精确，否则就会“差之毫厘，失之千里”。例如，在一个总样本为 1 亿的人口中随机抽取 1 000 人进行人口调查，如果在 1 000 人上的运算出现错误，那么放大到 1 亿中时，偏差将会很大。但在全样本的情况下，有多少偏差就是多少偏差，而不会被放大。

在大数据时代，快速获得一个大概的轮廓和发展脉络，比严格的精确性要重要得多。有时候，当掌握了大量新型数据时，精确性就不那么重要了，因为我们仍然可以掌握事情的发展趋势。大数据基础上的简单算法比小数据基础上的复杂算法更加有效。数据分析的目的并非就是数据分析，而是用于决策，故而时效性也非常重要。

（3）相关性而非因果关系。大数据研究不同于传统的逻辑推理研究，它需要对数量巨大的数据做统计性的搜索、比较、聚类、分类等分析归纳，并关注数据的相关性或称关联性。相关性是指两个或两个以上变量的取值之间存在某种规律性。相关性没有绝对，只有可能性。但是，如果相关性强，则一个相关性成功的概率是很高的。

相关性可以帮助我们捕捉现在和预测未来。如果 A 和 B 经常一起发生，则我们只需要注意到 B 发生了，就可以预测 A 也发生了。

根据相关性，我们理解世界不再需要建立在假设的基础上，这个假设是指针对现象建立的有关其产生机制和内在机理的假设。因此，我们也不需要建立这样的假设，即哪些检索词条可以表示流感在何时何地传播；航空公司怎样给机票定价；沃尔玛顾客的烹饪喜好是什么。取而代之的是，我们可以对大数据进行相关性分析，从而知道哪些检索词条是最能显示流感的传播的，飞机票的价格是否会飞涨，哪些食物是飓风期间待在家里的人最想吃的。

数据驱动出关于大数据的相关性分析法，取代了基于假想的易出错的方法。大数据的相关性分析法更准确、更快，而且不易受偏见的影响。建立在相关性分析法基础上的预测是大数据的核心。

相关性分析本身的意义重大，同时它也为研究因果关系奠定了基础。通过找出可能相关的事物，我们可以在此基础上进行进一步的因果关系分析。如果存在因果关系，则再进一步找出原因。这种便捷的机制通过严格的实验降低了因果分析的成本。我们也可以从相互联系中找到一些重要的变量，这些变量可以用到验证因果关系的实验中去。

3. 应用—用户行为预测

基于用户搜索行为、浏览行为、评论历史和个人资料等数据，互联网业务可以洞察消费者的整体需求，进而进行针对性的产品生产、改进和营销。《纸牌屋》选择演员和剧情，百度基于用户喜好进行精准广告营销，阿里根据天猫用户特征包下生产线定制产品，Amazon 预测用户点击行为提前发货均是受益于互联网用户行为预测。

受益于传感器技术和物联网的发展，线下的用户行为洞察正在酝酿。免费商用Wi-Fi，iBeacon 技术、摄像头影像监控、室内定位技术、NFC 传感器网络、排队叫号系统，可以探知用户线下的移动、停留、出行规律等数据，从而进行精准营销或者产品定制。

大数据预测分析基于每一种非常规的变化事前一定有征兆，每一件事情都有迹可循，如果找到了征兆与变化之间的规律，就可以进行预测。

二、零售数字化营销中常见的数据分析项目

（一）目标客户的特征分析

客户画像是指根据收集的客户信息，包括客户的基本社会属性、客户生活习惯和消费水平等信息，而刻画出来的具有多种标签的客户“外貌”，也即客户模型。构建模型的过程中最重要的是对客户标签进行精准识别，所识别的标签能准确地刻画出客户的明显特征，然后像传统 CRM 营销一样进行针对性营销。

（二）目标客户的预测（响应、分类）

这里的预测（响应、分类）包括流失预警模型、运营活动响应模型等，响应模型的核心就是响应概率。预测（响应、分类）模型除了可以有效预测个体响应的概率之外，模型本身显示出的重要输入变量与目标变量的关系也有重要的业务价值，比如说可以转化成伴随（甚至导致）发生响应（生成事件）的关联因素、重要因素的提炼。

（三）目标群体的活跃度定义

活跃度的定义没有统一的描述，一般都是根据特定的业务场景和运营需求来量身定做的，活跃度的定义所涉及的统计技术主要有两个，一个是主成分分析，另一个是数据的标准化。

（四）用户路径分析

在运营团队看来，路径分析的主要用途，其一为监控运营活动（或者目标客户），看是否与当初的运营设想一致。如果不一致，就继续深入分析原因，调整运营思路或页面布

局，最终目的就是提升用户点击页面的效率；其二就是通过路径分析，提炼新的有价值的频繁路径模式，并且在以后的运营中对这些模式加以应用，提升运营的效率和特定效果。

（五）交叉销售模型

交叉销售模型通过对用户历史消费数据的分析挖掘，找出有明显关联性质的商品组合，然后用不同的建模方法，去构建消费者购买这些关联商品组合的可能性模型，再用其中优秀的模型去预测新客户中购买特定商品组合的可能性。

（六）商品推荐模型

推荐系统主要通过统计和数据挖掘技术，并根据用户在商店的行为，主动为用户提供推荐服务，从而来提高商店购物体验。根据不同的商业需求，推荐系统需要满足不同的推荐粒度，主要以商品推荐为主，但是还有一些其他粒度推荐。譬如 Query 推荐、商品类目推荐、商品标签推荐、店铺推荐等。

（七）门店吸引力模型

如果知道商圈内在某品类（如食品）的总消费额，那么总消费额乘以该商圈内顾客到某一家门店去购物的概率，就可以估算出该商圈内顾客在该门店的消费额。而且为了体现核心商圈、次级商圈以及边缘商圈的不同，对其采取了不同的概率。用来计算概率的模型就是引力模型，此处主要介绍哈夫模型。

哈夫概率模型基本法则依然是引用万有引力原理。它提出了购物场所各种条件对消费者的引力和消费者去购物场所感觉到的各种阻力决定了商圈规模大小的规律。哈夫模型区别于其他模型的不同在于模型中考虑到了各种条件产生的概率情况。

哈夫从消费者的立场出发，认为消费者前往某一商业设施发生消费的概率，取决于该商业设施的营业面积、规模实力和时间三个要素。商业设施的营业面积大小反映了该商店商品的丰富性，商业设施的规模实力反映了该商店的品牌质量、促销活动和信誉等，从居住地到该商业设施的时间长短反映了顾客到目的地的方便性。同时，哈夫模型中还考虑到不同地区商业设备、不同性质商品的利用概率。

哈夫模型是国外在对零售店商圈规模调查时经常使用的一种计算方法，主要依据卖场引力和距离阻力这两个要素来进行分析，运用哈夫模型能求出从居住地去特定商业设施的出行概率，预测商业设施的销售额，商业集聚的集客能力，从而得知商圈结构及竞争关系会发生怎样的变化，在调查大型零售店对周边商业集聚的影响力时也经常使用这一模型。

哈夫概率法则的最大特点是更接近于实际，他将过去以都市为单位的商圈理论具体到以商店街、百货店、超级市场为单位，综合考虑人口、距离、零售面积规模等多种因素，将各个商圈地带间的引力强弱、购物比率发展成为概率模型的理论。

（八）用户分层模型

用户（消费者、供应商）分层模型也是零售运营中常见的解决方案之一，精细化运营必然会要求区别对待，而分层（分群）则是区别对待的基本形式。分层模型是介于粗放运营与基于个体概率预测模型之间的一种折中和过渡模型，其既兼顾了精细化（相对粗放经济而言）的需要，又不需要（太多资源）投入预测模型的搭建和维护中，因而在数字化营销的初期以及在战略层面的分析中，分层模型有着比较广泛的应用和较大的价值。

（九）信息质量模型

信息质量模型在实体零售领域最直接的应用领域是陈列优化或者说视觉营销，在互联网行业和互联网数据化运营中也是有着广泛基础性应用。

（十）服务保障模型

服务保障模型主要是站在为供应商服务的角度来说的，出发点是为了让供应商（或者商户）更好地做生意，达成更多的交易，我们作为平台方应该为他们提供那些有价值的服务以支持、保障供应商生意的发展。

第二节　零售企业如何使用技术

一、销售渠道拓展和强化

（一）销售渠道向线上的拓展

从店面销售向第三方电商、自营电商、社交媒体电商、第三方团购和APP拓展，营销人员主要职责从八个方面延伸，企业关注和营销重点发生重大改变，企业的销售渠道得到优化。

（二）线上业务

利用数据向线上平台提供优质流量。利用数据平台，通过引流方式开展线上业务。引流分为内流引导和外流引导。例如淘宝网，内流引导主要是指通过淘宝网内部引导流量，淘宝网上有千千万万的卖家，买家到达店铺的主要途径就是通过淘宝搜索，因此宝贝标题是引导淘宝内部流量的重中之重。外流引导主要指淘宝以外的流量引导。

二、零售企业使用技术

（一）营销自动化

1. 营销自动化定义

指的是基于大数据的用于执行、管理和自动完成营销任务和流程的云端的一种软件。这种软件改变了人工操作重复性市场营销流程，取而代之的是为特定目的建立的用以面向性能应用的软件。

营销自动化的着眼点在于通过设计、执行和评估市场营销行动和相关活动的全面框架，赋予市场营销人员更强的工作能力，使其能够直接对市场营销活动的有效性加以计划、执行、监视和分析，并可以应用工程流技术，优化营销流程，使一些共同的任务和过程自动化。

2. 营销自动化的主要功能

（1）营销目的。在于通过设计、执行和评估市场营销行动和相关活动的全面框架，赋予市场营销人员更强的工作能力，使其能够直接对市场营销活动的有效性加以计划、执行、监视和分析，并可以应用工程流技术，优化营销流程，使一些共同的任务和过程自动化。

（2）营销计划。营销自动化不仅具备识别和区分不同的用户群体或用户所在层级，还具备“探测场景”的能力，比如能去检测用户此时进入了新城市，在此基础上再去提供消息触达或执行下一步的营销方案的能力。根据用户的购买历史记录细分电子邮件广告系列，可以实现相关的产品更新，定向折扣和建议。例如，购买自行车的顾客可以很好地响应自行车配件的促销，例如头盔或衣服。

（3）营销渠道。渠道整合管理、数据整合及挖掘均通过营销自动化系统完成。

（4）营销效果。营销自动化可针对不同用户群体采取不同的营销策略。比如针对价格敏感型客户可以推送折扣商品，针对追求品牌型客户可以推送品牌新推商品，这样按人群特征进行营销，可以更好地提升营销效果。

（二）营销接触点

主要包含程序化购买、APP 推广、iMessage、弹窗、搜索引擎、展示广告、论坛、团购、网站广告积分墙和问答类等。

（三）二次营销

二次营销又称“经营客户”，是对相同的客户在不同时期、不同地点产生不同需求的管理。能最大限度地保留老客户，营销成本很低（注：开发新客户的成本是留住老客户成本的 5 ~ 8 倍）。

（四）个性化营销

个性化营销亦称“定制化营销”，是人类最原始的营销模式，其基本做法是量体裁衣式地为顾客定制其所需要的合适产品或服务，是在大批生产与营销方式产生之前，企业所采用的最主要的营销方式。这一方式成本高、效率低，常常不能令企业获得大规模的发展，后随着大批欧洲生产与营销方式兴起而逐渐式微但在奢侈品领域，仍然是主要的营销方式。随着现代信息技术的发展，交易成本大大降低，同时也使得企业与顾客之间的实时互动成为可能，于是个性化营销又开始成为具有竞争力的营销方式。

（五）合作营销

合作营销也叫联合营销或联动营销，是指两个以上的企业或品牌拥有不同的关键资源，而且彼此的市场有某种程度的区分，为了彼此的利益，进行战略联盟，交换或联合彼此的资源，合作开展营销活动，以创造竞争优势。联合营销的最大好处是可以使联合体内的各成员以较少费用获得较大的营销效果，有时还能达到单独营销无法达到的目的。联合营销的兴起与当今市场激烈竞争和科技飞速发展有着密切关系。面对众多水平高、实力强的对手，任何一个企业都不可能在所有方面处于优势。在这种形势下，具有优势互补关系的企业便纷纷联合起来，实施联合营销，共同开发新产品、共享人才和资源，共同提供服务等，从而降低竞争风险，增强企业竞争能力。

如果企业可以通过大数据非常清晰地描述自己目标客户群的客户画像，并且通过大数据工具（如百度司南）找到一些平台，这些平台自身拥有与企业客户画像匹配的客户积累，并且完成了对客户的信任背书和持续吸引力，企业就可以借对方平台的客户资源进行营销推广，这种方式比企业自身积累客户数据会更快。

三、营销效果衡量

（一）网站分析

网站分析（web analytics）是一种对网站访客行为的研究。于商务应用背景来说，网站分析特别指的是来自某网站搜集来的资料的使用，以决定网站布局是否符合商业目标；例如，哪个登录页面（landing page）比较容易刺激顾客购买欲。这些搜集来的资料几乎总是包括网站流量报告，也可能包括电子邮件回应率、直接邮件活动资料、销售与客户资料、使用者效能资料如点击热点地图，或者其他自订需求资讯。这些资料通常与关键绩效指标比较以得效能资讯，并且可用来改善行销活动中观众的反应情况。

（二）资源最优化

在市场经济体制下，市场机制是资源配置的决定性力量。零售企业使用大数据技术，可以使资源配置最优化，发挥资源优势。

（三）销售漏斗分析

销售漏斗分析的意义在于，通过直观的图形方式，指出公司的客户资源从潜在客户阶段，发展到意向客户阶段、谈判阶段和成交阶段的比例关系，或者说是转换率。

第三节 如何向供应商数据变现

一、零售商分类

1. 垂直零售商

顾名思义，专注于某一垂直品类领域，拥有自己的品牌，店内售卖的多是自己生产的品牌商品。

2. 平台零售商

提供的是一个商品交易场所，店内所售商品多由其供应商（或称品牌商）提供，诸如沃尔玛、家乐福、易初莲花、永辉等耳熟能详的超市卖场都是典型的平台零售商。

二、零售商数据对供应商的价值

零售商需要开发猜测模型，然后辨认移动客户，并从他们身上赚到钱；还需要拟定有用的促销和激励机制，来留住客户及削减丢失。零售商大概采纳几个过程来完成这一点，比方描绘包含 Android、iOS 以及 HTML5 应用程序在内的移动系统，来搜集丰厚的数据。随着互联网大数据的落地式运用，互联网大数据的使用价值将慢慢获得反映。现阶段在互联网技术行业，大数据技术早已获得了比较普遍的运用。互联网大数据有关技术性围绕统计数据使用价值化进行，统计数据使用价值化将开拓出众多的销售市场室内空间，重中之重取决于数据自身，将促进全部信息化管理社会发展颠覆式创新。

具体价值表现在两个方面：①帮助供应商 KA（重点零售商客户）加强与零售商合作，提升店内品牌表现；②支持顾客洞察/市场营销/品牌团队从顾客角度了解品牌。

三、具体应用

移动购物正变成电子商务的下一个革新，因而零售商们有必要专心搜集和剖析一组有价值的新数据。“比方 Hadoop 一类，显然对于大数据环境的技能，是至关重要的。”零售业大数据的应用有两个方面：①零售业能够掌握顾客消费爱好和发展趋势，开展货品的大数据营销，减少营销推广成本费。②根据顾客选购商品，为顾客出示将会选购的其他商品，扩张销售总额，也归属于大数据营销层面。此外，零售业能够根据互联网大数据把握将来消费发展趋势，有益于热销产品的拿货管理方法和过季货品的解决。具体如下。

（一）品牌天然的 CRM 会员库

线上线下会员一体管理，服务号粉丝一键导入会员 CRM，关注即会员，多维会员档案库，会员积分，会员储值，会员跟进、会员消费记录、会员消费消息提醒，打造 O2O 会员互动关系，加强管理。即会员推广+分销+互动三维一体管理；专属二维码吸粉，客带客转介绍获积分；会员短信、粉丝微信精准推送；全方位实现会员的发展、激活、培养。

（二）小众商品/新品顾客画像

用户画像是根据用户社会属性、生活习惯和消费行为等信息而抽象出的一个标签化的用户模型。

1. 用户画像

又称用户角色，作为一种构画目标用户、联系用户诉求与设计方向的有效工具，用户画像在各领域得到了广泛的应用。

2. 用户画像的八要素

做产品怎么做用户画像，用户画像是真实用户的虚拟代表，首先它是基于真实的，它不是一个具体的人，另外一个是根据目标的行为观点的差异区分为不同类型，迅速组织在一起，然后把新得出的类型提炼出来，形成一个类型的用户画像。一个产品需要 4 ~ 8 种类型的用户画像。用户画像的 PERSONAL 八要素如下。

（1）P 代表基本性（Primary）。指该用户角色是否基于对真实用户的情景访谈；

（2）E 代表同理性（Empathy）。指用户角色中包含姓名、照片和产品相关的描述，该用户角色是否引起同理心；

（3）R 代表真实性（Realistic）。指对那些每天与顾客打交道的人来说，用户角色是否看起来像真实人物；

（4）S 代表独特性（Singular）。每个用户是否是独特的，彼此很少有相似性；

（5）O 代表目标性（Objectives）。该用户角色是否包含与产品相关的高层次目标，是否包含关键词来描述该目标；

（6）N 代表数量性（Number）。用户角色的数量是否足够少，以便设计团队能记住每个用户角色的姓名，以及其中的一个主要用户角色；

（7）A 代表应用性（Applicable）。设计团队是否能使用用户角色作为一种实用工具进行设计决策。

（8）L 代表长久性（Long）。用户标签的长久性。

3. 用户画像的优点

（1）用户画像可以使产品的服务对象更加聚焦，更加的专注。在行业里，我们经常看到这样一种现象：做一个产品，期望目标用户能涵盖所有人，如男人女人、老人小孩、专家小白、文青屌丝等。通常这样的产品会走向消亡，因为每一个产品都是为特定目标群的共同标准而服务的，当目标群的基数越大，这个标准就越低。换言之，如果这个产品是适合每一个人的，那么其实它是为最低的标准服务的，这样的产品要么毫无特色，要么过于简陋。

（2）用户画像还可以提高决策效率。在现在的产品设计流程中，各个环节的参与者非常多，分歧总是不可避免，决策效率无疑影响着项目的进度。而用户画像是来自于对目标用户的研究，当所有参与产品的人都基于一致的用户进行讨论和决策，就很容易约束各方能保持在同一个大方向上，提高决策的效率。

（三）赋能品牌自有会员的管理和评估

1. 赋能品牌自有会员的管理

（1）会员管理。简介会员管理是企业信息管理系统中不可忽略的业务。会员管理包括会员资格获得，资格会员管理，会员奖励（体现在会员管理或者客户关系管理过程中）与优惠（体现在销售消费过程中），会员分析与保持（体现在客户关系管理的数据挖掘分析中）。

会员制营销其实就是网络会员制营销，它的英文是“affiliate program”或者“associate programs”，国内也有文章翻译为其他名词，如“联属网络营销”“会员制计划”“合作行销”等。

（2）定义。网络会员制是通过利益关系和电脑程序将无数个网站连接起来，将商家的分销渠道扩展到地球的各个角落，同时为会员网站提供了一个简易的赚钱途径。一个网络会员制营销程序应该包含一个提供这种程序的商业网站和若干个会员网站，商业网站通过各种协议和电脑程序与各会员网站联系起来。

最初的网络会员制营销是拓展网上销售渠道的一种方式，主要适用于有一定实力和品牌知名度的电子商务公司。会员制营销已经被证实为电子商务网站的有效营销手段，国外许多网上零售型网站都实施了会员制计划，几乎已经覆盖了所有行业。2000 年底前转介率开始应用网络会员制营销方法，到 2003 年，网络会员制营销才真正开始在国内大型网络公司广泛应用，不仅受到大型电子商务网站的重视，也扩展到其他网络服务领域，如搜索引擎的竞价排名、竞价广告等。

（3）会员管理目的。会员管理是对企业会员基本资料、消费、积分、储值、促销和优惠政策透过信息管理，达到商家和客户随时保持良好的联系，从而让客户重复消费，提高客户忠诚度，实现业绩增长的目的。

（4）会员管理内容。

1）会员资格获得。根据企业市场策划需要，制订会员资格获得政策，在此政策下，客户自动获得或者以手工录入方式获得会员资格。

2）资格会员管理。手工增加/登记会员，修改会员资料，取消/恢复会员资格，冻结/解冻会员资格，会员升级/降级。

3）会员奖励与优惠。在每次提出会员实施方案时，重要的就是要定义会员资格获得方式、会员期间奖励、优惠与处罚措施。

4）会员分析与保持。通过对会员消费/销售历史数据在线分析，提出会员的交叉销售、客户保持与获得参考方案，属于客户关系管理与决策支持分析功能。

会员管理是会员营销的具体实施过程，具体包括企业会员库建立、会员数据分析及挖掘、分类及实时更新，积分发行及兑换，会员企业间实现会员交换、共享，会员二次营销等服务。

2. 赋能品牌自有会员的评估

（1）通过市场营销、宣传推广等形式提升企业品牌知名度和影响力，多种渠道、多种方式开展招募活动，扩大会员规模。

（2）健全会员登记制度，搜索内容齐全的客户信息，运用数据挖掘、数据分析等手段进行会员分类，确定重要客户的范围。

（3）建立会员对商品或服务的意见建议反馈机制，通过会员的用户体验、服务需求、甚至投诉和抱怨，不断提升服务质量。

（4）优化企业对所提供的商品或服务的售后服务，缩短维修反应时间，提升维修服务质量，保持和增加客户对企业品牌的忠诚度。

（5）运用客户关系管理模式，将一次销售的完成变成另一次销售的开始，通过邮寄企业发展情况、商品和服务更新情况的资料，对老客户开展积极营销。

第十二章

以顾客为中心

第一节 如何认知顾客

一、什么是以顾客为中心

以顾客为中心是以买方（顾客群）的要求为中心，其目的是从顾客的满足之中获取利润，这可以认为是一种“以消费者（用户）为导向”或称“市场导向”的经营观念。正因为如此，两者实现目的的方法或途径也是有区别的；前者主要依靠增加生产或加强推销，企业重点考虑的是“我擅长生产什么”；后者则是组织以产品适销对路为轴心的整体市场营销活动，企业首先考虑的是“消费者（用户）需要什么”。

以顾客为中心同时也是新零售最重要的标签。新零售经营中用户不但是消费者，更深度参与了新零售经营的各个环节，其可以是投资者，可以是分销者，可以是传播者，更可以是“数据者”，能提供数据、分享数据、应用数据等。“用户标签”是新零售经营中对用户价值的界定，其关系着用户如何参与到新零售经营中，也关系到用户力量的发挥，更涉及用户经营的创新突破，涉及新零售经营中模式的创新突破。

“新零售经营”是线上线下一体化的经营，需要最大化发挥用户价值，其充分激活了用户能量，“五重用户标签”明显。用户可以直接购买商品，成为“消费者”；用户可以投资网店经营和终端经营，成为“投资者”；用户可以传播有价值的新零售内容，成为“传播者”；用户可以积极分销新零售涉及的商品及服务，成为“分销者”；用户也可以成为“数据样本”，成为数据的参与者、提供者和价值共享者。

用户的消费标签价值是最重要的一个价值，没有消费者，新零售经营就无从谈起，再强大的分销裂变也无法支撑“缺失的消费出口”，“扩大消费、促进购买”是每家新零售经营企业需要重点考虑的事务。

“扩大消费”，让用户多购买商品或多次消费服务，是新零售经营中的重要一环，也是新零售经营中的关键性“交易出口”之一；大家在推进新零售时，可以采用活动刺激，开展特价秒杀、拼团、砍价等活动促进购买，也可以通过意见领袖传播拉动，更可以通过社群互动进行用户的 C2B 定制。

1. 识别你的顾客：会员制度的重要性

（1）识别你的顾客是以顾客为中心的第一步。客户识别是在确定好目标市场的情况下，从目标市场的客户群体中识别出对企业有意义的客户，作为企业实施 CRM 的对象。由于目标市场客户的个性特征各不相同，不同客户与企业建立并发展客户关系的倾向也各不相同，因此他们对企业的重要性是不同的。

客户识别就是通过一系列技术手段，根据大量客户的特征、购买记录等可得数据，找出谁是企业的潜在客户，客户的需求是什么、哪类客户最有价值等，并把这些客户作为企业客户关系管理的实施对象，从而为企业成功实施 CRM 提供保障。

（2）评估会员制度的优劣指标：会员销售占比。

会员销售占比公式：销售占比（%）= 销售额/总计销售额

销售的所有产品中某一类产品的销售额占所有产品的销售额的百分比（同一时间段）。会员消费占比是衡量会员优劣的重要指标。

（3）科技让会员的识别越来越容易：会员店。

会员店是一类特殊的线下零售。会员店可根据用户定位所在的地理位置，随时随地展现出附近精选的餐厅、电影院、酒店、水吧、KTV 等特色商家。宗旨是为了帮助用户快速发现身边最好玩、最新鲜的生活方式。

会员店是一款集合全城所有优质商铺的折扣、优惠券、活动等功能的手机 APP。无需会员卡，就可以随时随地享受会员折扣，是人们随身携带的“电子会员卡包”。

2. 大数据洞察：让你了解你的顾客

海量的数据是理解顾客的最佳路径，大数据的概念在国内最早开始于 2012 年，大数据的兴起是伴随着互联网，尤其是移动互联网的发展。每个个体通过 PC 和手机，或者主动或者被动的留下行动轨迹被提供服务的企业所捕捉，用于用户行为的研究和理解。

3. 顾客标签

是指通过标签接收信息和发布信息。我们可以根据自己的需求，使用不同的标签来接收相应的信息。

二、顾客战略细分

顾客战略指企业对如何建立和管理客户关系的目标及目标实现途径的整体性把握。顾客战略包括 4 个核心要素，即忠诚度、价格敏感度、生活方式、生命周期。

（一）忠诚度

顾客忠诚度指顾客忠诚的程度，是一个量化概念。顾客忠诚度是指由于质量、价格、服务等诸多因素的影响，使顾客对某一企业的产品或服务产生感情，形成偏爱并长期重复购买该企业产品或服务的程度。

美国资深营销专家 Jill Griffin 认为，顾客忠诚度是指顾客出于对企业或品牌的偏好而经常性重复购买的程度。

真正的顾客忠诚度是一种行为，而顾客满意度只是一种态度。根据统计，当企业挽留顾客的比率增加5%时，获利便可提升25%到100%。许多学者更是直接表示，忠诚的顾客将是企业竞争优势的主要来源。由此可见，保有忠诚度的顾客对企业经营者来说，是相当重要的任务。

顾客忠诚度是顾客忠诚的量化指数，一般可运用三个主要指标来衡量顾客忠诚度，这三个指标分别是：①整体的顾客满意度（可分为很满意、比较满意、满意、不满意、很不满意）；②重复购买的概率（可分为70%以上，70% ~30%、30%以下）。③推荐给他人的可能性（很大可能、有可能、不可能）。

（二）价格敏感度

价格敏感度（price-sensitive）表示为顾客需求弹性函数，即由于价格变动引起的产品需求量的变化。由于市场具有高度的动态性和不确定性，这种量化的数据往往不能直接作为制定营销策略的依据，甚至有时会误导企业的经营策略，而研究消费者的价格消费心理，了解消费者价格敏感度的影响因素，能够使企业在营销活动中掌握更多的主动权，也更具有实际意义。

对于同一件商品或同一种服务，有些消费者认为昂贵，有些消费者认为便宜，而另一些消费者则认为价格合理，这种价格感知上的差异主要是由消费者个体特征不同造成的，个体特征既包括个体人口统计特征又包括个体心理差异。按照价格敏感度将顾客战略细分为品质关注顾客、主流顾客和低价格顾客。

（三）生活方式

生活方式指人们一切生活活动的典型方式和特征的总和。包括劳动生活、消费生活和精神生活（如政治生活、文化生活、宗教生活）等活动方式。由生产方式所决定，生产方式不仅是生活必需资料的生产和人们肉体存在的再生产，而且在更大程度上是这些个人的一定的活动方式，是他们表现自己生活的一定方式。

（四）生命周期

按顾客生命周期将顾客细分为苏醒顾客和新客、忠诚顾客、危险顾客、流失顾客和休眠顾客。

第二节 内容投放

一、精准营销背后的技术要求

精准营销（precision marketing）是在精准定位的基础上，依托现代信息技术手段建立个性化的顾客沟通服务体系，实现企业可度量的低成本扩张之路，是有态度的网络营销理念中的核心观点之一。

精准营销，是时下非常时髦的一个营销术语。大致意思就是充分利用各种新式媒体，将营销信息推送到比较准确的受众群体中，从而既节省营销成本，又能起到最大化的营销效果。这里的新式媒体，一般意义上指的是除报纸、杂志、广播、电视之外的媒体。

二、技术要求

1. 数据积累

在互联网快速发展的大背景下，运营商自身具有大量的数据资源，每天可获取到 TB 级的信令数据和用户消费数据，其中包含用户的基本信息、语音通话数据、短信数据、流量数据等丰富的信息。面对如此海量的信令数据和用户消费数据，如果运营商能充分利用先进的大数据挖掘分析技术，深入挖掘其背后隐藏的规律和价值，科学合理地指导、支撑营销活动，就可以实现精准营销，达到降本增效的效果。

2. 精准营销的算法基础

（1）无监督的学习技术。无监督学习技术能识别数据中的隐藏模式，也无须明确预测一种结果。比如在一群客户中发现兴趣小组，也许是滑雪，也许是长跑，一般是放在聚类算法，揭示数据集合中真实的潜在客户。所谓聚类，就是自动发现重要的客户属性，并据此分类。

（2）有监督的学习技术。通过案例训练机器，学习并识别数据，得到目标结果，这个一般是给定输入数据情况下预测，比如预测客户生命周期价值，客户与品牌互动的可能性，未来购买的可能性。

（3）强化学习技术。这种是利用数据中的潜质模式，精准预测最佳的选择结果，比如对某用户做促销应该提供哪些产品。这个跟监督学习不同，强化学习算法无须输入和输出训练，学习过程通过试错完成。

三、大数据精准营销的方式

1. 大数据精准营销解决数据整合汇聚

运营商目前运用大数据实现精准营销的一个重要挑战是数据的碎片化，即信息化系统各自为政。在许多信息化系统中，数据散落在互不连通的数据库中，相应的数据处理技术也存在于不同部门中，将这些孤立错位的数据库打通、互联、交换和共享，并且实现技术共享，才能够最大化大数据价值，实现精准营销。

2. 建立系统化的大数据可视化关联分析系统

通过三维表现技术来展示复杂的大数据分析结果，支持多种异构数据源接入包括互联网与运营商本身海量数据外，还可以支持第三方接口数据、文本文件数据、传统数据库（如 oracle、sqlserver、mySQL 等）数据、网页数据等数据源；支持数据可视化分析、数据挖掘运算法、预测性分析、语义引擎、高质量的数据管理等。

3. 打通大数据交换共享平台和现有的 CRM 系统

新 CRM 系统结合大数据平台，可以被用来回答“为什么会发生这种事”，而且一些关联数据库还可以预言“将要发生什么事”，从而能判断“用户想要什么事发生”。对用户的需求进行细分，促使营销服务做到精准分析、精准筛选、精准投递等要求。

4. 利用用户的各种社交工具实现精确营销和用户维系

可以利用关联分析等相关技术对用户社交信息进行分析，通过挖掘用户的社交关系、所在群体来提高用户的保有率，实现交叉销售和向上销售，基于社会影响和社交变化对目标用户进行细分，营销人员可识别社交网络中的“头羊”、跟随者以及其他成员，通过定义基于角色的变量，识别目标用户群中最有挖掘潜力的用户。

5. 对用户市场进行细分

这是运营商实现精准化营销的基础，不同于传统的市场划分，精准营销开展的市场细分要求根据用户的消费习惯、需求、行为规律等进行分析研究，然后据此进行市场细分，这就要求必须收集客户的显性和隐性方面的信息数据，利用大数据分析挖掘工具深入分析，绘制完整的用户视图，然后进行深层次的挖掘分析，定位目标市场，才能为运营商精准化营销提供依据。

6. 挖掘用户需求信息，进行产品或服务的量身定做

通过大数据精准营销缩短运营商与用户的沟通距离，实现一对一的精准化、个性化营销。随着移动互联网、大数据等技术的进步，运营商和用户的交流沟通更加个性化、虚拟化、网络化，沟通技巧也变得更加柔和，大数据精准化营销使得沟通变为直线最短距离，加强了沟通的效果。营销方式从海量业务广播式推送，过渡到一对一以用户体验为中心的业务精准实施。一对一精准营销面向用户在某一刻，以适合的价格，推送最需要的业务。

围绕用户、业务场景、触点、营销推送内容、营销活动等，基于跨渠道触发式的营销，运营商在注重用户体验同时达到最佳的营销效果，并且可对营销过程进行全程跟踪，从而不断优化营销策略。

7. 重组市场营销流程，对市场营销全过程实施跟踪监管

传统的市场营销流程主要是以产品为中心，对市场的反应速度较慢，而且没有对市场营销活动的结果反馈进行改进，因而难以形成一个闭环。大数据时代的精准化营销，以客户为中心，从客户的需求着手，进行深入的洞察和分析，然后结合运营商自身的业务、品牌等进行市场营销活动的策划。在市场营销活动的过程中，还要根据市场变化、竞争对手的反应及用户反馈情况等内容及时调整营销策略。

第三节　品类管理

一、品类管理定义、意义和品类管理评估

（一）品类管理定义

品类的定义是指品类的结构，包括次品类、大分类、中分类、小分类等。领导性的供应商都可以提供相关品类甚至非相关品类的品类定义。品类的定义不能与信息系统脱节。不少零售商都清楚品类的结构，但信息系统中没有相应地做维护，当需要知道中分类，小分类的销售情况时，系统只能打出品类所有单品的信息，员工须手工计算某中分类或小分类的销售数据。这极大地制约了品类管理的实施。另外，品类定义会随购物者购物习惯的变化而改变，如婴儿用品传统上分散于食品，服装，纸品等品类，为方便怀孕的妈妈或带着孩子的妈妈购物，出现了婴儿街、宝宝屋等购物区域，所有的婴儿用品集中陈列，一个新的品类（婴儿用品品类）应运而生。

品类管理是指消费品制造商、零售商以品类为业务单元的管理流程，通过对消费者进行研究，以数据为基础，对一个品类做出以消费者为中心的决策思维。品类管理是 ECR（高效消费者回应）的重要策略之一，是扩大需求、最大化利用店内资源的主要手段。品类管理可以简单地理解为集约的零售管理。它涵盖了采购部和运作部的主要工作内容，有时，还涉及人事管理，如品类经理的设置。从实施的角度来讲，品类管理就是充分地利用数据进行更好的决策。

（二）品类管理意义

品类管理为零售商和供应商提供另一个经营方向，通过品类管理来主导经营活动要求零售商和供应商必须密切合作，打破以往各自为政甚至互相对立的情况，以追求更高利益

的双赢局面。在品类管理的经营模式下，零售商通过POS系统掌握消费者的购物情况，而由供应商收集消费者对于商品的需求，并加以分析消费者对品类的需求后，再共同制定品类目标，如商品组合、存货管理、新商品开发及促销活动等。

如今，品类管理多半是由具领导能力的供应商辅导零售商共同执行品类管理，初步规划以货架管理为主，通过POS信息系统及计算机，对每个货架上摆设的产品进行销售数量及成本分析，通过分析所得的数据判断此产品是否需要增加或减少上架空间。同时通过货架管理确定每家商店适当的库存量及安全存量，且在一定时间之后即可获得成长率及固定销售量等信息，再将卖场销售数据回传给供应商，有效反馈制造商，适量控制生产与制造，以减少库存量及库存天数等，这些都是执行品类管理所希望进一步达到的。

（三）品类管理评估

品类管理实施之前，需要对商店和品类现状进行评估。品类管理实施后，需要对效果进行评估。可利用下列基本问题来评估符合消费者需求的品类。从七个方面评估，即哪些品类最受消费者喜爱？某品类购买的消费者是哪些人？某品类实际的使用者是哪些人？消费者何时购买？消费者喜欢在哪里购买？消费者用什么方式购买？消费者为什么要买这些品类？

二、品类购买决策树

品类购买决策树指以品类购买为核心来思考顾客的消费习惯是如何最终选择商品的，从而形成树状结构。简单来说，是顾客如何决定其购买行为与购买结果。影响顾客消费习惯的因素有使用场合、终端用途、配方、品牌、包装规格大小、价格、风味、类型等，这些因素会导致顾客在进店前后的选择发生变化，顾客与品类的对应关系也随着变化，顾客的购买行为与购买结果有所差异。

三、品类评估

品类评估是通过全面数据信息的收集，深入地分析零售商目前的状况，找出零售商与市场、与竞争对手的差距，找到自己的强项、弱项，并且寻找品类战略发展的机会点，为下一步品类评分和制定品类策略提供数据支持。评估不能只局限于销量、利润等财务指标，还须考虑库存状况、现货状况、供应商物流配送状况、投资回报率等。因为品类管理涉及滞销单品的淘汰，货架的重新分配等，这些操作很大程度上优化了上述指标。评估还必须有深度，须进行跨门店评估，跨年度评估。

四、高效的商品组合

商品组合（combined commodity）又称商品经营结构。所谓商品组合是指一个商场经营的全部商品的结构，即各种商品线、商品项目和库存量的有机组成方式。简言之，企业经营商品的集合，即商品组合。商品组合一般由若干个商品系列组成。

零售业极度变革之下，为改善商品管理方法，所导入的计算机系统是相当重要的管理工作。为了将商品分门别类予以归纳，在电脑系统里利用编号原则，有秩序、有系统地加以整理组合，以利各种销售数据资料的分析与决策，这便是商品组合分类的真正用意。商品组合分类是针对公司的营业方针所采取的商品策略。根据此策略，再依据商品群的固有特性组合为大分类与小分类。依据大小分类的销售资料，分析解读公司营运状况，达到管理的目的。

第四节　全渠道运营

一、全渠道零售概念及分类

1. 全渠道零售

全渠道零售（Omni-Channel retailing）就是企业为了满足消费者任何时候、任何地点、任何方式购买的需求，采取实体渠道、电子商务渠道和移动电子商务渠道整合的方式销售商品或服务，提供给顾客无差别的购买体验。

2. 分类

按实体渠道的类型分为实体自营店、实体加盟店、电子货架、异业联盟等。按电子商务渠道的类型分为自建官方 B2C 商城、进驻电子商务平台如淘宝店、天猫店、QQ 商城店、京东店、苏宁店、亚马逊店等；按移动商务渠道的类型分为自建官方手机商城、自建 APP 商城、微商城、进驻移动商务平台如微淘店等。

二、构建全渠道购物

全渠道营销管理系统（OCSS）是电商企业在线上线下全渠道运营过程中不可或缺的一个管理软件，主要模块包括：线上订单归集与就近分单、物流与库存管理、财务管理、用户管理等。借助该系统，企业可以让商品走短路，节约物流成本，并实现“产品+服务”一体化，提升用户体验，做到线上线下融合并充分一体化运营。同时，可以化解线上线下利益分配冲突的问题。

三、多渠道的机遇

1. 全渠道理念带给企业三大价值

（1）全渠道是消费领域的革命，具体的表现是全渠道消费者的崛起，他们的生活主张和购物方式不同于以往，他们的消费主张是：我的消费我做主，具体的表现是他们在任何时候如早上、下午或晚间，任何地点如在地铁站、商业街、家中、办公室，采用任何方式：电脑、电视、手机、ipad，都可以购买到他们想要的商品或服务。

（2）全渠道正在掀起企业或商家的革命，理念上从以前的“终端为王”转变为“消费者为王”，企业的定位、渠道建立、终端建设、服务流程、商品规划、物流配送、生产采购、组织结构全部以消费者的需求和习惯为核心，以渠道建设为例，企业必须由以往的实体渠道向全渠道转型，建立电子商务渠道和移动电子商务渠道，相应的流程建设要建立电子商务和移动电子商务的建设、营销、营运、物流配送流程，要建立经营电商和移商渠道的团队、储备适应于全渠道系统的人才。

（3）全渠道给商家拓展了除实体商圈之外的线上虚拟商圈，让企业或商家的商品、服务可以跨地域延伸、甚至开拓国际市场，也可以不受时间的限制 24 小时进行交易；实体渠道、电商渠道、移商渠道的整合不仅给企业打开千万条全新的销路，同时能将企业的资源进行深度的优化，让原有的渠道资源不必再投入成本而能承担新的功能，如将实体店增加配送点的功能；还如通过线上线下会员管理体系的一体化，让会员只使用一个 ID 号可以在所有的渠道内通行，享受积分累计、增值优惠、打折促销、客服。

2. 多渠道的机遇

全渠道促使渠道创新和渠道改良。前者是指企业以前是单一渠道，现在要转向多渠道系统。后者是指企业对已有的多渠道系统运用新方法、新理论、新技术进行改造，使之更适应市场竞争的要求。以前的企业多渠道系统不符合营销战略的要求，需要进行改进，包括增加渠道，减少渠道，修补渠道等。全渠道避免多渠道的瓶颈，即分散渠道，几套人马，管理成本上升；内部恶性竞争，抢夺资源，团队内耗、资源浪费；外部价格不同，促销不同，服务不同，顾客体验冰火两重天；“左手打右手”，效率下降，投资回报下降。

四、中国商业的未来发展趋势

1. 聚集与扩散

（1）城市空间拓展。从城市成因来看，聚集与扩散和城市的发展是密不可分的。从上海城市发展的过程中我们不难发现，海洋经济曾经给上海带来发展机遇，最初，人们依港口集聚，而当集聚受到各种条件尤其是人口、地理条件阻碍时，势必产生扩散。如上海城市原先区域仅限于沿黄浦江一带，即现在杨树浦、提蓝桥、十六铺、周家渡等地。随着人口大量迁入，时至今日，上海城市区域已发展到莘庄、彭浦、浦东等地。

（2）商业的集聚与扩散。商业，尤其是零售业是商品实现市场认可的最后一个环节。即如果没有消费者的肯定，商品的价值是无法实现的。为了获得“肯定”，商业企业之间必然展开竞争。

商业的扩散是随着城市空间的扩大，原来集聚的消费扩散而进行的平衡行为。过分集中区域的人口随着城市空间扩大而导入新开发的居住区，新区内的居民与原来集聚区域内的居民一样，同样具有消费的需求，而需要获得“肯定”的商业企业便会自觉地填补商业的空白，在一个新开发环境谋求商品价值兑现或由此发生的商业行为，我们可以称之“扩散”。

在人口高度聚集的区域，商铺的总体价值高于人口密度低的区域，在城市空间发展变化的过程中，原来密集的商业和商业设施就会过剩，过剩的商业就会为其生存而做出选择，或迁移、关闭、留守。选择迁移是其最主要的出路，其迁移方向不外乎原来繁华的商业街市或新开发的居住区。迁入新开发居住区内的商业在迁移过程中完成商业扩散，移到繁华商业街市的商业企业在迁移过程中，进一步促进了商业的集聚。

（3）削弱的中间地带。大众商品销售趋向便利型、社区型商业街市，品牌企业、高档商品为了树立品牌，趋向都市型商业街市，特定的消费又有了专业特色街市，区域型的商业街市在城市空间发展变化中处于一个被削弱的中间地带。如果不能聚集更多的商业企业，必将退为低一层次的商业街市。而在人口导入的区域，地方政府规划得当，则区域型商业街市有可能发展成为都市型商业街市。

2. 庞大化与细小化的趋势

（1）超大型商业企业诞生。在经济高度发展时期，超大型商业企业诞生是必然的趋势。在竞争的市场经济中，商业资本的融合、商业企业的兼并，商业企业朝着超大化方向发展，在经营中，超大型商业会取得规模效应，会得到供应商更多的折让，从而得到更多的商业利润，使企业更加具有竞争力，超大型的商业企业以其庞大的商业销售空间或诸多连锁门店，在同小于自身规模的商业企业竞争中取得规模优势。在新世纪伊始，上海将出现数个数十万平方米的购物中心，如上海浦东的正大广场，这类业态是商业中的航空母舰，其外部形象是“独店”成市，而内部却是各种商业业态的组合，形成内容“连店效应”，吸引各种不同需要的消费者，是名副其实的“商城”，即商业的城市。

（2）迷你型商业企业层出不穷。迷你型的商业企业具有投资小、收获快、转变经营项目迅速等优点，是商业中最细小、最活跃的细胞。据统计，在我国商业企业构成中，小型商业约占93%，是吸纳大量就业机会的途径。随着我国劳动制度的改革，城市人口自行择业的主要渠道之一就是从事小型商业企业经营与服务。我国现有的细小化的商业主要构成为杂货店、服装店、饮食店、通讯店等整合而成的专业市场，在今后还将出现以网络为组带，通过统一形象、共享商誉、集中配货等手段，成为自由连锁的芝麻店（蛛网店），其优势是分布面广、贴近消费者，实现最直接的商业销售，为顾客提供最便捷的服务，商品成本在集中进货时得到折让，为并不特别苛求低价的消费者而接受。

（3）有形商品与无形商品同时销售的趋势。在现时的零售商业中，人们往往十分重视有形商品的销售，而忽视无形商品的销售。在市场经济发达的区域不是这样，与我们观念不同的是：商业企业在销售某一实物商品同时，也把该商品的另一部分销售（售后）服务也出售给了消费者；消费者在享用实物商品的同时也消费了无形商品，随着这种观念为人们所广泛接受，有形商品销售与无形商品销售相组合，就如同万花筒一般，不断变化出新的商业经营样式；今后购买洗发剂的最佳商店可能是某知名美发厅，推销巧克力可能去专门办理婚事的礼仪公司。而人们去找保姆、钟点工时，保姆介绍所可能向你出售一套家电集群控制的软件。

（4）智能化与人格化的趋势。一是，智能化是现代科学技术在商业的运用。现代科学技术已在商业开始运用，如收银机、电子秤、自动售货机、监视器等。但是，真正直接运用于商业服务的科学技术并不多。在未来的商业竞争中，商业企业未来参与市场竞争，将不断采用现代科学技术，以提高企业的竞争力。商品销售的个性化倾向将得到修正，智能化的商业机器将协助、甚至指导商业从业人员按规范操作。

二是，商业人格化是指顾客与营业员接触过程中，对人格尊严的尊重。营业员并不是以经济组织属下的一个员工与顾客进行交易、买卖，而是以个性化的销售方式进行服务。其改变的原因是商业企业的改革深化，商业企业经营状况直接影响员工的收入，在部分企业，甚至以股东的身份直接参与经营决策。职工位置的变化、利益关系的密切是营业人员销售行为人格化的主要原因。

商业人格化还体现在对消费者的尊重上。随着我国法制的健全，商业政策、法规不断完善，消费者的人格、权益得到广泛尊重。人们已不再是画饼充饥式的以“消费者是上帝”憧憬自己的人格、权益的认可，而是实实在在享受着消费者的权益和尊严。

3. 标准化与艺术化的倾向

（1）商业标准化倾向充分体现在现代商业活动中。连锁超市在大中城市中遍地开花就是其杰作之一，统一的商场布置、陈列着同样的商品、营业员穿着相同的衣装，连他们的每个动作都是事先精心设计。这一切都是按照原先制定的程序进行的商业行为，标准化的倾向将逐步从百货业、食品业逐步扩大到其他商业领域。

（2）商业艺术化倾向主要体现在个性化消费的行业。人们学识、修养、情趣、爱好、习惯、收入的不同，会对某些行业提出个性化服务的要求，希望个性化服务的要求得到满足。消费者需要个性化服务的行业主要集中在与个人直接有关的行业，如服饰、餐饮、装潢用品等，商业的艺术倾向，是商业企业为了获得某一部分特定的消费者群的“肯定”而进行艺术化包装的商业行为，当然也与经营者自身的修养、情趣、爱好、学识有关。随着经济发展，文化的普及，艺术化在商业中的运用越来越多。

五、沉浸式体验简介与创造沉浸式体验

1. 沉浸式体验简介

沉浸式体验指提供参与者完全沉浸的体验，使用户有一种置身于虚拟世界之中的感觉。

利用头盔显示器把用户的视觉、听觉封闭起来，产生虚拟视觉，同时，它利用数据手套把用户的手感通道封闭起来，产生虚拟触动感。系统采用语音识别器让参与者对系统主机下达操作命令，与此同时，头、手、眼均有相应的头部跟踪器、手部跟踪器、眼睛视向跟踪器的追踪，使系统达到尽可能的实时性。临境系统是真实环境替代的理想模型，它具有最新交互手段的虚拟环境。

2. 创造沉浸式体验

沉浸式系统是把高分辨率的立体投影技术、三维计算机图形技术和音响技术等有机地结合在一起，产生一个完全沉浸式的虚拟环境。在该系统中，3D 环境中的任何物体，都可以感受参与者的操作，并实施产生相应变化。

观察者戴上液晶立体眼镜和一种六个自由度的头部跟踪设备，以便将观察者的视点位置实时反馈到计算机系统并体验身临其境的感觉。当观察者在 CAVE 中走动时，系统自动计算每个投影面正确的立体透视图像。同时，观察者手握一种称为 Wand 的传感器，与虚拟环境进行交互。常见的沉浸式系统有：基于头盔式显示器的系统、投影式虚拟现实系统。

第五节　如何利用数字技术增加顾客的体验

一、虚拟现实技术

（一）虚拟现实技术（VR）

1. 定义

虚拟现实技术是仿真技术的一个重要方向，是仿真技术与计算机图形学、人机接口技术、多媒体技术、传感技术、网络技术等多种技术的集合。是一门富有挑战性的交叉技术前沿学科和研究领域。虚拟现实技术主要包括模拟环境、感知、自然技能和传感设备等方面。模拟环境是由计算机生成的、实时动态的三维立体逼真图像。感知是指理想的 VR 应

该具有一切人所具有的感知。除计算机图形技术所生成的视觉感知外，还有听觉、触觉、力觉、运动等感知，甚至还包括嗅觉和味觉等，也称为多感知。自然技能是指人的头部转动，眼睛、手势或其他人体行为动作，由计算机处理与参与者的动作相适应的数据，并对用户的输入做出实时响应，并分别反馈到用户的五官。传感设备是指三维交互设备。

2. 虚拟现实技术四个特征

（1）多感知性。指除一般计算机所具有的视觉感知外，还有听觉感知、触觉感知、运动感知，甚至还包括味觉、嗅觉、感知等。理想的虚拟现实应该具有一切人所具有的感知功能。

（2）存在感。指用户感到作为主角存在于模拟环境中的真实程度。理想的模拟环境应该达到使用户难辨真假的程度。

（3）交互性。指用户对模拟环境内物体的可操作程度和从环境得到反馈的自然程度。

（4）自主性。指虚拟环境中的物体依据现实世界物理运动定律动作的程度。

3. VR关键技术

虚拟现实是多种技术的综合，包括实时三维计算机图形技术，广角（宽视野）立体显示技术，对观察者头、眼和手的跟踪技术，以及触觉/力觉反馈、立体声、网络传输、语音输入输出技术等。

（二）增强现实（AR）

增强现实（augmented reality，AR），是一种实时地计算摄影机影像的位置及角度并加上相应图像的技术，这种技术的目标是在屏幕上把虚拟世界套在现实世界并进行互动。这种技术于1990年提出。随着随身电子产品运算能力的提升，预期增强现实的用途将会越来越广。

增强现实借助计算机图形技术和可视化技术产生现实环境中不存在的虚拟对象，并通过传感技术将虚拟对象准确“放置”在真实环境中，借助显示设备将虚拟对象与真实环境融为一体，并呈现给使用者一个感官效果真实的新环境。因此增强现实系统具有虚实结合、实时交互、三维注册的新特点。AR将在医疗领域、古迹复原和数字化文化遗产保护、工业维修领域、网络视频通讯领域、电视转播领域、娱乐和游戏领域、旅游和展览领域、市政建设规划等领域广泛应用。

二、智慧停车场

1. 智慧停车场定义

智慧停车场是指停车场通过安装地磁感应（停车诱导），连接进入停车场的智能手机，建立一个一体化的停车场后台管理系统，实现停车场停车自动导航、在线支付停车费的智能服务，全面铺设全自动化泊车管理系统，合理疏导车流。

智慧停车场将无线通信技术、移动终端技术、GPS 定位技术、GIS 技术等综合应用于城市停车位的采集、管理、查询、预订与导航服务，实现停车位资源的实时更新、查询、预订与导航服务一体化，实现停车位资源利用率的最大化、停车场利润的最大化和车主停车服务的最优化。

2. 停车流程和功能特点

（1）停车流程。进入停车场：顾客进入停车场，通过手机 APP 查询车位状态，后台收到停车请求，通过 APP 引导用户进入车位，并通过检测器生成停车信息，运营方通过 GIS 管理停位。离开停车场：顾客离开停车场，出入识别系统自动检测车辆停车时间，自动计算费用，连接 APP 在线支付功能，在线结算停车费用。

（2）智慧停车场功能特点

1）停车场的出入识别系统都连接到同一个系统后台，用户可以通过 APP 登录到这个系统查看所有停车场信息，系统接收用户的预约申请，将预约申请指令下发至所要预约的车位，并即时将操作结果提示用户是否有车位，能否预订等情况。

2）进出口自动识别放行：无须人工取卡登记，车位可直接通过手机预约，进入停车场时，自动扫描手机预约的停车许可证，自动识别身份放行。离开停车场时，手机 APP 自动结算费用，付费成功即可离开。

智慧停车场的目的是让车主更方便地找到车位，包含线下、线上两方面的智慧。线上智慧化体现为车主用手机 APP、微信、支付宝，获取指定地点的停车场、车位空余信息、收费标准、是否可预订、是否有充电、共享等服务，并实现预先支付、线上结账功能。线下智慧化体现为让停车人更好地停入车位。其优点：①快速通行，避免过去停车场靠人管，收费不透明，进出停车场耗时较大的问题。②提供特殊停车位，比如宽大车型停车位、新手司机停车位、充电桩停车位等多样化、个性化的消费升级服务。③同样空间内停入更多的车。例如立体停车库，可以扩充单位空间的停车数量；共享停车，能分时段解决车辆停放问题。总之，智慧停车场应用互联网技术，将功能规划、规模规划、高度与宽度、流线设计四位一体化发展。

三、智慧卫生间

1. 超“3A 级”的厕所

以旅游“厕所革命”为突破口，结合国家全域旅游发展规划，提升旅游公共服务品质。

2. 会“定位”的厕所

高德地图和小程序双端应用，快速查询厕所位置，坑位使用情况，排队时长。

3. 会“自洁”的厕所

全物联网化，基于环境联动触发除臭机排风扇工作，自动告警，向清洁人员派送工单。

4. 会“管理”的厕所

厕所运营数据的可视化管理，含客流指数、环境指数、厕所饱和度，为运营者提供建议分析。

5. 会“赚钱”的厕所

引入镜面广告屏及自助设施，通过广告收费，实现厕所空间的商业化。

6. 会“说话”的厕所

提供产业卫生情况监测分析及厕所选址规划服务，为“厕所革命”持续化推进提供数据支撑和建设策略。

第十三章

新媒体工具的使用

第一节 APP营销

一、APP营销概念

APP营销是指商家通过智能手机等移动平台上运行的第三方应用程序进行产品的推广、传播和销售，提升企业价值的活动。

APP是英文Application的简称，由于智能手机的流行，APP指智能手机的第三方应用程序。比较著名的APP商店有Apple的iTunes商店，Android的Android Market，诺基亚的Ovi store，还有Blackberry用户的BlackBerry APP World，以及微软的应用商城。

APP已经不只是移动设备上的一个客户端那么简单，如今，在很多设备上已经可以下载厂商官方的APP软件对不同的产品进行无线控制。随着移动互联网的兴起，越来越多的互联网企业、电商平台将APP作为销售的主战场之一。泽思网络的数据表明，APP既给手机电商带来的流量远远超过了传统互联网（PC端）的流量，通过APP进行盈利也是各大电商平台的发展方向。事实表明，各大电商平台向移动APP的倾斜也是十分明显的，原因不仅仅是每天增加的流量，更重要的是由于手机移动终端的便捷，为企业积累了更多的用户，更有一些用户体验不错的APP使得用户的忠诚度、活跃度都得到了很大程度的提升，从而为企业的创收和未来的发展起到了关键性的作用。

二、APP发展和特点

（一）APP发展

APP开始作为一种第三方应用的合作形式参与到互联网商业活动中，随着互联网越来越开放化，APP作为一种萌生与iphone的盈利模式开始被更多的互联网商业大亨看重，如淘宝开放平台，腾讯的微博开发平台，百度的百度应用平台都是APP思想的具体表现，一方面可以积聚各种不同类型的网络受众，另一方面借助 APP 平台获取流量，其中包括大众流量和定向流量。

APP 的发展如此迅速，使得很多的零售企业也很快意识到了 APP 营销的重要性，不仅京东、淘宝、亚马逊等各大电商平台的营销重心不断从 PC 端向移动 APP 转移，传统的线下零售企业也纷纷研发运营自己的 APP 移动平台。

（二）APP 营销特点

1. 成本低

APP 营销的模式，费用相对于电视、报纸、甚至是网络都要低的很多，只要开发一个适合于本品牌的应用就可以了，可能还会有一点的推广费用，但这种营销模式的营销效果是电视、报纸和网络所不能代替的。

2. 持续性

一旦用户下载到手机成为客户端或在 SNS 网站上查看，那么持续性使用就成为必然。

3. 促销售

有了 APP 的竞争优势，无疑增加了产品和业务的营销能力。

4. 信息全面

能够刺激用户的购买欲望，移动应用能够全面的展现产品的信息，让用户在没有购买产品之前就已经感受到了产品的魅力了，降低了对产品的抵抗情绪，通过对产品信息的了解，刺激用户的购买欲望。

5. 品牌建设

提升品牌实力，形成竞争优势，移动应用可以提高企业的品牌形象，让用户了解品牌，进而提升品牌实力。良好的品牌实力是企业的无形资产，助力企业形成竞争优势。

6. 随时服务

网上订购，通过移动应用对产品信息的了解，可以及时地在移动应用上下单或者是链接移动网站进行下单。顾客交流和反馈，利用手机和网络，易于开展由制造商与个别客人之间的交流。客人的喜爱与厌恶的样式、格调和品位，也容易被品牌一一掌握。这对产品大小、样式设计、定价、推广方式、服务安排等，均有重要意义。

7. 跨时空

营销的最终目的是占有市场份额。互联网具有的超载时间约束和空间限制进行信息交换的特点，使得脱离时空限制达成交易成为可能，企业有更多的时间和更多的空间进行营销，可每周 7 天，每天 24 小时随时随地提供全球的营销服务。

8. 精准营销

通过可量化的精确的市场定位技术，突破传统营销定位只能定性的局限，借助先进的数据库技术、网络通信技术及现代高度分散物流等手段保障和顾客的长期个性化沟通，使营销达到可度量、可调控等精准要求。摆脱了传统广告沟通的高成本束缚，使企业低成本快速增长成为可能，保持了企业和客户的密切互动沟通，不断满足客户个性需求，建立稳定的企业忠实顾客群，实现客户链式反应增殖，从而达到企业的长期稳定高速发展的需求。

9. 互动性强

这种营销效果是电视、报纸和网络所不能代替的。将时下最受年轻人欢迎的手机位置化“签到”与APP互动小游戏相结合，融入暑期营销活动。消费者接受“签到玩游戏、创饮新流行”任务后，通过手机在活动现场和户外广告投放地点签到，就可获得相应的勋章并赢得抽奖机会。

10. 用户黏性

APP本身具有很强的实用价值，用户通过应用程序可以让手机成为一个生活、学习、工作上的好帮手，是手机的必备功能，每一款手机都或多或少地有一些应用。

三、APP营销的模式与推广

（一）APP营销的模式

1. 用户参与营销模式

让用户参与到APP的创作或者设计中，从而吸引并黏住用户。抖音、快手、西瓜小视频、火山小视频等短视频APP都是基于用户参与的营销模式，这种APP是让用户制作、上传分享自创的视频从而获取他人的喜欢和关注。

2. 内容营销模式

在APP中为用户提供优质的内容，从而吸引客户下载使用。发布和展示内容信息是APP的直接功能，也是最重要的一个功能，APP的特点之一就是能通过文字、图片、视频等形式向用户24小时不间断地传递信息、展示内容，目的是为了增加用户对产品的了解和信任，提高品牌的声誉。

3. 购物网站移植模式

基于移动智能设备和4G网络的快速发展，越来越多的电商按照网站研发出了企业的APP并投放到移动端的各大应用商店，用户可以免费下载。购物网站移植的例子不胜枚举，几乎所有的购物APP都是零售企业由PC端网站移植过来的

4. APP广告模式

指将广告的链接嵌入APP的应用中，如果用户感兴趣，直接点击广告栏就能进入相关界面，了解商品或者活动的详情。

（二）APP 营销的推广

1. APP 营销推广的前提

大多数零售企业都非常看好 APP 的发展前景，也纷纷研发并推出了企业 APP。但是很多企业 APP 的推广效果并不明显，表现在下载人数不多，用户使用次数少以及卸载率高等方面。

APP 研发成功后如何吸引用户下载却是一个更大的问题，很多企业的 APP 下载使用数量并不尽如人意，归根到底是对 APP 的推广工作没有做好，所以 APP 营销的第一步就是先要将 APP 平台推广出去，用户下载和使用是 APP 营销的前提。

2. APP 营销的推广策略

通过优惠活动诱使消费者下载使用；通过其他 APP 平台进行推广；多种推广方式相结合；手机绑定；提高用户体验，利用消费者口碑传播。

第二节　搜索引擎营销

一、搜索引擎营销概念和方法

（1）搜索引擎营销（search engine marketing，SEM），是企业利用竞价排名、搜索引擎优化等方法和手段，在用户使用搜索引擎检索信息时，将自己企业的产品和活动信息排在前面，吸引用户的注意，用户点击链接后可以直接跳转到相关的网站进行浏览和购买，从而达到推广和增加销售的目的。

（2）SEM 的方法包括 SEO（search engine optimization）、付费排名、精准广告以及付费收录等。

二、搜索引擎营销的方式

（一）竞价排名

竞价排名是一种按效果付费的网络推广方式，由百度在国内率先推出。企业在购买该项服务后，通过注册一定数量的关键词，其推广信息就会率先出现在网民相应的搜索结果中。

（二）搜索引擎优化（SEO）

1. 如何做好 SEO

（1）筛选最佳关键词。

（2）优化网站。

(3) 建立消费者数据库。

(4) 建立反应驱动数据库系统。

2. SEO 常见的误区

误区一：沉迷于 SEO，为了优化而优化。

误区二：一味地追求数据，唯数据是从。

误区三：关键词堆砌太多或者外链过多。

误区四：采用作弊的手段。

(三) 站外链接优化

站外链接优化是指网站的外部优化，就是增加外部链接。包括网站的外部链接和网站的品牌推广。

如何让网站合理自然地获得更多外部链接，是每个优化公司或优化人员都特别关注的。外部优化中链接的建立也并不是越多越好，其精髓主要体现在链接的质量和相关性上。当然也有见过在 yahoo 中查询某个网站链接有几十万的网站，但是在搜索引擎中却并没有一个好的排名，所以外部优化这方面不是链接加得越多越好，其实真正想做好热门词的优化，链接质量和相关性往往是其关键所在。

外链在整个网站优化排名的重要性相信很多人都清楚，很多的时候，外链的质量就说明网站关键词排名的名次了。一个网站如果想拥有稳定的搜索引擎排名，那么网站的内容、更新频率和网站内部结构是比较重要的。

第三节　微博营销

微博，即微博客（microblog），一种基于用户关系信息分享、传播以及获取，并通过关注机制分享简短实时信息的广播式的社交网络平台。从 2006 年美国网站“Twitter”（推特）推出微博客服务后，人们发现自己可以随时随地分享自己的最新动态、所见所闻、想法及看法，并得到更多人的回应及转发，一时间 Twitter 风靡美国进而在全世界流行起来。国内外众多名人、著名企业、机构都纷纷在 Twitter 上“落户”，正式开启了一个微博时代。

一、什么是微博营销

(一) 微博营销概念

微博营销是指通过微博平台为商家、个人等创造价值而执行的一种营销方式，也是指商家或个人通过微博平台发现并满足用户的各类需求的商业行为方式。在微博这个营销平台上，每一个用户都是商家或个人潜在的营销对象，通过与粉丝的互动沟通，或者发布大家感兴趣的话题来传播商业信息，树立良好的品牌形象，实现产品或服务的转化和购买，从而达到营销的目的。

微博营销以微博作为营销平台，每一个听众（粉丝）都是潜在的营销对象，企业利用更新自己的微型博客向网友传播企业信息、产品信息，树立良好的企业形象和产品形象。每天更新内容就可以跟大家交流互动，或者发布大家感兴趣的话题，这样来达到营销的目的，这样的方式就是互联网新推出的微博营销。

该营销方式注重价值的传递、内容的互动、系统的布局、准确的定位，微博的火热发展也使得其营销效果尤为显著。微博营销涉及的范围包括认证、有效粉丝、朋友、话题、名博、开放平台、整体运营等。自 2012 年 12 月后，新浪微博推出企业服务商平台，为企业在微博上进行营销提供一定帮助。

（二）微博账号的分类及申请

1. 微博账号类型

以新浪微博为例，微博账号有五种类型。

（1）个人微博，是新浪微博账号占比数量最多的一类，应当使用真实身份信息申请注册账号。

（2）企业微博。不少企业都开设了官方微博，有些还形成了以官方微博、企业领导人微博、高管微博、产品微博为一体的矩阵式经营模式。

（3）政务微博。指代表政府机构和官员的、因公共事务而设的微博，主要用于收集意见、倾听民意、发布信息、服务大众。

（4）校园微博。是指由各大高校开设的官方微博账号类型，在高校传播信息、沟通交流、教育教学、危机公关等方面都起着较为重要的作用。

（5）其他类微博。除以上四类主要类型，还有很多其他类型的微博账号，例如为了某活动推广而特别开设的微博，具有一定的时效性，短期内可以实现快速传播。

二、微博营销的特点

1. 成本特别低，有利于企业更好地开展推广和营销活动

140 个字发布信息，远比博客发布容易，对于同样效果的广告则更加经济。与传统的大众媒体（报纸，流媒体，电视等）相比受众同样广泛，前期一次投入，后期维护成本低廉。

2. 传播速度快，有利于信息和广告的即时发布和更新

微博最显著特征之一就是其传播迅速。一条微博在触发微博引爆点后短时间内互动性转发就可以抵达微博世界的每一个角落，达到短时间内最多的目击人数。微博信息支持各种平台，包括手机，电脑与其他传统媒体。同时传播的方式有多样性，转发非常方便。利用名人效应能够使事件的传播量呈几何级数放大。

3. 互动性强，有利于跟用户进行良好的沟通和反馈

能与粉丝即时沟通，及时获得用户反馈。

4. 与名人面对面，有利于利用企业家的个人影响力

在微博上面，美国总统可以和平民点对点交谈，政府可以和民众一起探讨，明星可以和粉丝们互动，微博其实就是在拉近距离。

三、微博营销应用实例

对目前常见的微博营销模式进行综合分析来看，主要有以下六种模式。

（一）明星模式

众所周知，越当红的明星具有越大的影响力，因此企业很多时候都会不惜代价地请明星代言，借用明星的影响力树立企业自身形象。

（二）网红模式

“2016 第一网红” papi 酱凭借上传原创短视频而迅速在网上走红，当年八大平台同时直播时，在线人数突破 2 000 万，上亿次点赞，收获打赏价值 90 万元，网红经济为大众所识且不容忽视。

（三）商界领袖模式

随着微博时代的来临，不少企业领导人也纷纷开设了微博账号，如董明珠、雷军等。

（四）自媒体模式

一个具备灵魂、影响力和号召力的微博账号无疑是成功的，那么个人账号和企业账号哪个更容易树立起自己的品牌形象呢？一般来说，个人账号往往相比企业账号更为鲜活、立体、真实，更具个人特点的形象，也更容易与粉丝拉近距离。因此，一种自媒体模式应运而生，不少企业领导人也纷纷以自媒体形式为企业代言。

（五）专家模式

在微博平台上，还有一类由各领域专家形成的群体，由于这些专业人士相比普通大众更具专业技能优势，因此更容易塑造自己的个人品牌形象。他们通过付费阅读、打赏、广告收入等在微博平台上赚取收益，一般涉及投资理财、情感、健康、娱乐等领域。

（六）微商模式

自从微博和阿里巴巴合作后，开启了微博平台社会化电子商务模式。微商们充分利用微博平台极强的互动性和传播性，寻找商机、品牌传播、产品推广、淘宝直联等。

第四节　微信营销

微信，一个超十亿人使用的手机应用 APP，从 2011 年推出至今，它不但改变着我们的生活方式，甚至已经成了一种生活方式。它不再是一款简单的社交工具，更是已经渗透到了人们的吃穿住行用各个方面。因此随着 5G 网络时代的即将到来，移动终端设备的进一步发展，拥有巨大用户数据流量的微信平台更将成为电商、微商以及所有传统企业的角逐之地，通过微信开展营销推广也必将成为一种不可替代的营销模式。那么什么是微信营销？如何才能通过微信平台取得更好的营销效果呢？

一、微信的发展历程

2011 年 1 月 21 日，腾讯推出即时通信应用微信，支持发送语音短信、视频、图片和文字，可以群聊。2012 年 3 月 29 日，时隔一年多，马化腾通过腾讯微博宣布微信用户突破一亿大关，也就是新浪微博注册用户的三分之一。在腾讯 QQ 邮箱、各种户外广告和旗下产品的不断宣传和推广下，微信的用户也在逐月增加。2015 年发展到 200 多个国家和地区，2017 年 12 月注册用户达 9.36 亿，2018 年 3 月，月活跃用户突破 10 亿大关。

二、微信的价值和微信营销特点

（一）微信的价值

微信营销是当前最火热、最有效、最精准的一种新型网络营销模式，作为一种全新的社交工具，不仅改变了人们的沟通、娱乐方式，更是成为品牌营销推广的全新武器。特别是在微信 5.0 上线以来，许多企业越来越注重在微信上进行品牌推广和营销，甚至成立了专门的运营部门，或者干脆外包给专业运营公司。

1. 使用群体广泛，且稳步增长

微信已成为全民级移动通信工具。微信已实现对国内移动互联网用户的大面积覆盖。2017 年微信登录人数已达 9.02 亿，较 2016 年增长 17%，日均发送微信次数为 380 亿，微信已成为国内最大的移动流量平台之一。截至 2019 年第三季度，微信及 WeChat 合并月活跃账户数已达 11.51 亿，比去年同期上涨 6%，小程序日活跃账户数超 3 亿。

2. 功能灵活、便捷、丰富

主要功能涉及 12 个方面，有双击聊天信息，文字放大全屏阅读；收藏自己的语音、图片，点缀自己的小空间；不想打字，说说话一秒变文字；微信字体，没有最大，只有更大；惊喜：特定文字变超萌表情从天而降；关闭群消息提醒，享受安静假期；同步聊天记录，保存难忘瞬间；微信当免费电话打；语音设置提醒，吼吼也能设闹钟；没有数据线？微信文件传输助手帮你搞定；查看公众号以往的内容；轻松搞定群发消息，图文并茂送祝福等。

3. 商业价值

（1）微信号。身份标志 ID 是我们在互联网时代最重要的标志，简单来讲就是你的标志或你身份标志。我们利用它来记录我们的行为，商业机构利用它来找到我们（以前最重要的 ID 是手机号，再往前是 E-mail 地址和通信地址）。

（2）微信公众账号。销售渠道多元化，微信公众账号让商家既解决了线上的数字身份问题，又解决了传播模式的问题（一对多、互动反馈、富媒体、移动化），这让商家的销售渠道更加多元化、丰富化。

（3）自由度。迅速与好友互动微信为信息的流动提供了更大的自由度，可以快速地与好友联络，大大激活了现金流的流动。

（4）四定位。专属的交易记录私人微信号可以用来定位个人，公众账号则用来定位商家，记录个人和商家间的交易记录，这可以形成一种消费，微信为个人提供消费信息的管理、积分服务等从另一个角度来说能够为企业累积人气提供交易数据、客户数据以及提供 CRM 服务。

（5）微信游戏化。手机社交游戏轻价值。微信事实上可以成为一个手机游戏平台，由于游戏、增值服务是腾讯利润的主要来源，可以肯定，微信必定会在这些方面发力。

（6）形成闭环 O2O。线上线下融合。O2O 即 Online To Offline，也就是将线下商务的机会与互联网结合在了一起，让互联网成为线下交易的前台。

（7）扫描二维码获取，最后和支付打通形成闭环，从而获得收入。相比 B2C，微信 O2O 更具市场潜力。在微信中整合会员卡、优惠券功能是 O2O 应用常用的方式，而预订、客服等功能则会成为微信 O2O 无法被模仿的核心功能。

4. 重要的宣传平台

互动实现、品牌植入互动和互动效果检测。

（二）微信营销特点

微信营销是基于微信平台而兴起的一种营销模式，因此具有微信应用独有的特色及表现形式，主要特点包括以下几方面。

1. 点对点精准营销

作为一款即时性的通信工具，用户之间的互动是“点对点”的，因此商家可以根据目标客户反馈的具体信息，对客户进行标注及分组，从而进行针对性的信息推送及服务提供，给客户带来一种量身定制的感觉。

2. 紧密的关系式营销

微信营销这种聊天式的互动方式，可以使商家与客户之间由普通关系变为强有力的朋友关系，也许你不会相信陌生人，但不会不信任你的朋友，因此客户对商家的认同度、信任度都会大幅度提升。这使商家在传播品牌形象、推送产品信息、促进销售成交、提供咨询服务等过程中都更为轻松、更为高效。

3. 营销互动更及时

微信的营销推广信息是通过通知的方式推送到客户手机上的，这样的信息传达方式多数是有针对性的。

4. 营销形式更丰富

随着微信版本的更新，微信提供的沟通互动功能越来越多，也使得微信营销的形式愈加丰富，如朋友圈、微信群、摇一摇、漂流瓶、附近的人、公众平台、开放平台等。不仅让商家与客户之间有了多维度联系，也让商家营销活动变得更加精彩、有趣。

5. 较低的营销成本

相对于传统传播媒介，微信的营销推广成本是相当低廉的。商家下载并使用微信软件是免费的，只要连接上网络，即可向客户发送文字、图片、音频、视频等，甚至进行实时视频通话。商家通过申请公众平台账号，还能给更多的目标客户分享资讯、提供服务，大大降低了企业的宣传推广费用。

6. 更真实的客户群体

微信营销不同于博客、微博以及其他门户网站、社交网站，微信所联结到的用户都是通过点对点的即时沟通方式而来的。因此微信“好友”的真实性更高，为企业所带来的价值和意义也就更大。有媒体比喻说“微信 1 万个听众相当于新浪微博的 100 万个粉丝”，尽管有些夸张，但也有一定的依据性。

三、微信营销的优点、优势及主要形式

（一）微信营销的优点

1. 高到达率

营销效果很大程度上取决于信息的到达率，这也是所有营销工具最关注的地方。与手机短信群发和邮件群发被大量过滤不同，微信公众账号所群发的每一条信息都能完整无误的发送到终端手机，到达率高达 100%。

2. 高曝光率

曝光率是衡量信息发布效果的另外一个指标，信息曝光率和到达率完全是两码事，与微博相比，微信信息拥有更高的曝光率。在微博营销过程中，除了少数一些技巧性非常强的文案和关注度比较高的事件被大量转发后获得较高曝光率之外，直接发布的广告微博很

快就淹没在了微博滚动的动态中了，除非你是刷屏发广告或者用户刷屏看微博。

而微信是由移动即时通信工具衍生而来，天生具有很强的提醒力度，比如铃声、通知中心消息停驻、角标等，随时提醒用户收到未阅读的信息，曝光率高达100%。

3. 高接受率

正如上文提到的，微信用户已达3亿之众，微信已经成为或者超过类似手机短信和电子邮件的主流信息接收工具，其广泛性和普及性成为营销的基础。除此之外，由于公众账号的粉丝都是主动订阅而来，信息也是主动获取，因此完全不存在垃圾信息导致抵触的情况。

4. 高精准度

事实上，那些拥有粉丝数量庞大且用户群体高度集中的垂直行业微信账号，才是真正炙手可热的营销资源和推广渠道。比如酒类行业知名媒体佳酿网旗下的酒水招商公众账号，拥有近万名由酒厂、酒类营销机构和酒类经销商构成粉丝，这些精准用户粉丝相当于一个盛大的在线糖酒会，每一个粉丝都是潜在客户。

5. 高便利性

移动终端的便利性再次增加了微信营销的高效性。相对于PC电脑而言，未来的智能手机不仅能够拥有PC电脑所能拥有的任何功能，而且携带方便，用户可以随时随地获取信息，而这会给商家的营销带来极大的方便。

6. 营销成本低

传统营销一般需要借助大众媒体或开展落地活动，营销推广成本高；而微信本身是免费使用的，团队组建、运营、监控管理的成本都较低。

（二）微信营销的优势

主要体现在以下六个方面。

（1）即便于企业与消费者沟通，极大地增强了互动性。

（2）便捷性高，操作简单，易于实现。

（3）用户群体庞大，宣传成本较为低廉。

（4）精准性高，正对性强，可实现精准营销。

（5）形式更为丰富、灵活和多样化，便于企业量身打造最合适的营销方案。

（6）可以帮助企业实现用户数据的积累，以及对消费行为的分析。

四、微信营销的主要形式

主要有朋友圈、公众号、二维码和小程序。

第五节　视频营销

随着移动网络速度的不断提升，智能手机的大范围普及，以及网络流量资费的降低，让人们在获取网络信息时，不再满足于图文信息的浏览与传播。如今可以逐渐摆脱无线网络和 PC 端束缚的实时视频直播，则带给了人们更丰富直观的影音及互动感受，越来越多的人愿意在视频平台上浏览内容和发布内容，也让各商家有了一种全新的互联网营销方式，那就是直播营销。

一、视频及视频营销的基本分类

（一）按照视频长短，可以将网络视频分为长视频和短视频

1. 短视频

短视频即短片视频是一种互联网内容传播方式，一般是在互联网新媒体上传播的时长在 5 分钟以内的视频；随着移动终端普及和网络的提速，短平快的大流量传播内容逐渐获得各大平台、粉丝和资本的青睐。

2. 长视频

长视频（一般指超过半个小时的视频，以影视剧为主）区别于此前国内众多视频分享网站主打的短视频，与后者多由用户自己制作不同，长视频主要由专业公司完成制作，其版权的获得至关重要。

（二）按照运营方式可将视频营销分为三类

1. 用户生成内容

用户生成内容，也称 UGC（user-generated content），通常指用户将自己原创的内容通过互联网平台进行展示或者提供给其他用户。

2. 企业自建账号自己制作

企业自建账号自己制作流程：打开 360 浏览器搜索微信官网；点击右上角立即注册，开始注册一个新的账号；根据公众号定位，选择注册的账号类型；填写邮箱；信息登记；填写公众号名称，简介等信息，点击确认；注册好以后，就可以看自己的平台了。

3. 与网红、名人或视频达人合作，进行品牌或产品植入

品牌或产品植入模式，指建立在第四代媒体——体验式媒体基础上的，整合了体验式营销、教育营销、亲子互动营销、品牌植入营销、精准营销等营销模式的精髓，集展位、活动场地、广告媒体效果于一体，解决了单纯植入劣势，是一种以软性植入为主体的，全方位、多角度的综合营销模式。

二、网络视频营销的内涵

视频营销是指各大企业或者机构利用网络视频传播企业信息、产品信息，树立企业或者机构的形象，从而达到宣传和营销的效果。

网络视频营销之所以不同于以往传统的视频广告，主要是因为它是以互联网为载体的，不管是在何种平台上制作和发布，它都是通过互联网来进行扩散和传播的，因此，视频营销在即时性、互动性、传播速度上都具有明显的优势。

三、视频营销的优势

（一）视频营销在社会化媒体时代更具传播价值

社会化媒体营销是利用社会化网络，在线社区，博客，百度百科或者其他互联网协作平台媒体来进行营销，公共关系和客户服务维护开拓的一种方式。又称社会媒体营销、社交媒体营销、社交媒体整合营销、大众弱关系营销。

（二）视频营销提升了消费者对品牌的认知度

品牌认知度是品牌资产的重要组成部分，它是衡量消费者对品牌内涵及价值的认识和理解度的标准。品牌认知是公司竞争力的一种体现，有时会成为一种核心竞争力，特别是在大众消费品市场，各家竞争对手提供的产品和服务的品质差别不大，这时消费者会倾向于根据品牌的熟悉程度来决定购买行为。

1. 趣味性

是指新闻事实及其表现方法充满吸引受众的情趣和人情味的特质。企业把自己所传达的信息清晰、直白、完整地呈现给消费者，视频内容的趣味性增强。

2. 娱乐性

在大视频营销时代，消费者可以在视频的终端向企业提出自己的需求，而企业则可以根据消费者的需求变化，为其定制相应的产品及服务。通过视频营销可以启发消费者的技巧与喜悦，提升消费者对品牌的认知度。

3. 创意性

视频营销大时代让企业与用户站在了同一水平线上，用户即是产品的消费者，也可以是产品的口碑传播者，或者成为企业传播内容的原创制作者。相对于传统的影视作品，互联网用户需要为互联网打造符合时代要求、贴近生活、高品质的作品，中国网民中拥有巨大的创作力量与创作欲望，强烈需要一个表达、创作、展示平台。因此，在用户地位发生潜在改变的同时，企业可以尽量让用户参与到内容的制作中，给用户一个展现才华、实现梦想的机会。

（三）视频营销有助于消费者产生品牌联想

品牌联想是消费者品牌知识体系中与品牌相关联的一切信息结点。包含了消费者对特定品牌内涵的认知与理解。对于一个品牌，消费者最直接的联想可以是一个符号、一种产品、一个企业或一个人，可以是产品功能性、象征性或体验性的利益，也可以是消费者对品牌的总体态度与评价。消费者对于一个品牌的每一个联想都可以用强度、认同度和独特性三个指标进行测量。品牌联想与这三个指标的总和便构成了品牌形象。

以不同的品牌联想来衡量品牌形象，将品牌联想的内涵分为以下三种型态。

1. 属性联想

属性（attributes）联想是有关于产品或服务的描述性特征。属性联想又分为「与产品有关」以及「与产品无关」两类。与产品有关的属性定义是执行该产品或服务功能的必备要素。而与产品无关的属性是有关于产品或服务的购买或消费的外在方面（external aspects)。与产品无关的属性主要分为以下四项。

（1）价格信息（price information)。

（2）包装或产品外观（packaging or product appearance information)。

（3）使用者型态（user imagery)。例如：何种型态的人会使用此产品或是服务。

（4）使用情境（usage imagery)。例如：在何处以及何种情境型态下，此产品或服务会被使用。而其中价格为特别重要的属性联想，因为消费者常常对价格与品牌的价值有着强烈的信念，并会就不同品牌的价格层级方面，来组织他们心中的产品类别知识。

2. 利益联想

利益（benefits）联想是为消费者给予产品或服务属性的个人价值，也就是消费者心目中认为此产品或服务能够为他们做些什么。利益联想可进一步分为以下三类。

（1）功能利益。功能利益是指产品或服务的内在优势（intrinsic advantages)，如生理及安全需求有关。

（2）经验利益。经验利益是有关使用产品或服务的感觉，其通常与产品属性有关。例如：感官乐趣（sensory pleasure)，多样化（variety)，以及认知刺激（cognitive stimulation)。

（3）象征利益。象征利益是指产品或服务的外在优势（extrinsic advantages)，其通常与产品属性无关，而是有关社会认同的需求或是个人表现以及自尊心的满足。

3. 态度联想

品牌态度（attitudes）是消费者对品牌的整体评价，其为形成消费者行为的基础。品牌态度与产品有关、无关属性之信念、功能利益、经验利益以及与象征利益间均存在着相关性。

（四）视频营销可以提升消费者的品牌忠诚度

品牌忠诚度是衡量品牌忠诚的指标。由消费者长期反复地购买使用品牌，并对品牌产生一定的信任、承诺、情感维系，乃至情感依赖而形成。品牌忠诚度高的顾客对价格的敏感度较低，愿意为高质量付出高价格，能够认识到品牌的价值并将其视为朋友与伙伴，也愿意为品牌做出贡献。

1. 情感链接

短片借助产品局部截取、光电的选择、节奏的掌控、色彩的调整，打造出充满张力质感。其中名人、直播达人等私人化旁白及充满态度的表达，与视觉传达合二为一，渲染出炫酷、先锋、意识流的观看体验。

2. 深层互动

通过对品牌多角度、多维度的内容输出，延长传播链条，渗透到各圈层的目标消费者，由此带来叠加式社交裂变传播，实现外围助攻、破壁效应。

3. 融入品牌

品牌与粉丝间的心有灵犀，可以帮助品牌实现更多的破壁可能。粉丝因为喜欢名人、网红达人和直播达人等对品牌产生好感。如粉丝因为喜欢陈伟霆而对品牌产生好感，由此品牌在自然而然中与年轻人搭建了情感链接，形成晕轮效应。这种效应，不仅让品牌变得更年轻，甚至直接带来销售上的数字变化。

（五）视频营销可以有效借助网红经济的力量

1. 通过拍摄个性化的视频来进行营销

个性化的视频是“视频”与“互联网”的结合，这种创新营销形式具备了两者的优点：它具有电视短片的种种特征，例如感染力强、形式内容多样、自由创作等等，又具有互联网营销的优势。

2. 通过视频直播模式进行营销

一方面，视频直播互动性更强、亲和力更强，消费者可以像在大卖场一样，跟卖家进行交流甚至讨价还价；另一方面，视频直播往往能做到全网最低价，它绕过了经销商等传统中间渠道，直接实现了商品和消费者对接。特别是对网红主播而言，直播的本质是让观众们看广告，需要通过“秒杀”等手段提供最大优惠力度，才能吸引消费者，黏住消费者。

3. 将“移动”与“视频”相结合来实现营销

“移动”与“视频”相结合可以帮助消费者提升消费体验，为许多质量有保证、服务有保障的产品打开销路。

四、视频营销在零售业中的应用

（一）利用视频向消费者讲述产品

（1）直观和生动地向消费者清楚地展示出产品的细节。

（2）结合产品本身特点，设计具有创意性的情节，拍摄引人入胜的视频，吸引消费者观看。

（3）引起消费者自发地进行分享和转发。

（4）为产品制造话题，激发消费者讨论与关注。

（二）利用视频向消费者展示使用过程

（1）可向消费者展示产品的安装过程、操作过程等。

（2）避免长篇累牍的说明书给消费者带来的不悦体验。

（3）尽量将复杂的产品功能进行分类，每一个视频可以只针对某一类型的功能进行拍摄，这样就可以保证视频质量又保证消费者的观看效果。

（三）利用视频来讲述品牌和产品故事

（1）移动互联网环境下，拍摄短视频来讲述产品和品牌故事的方式也越来越流行起来。

（2）短视频由于时间太短，可能仅有 10 秒到 15 秒的时间，所以这对视频内容的设计提出了更高的要求，视频必须既短小精悍又能把故事讲清楚。

（四）利用视频来开展营销活动

（1）在当今移动互联网发达时代，视频营销的参与性和互动性被激发出来。

（2）企业可以设计一些让消费者参与拍摄视频的营销活动，以此拉近消费者和品牌之间的距离，并能够营造热点事件和话题，进行二次传播。

五、视频营销的主要策略

1. 贴片插播

贴片插播覆盖面广、到达率高、成本较低；缺点是用户体验感较差，贴片插播位于视频片头、插片或片尾，以及视频背景中的广告，是最原始的视频营销形式，被戏称为贴片广告。

2. 融合植入

在视频营销中加入软文，视频软性广告，电子书软性广告等，使消费者乐于接受企业的宣传。

3. 互动推广

企业在营销过程中充分利用消费者的意见和建议，用于产品的规划和设计，为企业的市场运作服务。企业的目的就是尽可能生产消费者需求的商品，消费者的目的就是寻找到物美价廉的商品。

4. 用户原创内容

用户原创内容（UGC 互联网术语，全称为 user generated content）形式即用户将自己原创的内容通过互联网平台进行展示或者提供给其他用户。UGC 并不是某一种具体的业务，而是一种用户使用互联网的新方式，即由原来的以下载为主变为下载和上传并重。YouTube 等网站都可以看作 UGC 的成功案例，社区网络、视频分享、博客和播客（视频分享）等都是 UGC 的主要应用形式。

5. 社交分享

通过视频营销，网站的好友可以更改状态，发表日志，发布照片，分享视频，了解好友动态。

参考文献

[1] 熊高强，陈志雄．市场营销学［M］．沈阳：东北大学出版社，2016.
[2] 苏爱艳．市场营销项目化教程［M］．北京：中国轻工业出版社，2019.
[3] 盒瑞，仲莲．市场调查与预测［M］．沈阳：东北大学出版社，2015.
[4] 欧阳驹．网络客户关系管理实务［M］．武汉：武汉理工大学出版社，2017.
[5] 王水清．网络营销实务［M］．北京：北京邮电大学出版社，2016.
[6] 刘辉辉．网络营销实务项目化教程［M］．沈阳：东北大学出版社，2020.
[7] 曹芸，刘亚杰，王志强．新媒体营销［M］．南京：江苏大学出版社，2019.
[8] 郝位军．网站推广：网络信息编辑［M］．北京：研究出版社，2019.